MANUEL ESPINOZA MELET

Abogado egresado de la Universidad Central de Venezuela (UCV); Doctor en Educación por la Universidad Pedagógica Experimental Libertador (UPEL); Especialista en Derecho de la Niñez y la Adolescencia UCV; Especialista en Derecho Procesal (UCV); Doctorando en Ciencias, mención Derecho (UCV); Maestría en Drogodependencias (UNERS); Profesor de Pregrado y Postgrado de la Universidad Central de Venezuela; Profesor de Postgrado de la Universidad Católica Andrés Bello; Profesor de Doctorado la Universidad Pedagógica Experimental Libertador (UPEL); Magistrado de la Sala Político Administrativa del Tribunal Supremo de Justicia (en el exilio); Individuo de Número de la Academia Colombiana de Letras y Filosofía.

El divorcio en Colombia y Venezuela

Dedicatoria

A mis padres Francisco J. Espinoza Prieto y Carmen Cecilia Melet de Espinoza, dignos y ejemplares herederos del legado dejado por mis abuelos, llenando mi vida de amor, cariño y sentido de humanidad.

A la Dra. Lourdes Wills Rivera, gran orgullo para nuestra Universidad Central de Venezuela, destacando su importante papel en pro del desarrollo de la academia y del derecho de familia y de la niñez y la adolescencia.

A la memoria siempre viva y permanente de Rosa Carmen Narváez Aguilera, Luisa "Chichita" Narváez de González y Luis Beltrán Narváez Aguilera, fieles custodios del amor y la bondad, en el inmenso recuerdo de su extraordinario paso por la vida, formando parte de la arboleda de mis afectos.

Contenido

Dedicatoria 4
PRÓLOGO 12
CAPÍTULO I
EL DIVORCIO
1. Definición de divorcio 1
2. Origen y evolución del divorcio 2
    2.1 En el derecho antiguo 2
    2.2 En el derecho romano 6
    2.3 En el cristianismo 8
    2.4 La reforma protestante 12
    2.5 La revolución francesa 13
3. Evolución del divorcio en Colombia 14
4. Evolución del divorcio en Venezuela 26
5. Sistemas 32
6. La culpa en el divorcio 36
7. Caracteres del divorcio en Colombia y Venezuela 38

CAPÍTULO II
LAS CAUSALES DE DIVORCIO EN COLOMBIA Y VENEZUELA

1. CAUSAL Ley 25 de 1992: Artículo 6°, numeral 1°: Las relaciones sexuales extramatrimoniales de uno de los cónyuges, Código Civil venezolano: Artículo 185, ordinal 1° El adulterio 47
    1.1 Definición 47
    1.2 Elementos 49
    1.3 Pruebas 54

2. CAUSAL Ley 25 de 1992: Artículo 6°, numeral 2°: El grave e injustificado incumplimiento por parte de alguno de los cónyuges de los deberes que la ley les impone como tales y como padres; Código Civil venezolano: Artículo 185, ordinal 2: El abandono voluntario 61
    2.1 Definición 61
    2.2 Pruebas 69

3. CAUSAL Ley 25 de 1992: Artículo 6°, numeral 3°: Los ultrajes, el trato cruel y los maltratamientos de obra; Código Civil venezolano: Artículo 185, ordinal 3: Los excesos, sevicia e injurias graves que hagan imposible la vida en común. 72

3.1 Definición 72

3.2   Características 76

3.3   Pruebas 79

4.CAUSAL Ley 25 de 1992: Artículo 6°, numeral sexto: Toda conducta de uno de los cónyuges tendientes a corromper o pervertir al otro, a un descendiente, o a personas que estén a su cuidado y convivan bajo el mismo techo; Código Civil venezolano: Artículo 185, cuarta causal: El conato de uno de los cónyuges para corromper o prostituir al otro cónyuge, o a sus hijos, así como la connivencia en su corrupción o prostitución 81

4.1 Concepto 81

4.2 Características 84

5.   CAUSAL Código Civil venezolano: Artículo 185, causal quinta: La condenación a presidio 85

5.1   Contenido 85

5.2   Requisitos 86

5.3   Pruebas 87

6.   CAUSAL Ley 25 de 1992: Artículo 6°, numeral cuarta: La embriaguez habitual de uno de los cónyuges Artículo 6°, numeral quinta: El uso habitual de sustancias alucinógenas o estupefacientes, salvo prescripción médica. Código Civil venezolano: Artículo 185, causal sexta: La adicción alcohólica u otras formas graves de fármaco dependencia que hagan imposible la vida en común. 88

6.1   La adicción alcohólica 88

6.2   El fármaco dependiente 91

6.3   Procedencia 93

6.4   Extinción y privación de la patria potestad 95

6.5 Pruebas 96

7.   CAUSAL Ley 25 de 1992: Artículo 6°, numeral séptimo: Toda enfermedad o anormalidad grave e incurable, física o síquica, de uno de los cónyuges, que ponga en peligro la salud mental o física del otro cónyuge e imposibilite la comunidad matrimonial; Código Civil venezolano: Causal séptima: La interdicción por causa de perturbaciones psiquiátricas graves que imposibiliten la vida en común. 97

7.1 Introducción 97

7.2 Procedencia de la causal 101

7.3   Juicio de divorcio 105

7.4   Críticas y defensas de la causal 106

7.5   Manutención y tratamiento del enfermo 110

8. CAUSAL Ley 25 de 1992: Artículo 6°, numeral octavo: La separación de cuerpos, judicial o, de hecho, que haya perdurado por más de dos años. 111

9. CAUSAL Ley 25 de 1992: Artículo 6°, numeral noveno: El consentimiento de ambos cónyuges manifestado ante juez competente y reconocido por éste mediante sentencia. 116

10. CAUSAL Ley 2442 de 2024: Artículo 2: La sola voluntad de cualquiera de los cónyuges 117

    10.1 Introducción 117

    10.2 Características 118

    10.3 Críticas y defensas 122

CAPÍTULO III
EL ARTÍCULO 185 A DEL CÓDIGO CIVIL VENEZOLANO

Sumario: 1. Antecedentes y fundamento. 2. Características. 3. Requisitos. 4. Juez competente. 5. Procedimiento. 5.1 Procedimiento ordinario. 5.2 Procedimiento en la Ley Orgánica para la Protección de Niños, Niñas y Adolescentes. 5.3 La decisión N° 446 de la Sala Constitucional del Tribunal Supremo de Justicia que reformó el artículo 185-A del Código Civil 125

1. Antecedentes y fundamento 125

2. Características 126

3. Requisitos 127

4. Juez competente 127

5. Procedimiento 128

    5.1 Procedimiento ordinario 128

    5.2 Procedimiento en la Ley Orgánica para la Protección de Niños, Niñas y Adolescentes 129

CAPÍTULO IV
EL PROCESO DE DIVORCIO EN COLOMBIA

Divorcio contencioso 135

    1.1 Juez competente 135

    1.2 Partes en el juicio 136

    1.3 Caducidad de la acción 138

    1.3 Requisitos de la demanda 142

    1.4 Corrección, aclaración y reforma de la demanda 144

    1.5 Medidas preventivas 145

    1.6 Admisión 151

    1.7 Pruebas adicionales 151

    1.8 Reconvención 151

1.9 Audiencia inicial y de instrucción	151
1.10 Sentencia	156
1.11 Registro de la sentencia	156
1.12 No hay reserva del expediente	157
2. Divorcio por mutuo acuerdo	157
2.1 Procedencia	157
2.2 Procedimiento	157
3. Divorcio ante notario	158
3.1 Introducción	158
3.2 Tramitación	158
3.3 Contenido de la escritura	159
3.4 Intervención del defensor de familia	160
3.5 Desistimiento	160
3.6 Protocolización de los anexos y autorización notarial	160
3.7 Registro de la escritura de divorcio	160
3.8 Tarifa	160
4. Divorcio unilateral	161
a. Autoridad competente	161
b. Legitimación y oportunidad para presentar la demanda	161
c. Pretensión de reparaciones económicas	161
d. Propuesta de divorcio	163
4.4.1 Contenido	163

CAPÍTULO V
EL PROCESO DE DIVORCIO EN VENEZUELA

1. Tribunales en lo Civil	167
1.1 Juez competente	167
1.2 Demanda	167
1.3 Medidas preventivas	168
1.4 Audiencias de conciliación	174
1.5 Contestación de la demanda	174
1.6 Pruebas	175
1.7 Informes	175

1.8 Sentencia 175
2. Tribunal de Protección de Niños, Niñas y Adolescentes 175
   2.1 Juez competente 175
   2.2 Demanda 175
   2.3 Medidas preventivas 177
   2.4 Audiencia de mediación 181
   2.5 Fase de sustanciación 182
   2.6 Fase de juicio 187
3. Tribunal de Justicia de Paz Comunal 189

CAPÍTULO VI
EFECTOS DEL DIVORCIO EN COLOMBIA

1. Desde el punto de vista substancial 193
   1.1 Disolución del matrimonio 193
   1.2 Extinción de deberes y derechos de los cónyuges 193
   1.3 Recuperación de la habilidad matrimonial 193
   1.4 Apellido de la mujer 196
   1.5. No se disuelve el vínculo sacramental 197
2. Desde el punto de vista patrimonial 198
   2.1 Posible pensión alimentaria y de manutención 198
   2.2 Cesación de la sociedad conyugal 201
   2.3 Cesación de las donaciones 201
   2.4 Cesación del mutuo derecho hereditario 202
3. Desde el punto de vista de la filiación 203
   3.1 Custodia de los hijos y cumplimiento de los deberes 203

CAPÍTULO VII
EFECTOS DEL DIVORCIO EN VENEZUELA

1. Desde el punto de vista substancial 209
   1.1 Disolución del matrimonio 209
   1.2 Extinción de deberes y derechos de los cónyuges 209
   1.3 Recuperación de la habilidad matrimonial 210
   1.4 Apellido de la mujer 211
   1.5 Nacionalidad de los cónyuges 212

2. Desde el punto de vista patrimonial 212
   2.1 Pensión alimentaria o de manutención 212
   2.2 Cesación de la comunidad de gananciales 213
   2.3 Cesación del mutuo derecho hereditario 215
3. Desde el punto de vista de la filiación 215
   3.1 Presunción de paternidad 215
   3.2 Patria Potestad 216
   3.3 Responsabilidad de Crianza 217
   3.4 Obligación de manutención 218
   3.5 Régimen de convivencia familiar 219
4. Desde el punto de vista familiar 220
   4.1 Impedimentos matrimoniales 220
   4.2 Institución del hogar 220
REFERENCIAS 223

PRÓLOGO

El Derecho es el medio más importante de organización de la sociedad, por ello son inseparables los conceptos de Derecho y Sociedad; sin embargo, estas definiciones no permanecen inmutables, sino que permanentemente evolucionan y transforman.

Los cambios que dan origen a la evolución del derecho, afectan a las instituciones y a los sistemas jurídicos en su totalidad. Al analizar el concepto de divorcio del autor y, compararlo con los otros autores citados, emerge una diferencia fundamental, en efecto: "Divorcio es la disolución del vínculo matrimonial válidamente contraído, de acuerdo a las causales establecidas por la ley, previo al ejercicio de una acción y tras un proceso contradictorio, la cual se materializa a través de una decisión emanada de los órganos competentes".

Los otros autores mencionados en la obra señalan que el divorcio se produce como "…consecuencia de un pronunciamiento judicial".

¿Por qué se produce la diferencia en las definiciones?

En Venezuela, en el artículo 8 de la Ley Orgánica de la Jurisdicción Especial de la Justicia de Paz, se prevé que el juez de paz comunal es competente para declarar, sin procedimiento previo y en presencia de la pareja, el divorcio o la disolución de las uniones estables de hecho cuando sea por mutuo consentimiento.

En Colombia, es posible obtenerse el divorcio por intermedio del trámite notarial, en el cual los cónyuges manifiestan ante el notario su mutuo consentimiento de disolver la comunidad conyugal (Ley 962, año 2005, artículo 34). Con estas figuras, tanto en Venezuela como en Colombia, se ha producido la desjudicialización de la figura del divorcio, se han apartado del proceso judicial; por ello, el autor amplía el concepto de divorcio y sostiene que lo produce el funcionario competente, que, en estos casos, no se trata de la autoridad judicial, de esta manera hace una revisión del concepto de divorcio y lo adapta a las realidades socio-culturales de la época actual.

Después de hacer un recuento histórico del divorcio y de sostener su existencia en las sociedades de diversas latitudes y, de diversas culturas, señala que históricamente han existido causas que atentan o perturban la relación conyugal y producen la ruptura del vínculo que unen a las parejas en matrimonio, constituyéndose el divorcio en la solución jurídica a una situación no deseada, llegando a la conclusión que el divorcio en la historia no es algo nuevo, las legislaciones más antiguas permitieron el divorcio. El divorcio históricamente ha sido un tema concurrente y es por ello que su aceptación se ha trasformado en un asunto de carácter universal y su existencia no es punto de discusión.

Construir el concepto de divorcio, hizo que el autor mostrara su preocupación sobre los cambios históricos de la sociedad, a los fines de indagar, no solo el soporte histórico, sino el estudio de su construcción y, de esta manera no se aparta de los medios que se dotan las sociedades para interpretarse.

Ante los cambios sociales y la organización de los modos de vida, surgen nuevas cuestiones que interrogan al campo de las ideas sobre la problematización de la figura del divorcio, por lo cual es necesario redefinir y construir el concepto teórico, que rompe con la concepción clásica que teníamos en forma predeterminada de él y, ello constituye una innovación cognitiva propia, que quita el ancla que la mantenía unida a lo empírico, para darle una nueva lectura creativa de la praxis científica.

La construcción del concepto realizada en esta obra, tiene como fin comparar la realidad empírica y su contraste o divergencia con el nuevo concepto, o su aproximación, para de esta manera comprenderla y explicarla a través de afirmaciones más univocas posibles, superando al empirismo y al teoricismo.

Se realiza un proceso de abstracción para elaborar un concepto, ante lo cual se tiene que superar el obstáculo epistemológico que implica el empirismo, en lo social existe movilidad y el concepto que construye debe ser lo más inmutable posible para que perdure en el tiempo.

La comparación histórica que realiza el autor sobre el divorcio, constituye un instrumento efectivo para la contrastación empírica de leyes, clasificaciones y conceptos previamente elaborados y toma en cuenta el clima de cada época en que se inscribe y ello constituye un ejercicio permanente de definición del lenguaje y marcha en la elaboración de un concepto tipo ideal.

La construcción del concepto tiene como fin ordenar la realidad social y comparar, comprender y explicar los fenómenos sociales que se pretenden conceptualizar.

En la sociedad se presenta la discusión de la bondad o no de la figura del divorcio, quiero señalar que, aun cuando el autor no toma partida con alguna de las posturas, sino que mantiene una posición neutra y, solo trata el aspecto legal del asunto, no es menos cierto, lo siguiente: Las leyes tienen entre sus finalidades la función directiva de la vida social, es decir; someter conforme a determinadas pautas el comportamiento o la conducta de las personas, si una ley es permisiva, la sociedad considera que si es permitida por la ley no atenta contra la moralidad, ya que si es permitida por la ley es buena. Por encima de los cambios culturales, costumbres, civilización a las que está sometido el género humano, hay algo común en todas y es la condición de persona humana, se sigue manteniendo la común pertenencia a la categoría de seres humanos.

No se puede negar que el hombre existe en una cultura concreta, pero no se agota en esa cultura, el progreso de las culturas demuestran que en el hombre existe algo que lo trasciende y ese algo es la naturaleza humana que es la medida de la cultura, por lo tanto el hombre no puede ser prisionero de esa cultura, sino que debe vivir con la verdad profunda de su ser de acuerdo a su dignidad personal, por ello es necesario buscar y encontrar la formulación de normas morales universales y permanentes más adecuadas en los diversos contextos culturales.

La familia es una de las instituciones sociales sobre la cual se han hecho importantes estudios; ahora bien, al estudiar la familia desde el punto de vista interno, a través del paradigma relacional, por esta vía se puede explicar la figura del divorcio.

El concepto de familia, no tiene una sola definición ya que, al ser una realidad social en continuo cambio, adquiere diferentes definiciones y una de ellas es que, la familia es un fenómeno social supra-individual y supra-funcional identificado con el código simbólico del amor, es anterior al Estado y a cualquier forma de agrupación humana.

La revolución francesa como hecho histórico que da nacimiento a una nueva etapa, donde instituciones familiares son abordados entre ellos el matrimonio y el divorcio, acertadamente el autor señala que en Francia a raíz de su revolución se produjeron grandes cambios y transformaciones de los cuales no escaparon las instituciones familiares y converge que la consagración del divorcio fue a consecuencia de tres importantes factores: las ideas de la filosofía enciclopedista, la laicización del matrimonio, y el culto a la libertad individual, sin embargo aclara, que el divorcio no representó un arma contra el catolicismo, sino un medio para mejorar la moral de la sociedad y hacer desaparecer escándalos derivados al buscar distintas fórmulas de lograr la separación de las familias.

En un largo proceso de intervención del Estado en el matrimonio, a través de la discusión si las relaciones matrimoniales se desarrollaban dentro de un contrato o de un sacramento, cabe concluir que una sociedad política secularizada tiende a regular jurídicamente el matrimonio haciendo abstracción de sus perfiles sacros, la ley civil absorbe el régimen jurídico matrimonial y así, la instauración del matrimonio civil en la casi totalidad de Europa, entre 1782 y 1.792, al calor de las ideas revolucionarias, cambiará el panorama de las instituciones matrimonio y divorcio.

La protección de los derechos fundamentales en las distintas Constituciones democráticas europeas, ha tenido un enorme influjo sobre la institución familiar y las personas que la integran, ha operado una mutación conceptual de la familia europea, que, de ser un ente supra individual, titular de intereses propios que se imponían a sus miembros, ha pasado a ser un marco vital de realización y desarrollo personal, donde priman los derechos individuales de sus componentes.

En América Latina con la colonización se impuso el derecho español, donde se había adoptado la religión católica como religión oficial, la materia matrimonial estaba sometida a las autoridades eclesiásticas. Posteriormente a la colonización y después de las guerras de independencia, los principios de liberalismos logran a extenderse a un buen número de países a través del código Napoleón, se manifiesta el afán de rescatar para el Estado las instituciones que la iglesia católica había tomado.

En Colombia se adopta la figura de la indisolubilidad del matrimonio, argumentando que el mismo no solo es un contrato sino también un sacramento. El papel de la Iglesia en la estructura social, política y cultural de toda Latinoamérica es preponderante, hubo en Colombia marchas y contra marchas en relación a la entidad del divorcio, que el autor señala cuando se refiere a la evolución histórica del divorcio en dicho país.

En Venezuela, hasta 1873 la competencia para conocer el procedimiento de divorcio correspondía a los tribunales eclesiásticos, el Código Civil de 1891, introduce la condenación a presidio como causal de separación de cuerpos y, en 1909, se introduce el divorcio vincular, contemplando cinco causales de divorcio que implicaban graves violaciones a los deberes conyugales. El código civil de 1942 incluye la embriaguez consuetudinaria como causal para pedir la conversión de separación de cuerpos en divorcio, con el transcurso de dos años, y el código de 1982 introdujo nuevas causales y reduce a un año el lapso de separación de cuerpos para solicitar la conversión en divorcio.

En 1998 y 2007, la Ley Orgánica de Protección de Niños, Niñas y Adolescentes (LOPNNA), introduce relevantes modificaciones en el derecho de familia.

En Colombia se genera un debate, donde las partes se denominaban los divorcistas y anti-divorcistas, sobre esto el autor, sin tomar partida deja entrever la siguiente postura, el quiebre matrimonial es un mal para los cónyuges y los hijos, por cuanto es el término de un plan común de vida que involucra pérdidas patrimoniales y, es allí cuando el derecho es determinante. Nadie consulta la ley para ordenar su vida familiar, el derecho civil se hace presente en el momento en que ha desaparecido la unidad de la vida familiar.

El divorcio no puede considerarse como el medio legal que destruye el vínculo matrimonial; al contrario, debe presentarse como el medio que brinda la posibilidad de ponerle fin a una relación sin contenido y sin sentido de vida en común.

Los sostenedores de la tesis divorcista, sostienen que la sociedad no puede tener interés en mantener matrimonios destruidos, inexistentes y que en la práctica los hijos sufren las consecuencias de una batalla encarnizada, donde el odio y la incomprensión son una constante. Para los divorcistas, el mantener unido a los cónyuges cuando el amor conyugal ha desaparecido es perjudicial para la familia.

Los sostenedores de la tesis anti-divorcistas, sostienen que en el matrimonio descansa la estabilidad de la familia, ya que, en él se realizan valores espirituales y morales. La unidad e indisolubilidad del matrimonio se resalta si partimos de la premisa del fin social de la unión matrimonial; y ese fin, no puede ser sometido solo a la libre voluntad de los contrayentes, sino que obedece a una ley natural, el matrimonio existía antes que el Estado y el bien común tiene prioridad sobre el bien individual, en consecuencia, el matrimonio es indisoluble por la naturaleza del mismo.

Al hacer u estudio comparativo de las causales de divorcio en Colombia y Venezuela, después de una consideración general de la comparación, con una estructuración lógica y metodológica que facilita su estudio, sin encerrar restrictivamente el estudio de las mismas.

El valor de las descripciones, explicaciones e interpretaciones, a pesar de que como método ha recibido críticas; sin embargo, no hay que desconocer la importancia de la comparación, al producir conocimientos y al relacionarse con otros conocimientos.

No se limita el autor a realizar operaciones simples de comparación, sino que define, resalta, selecciona las características de las situaciones que compara y, en forma sistemática, hace el análisis de la perspectiva socio-histórica que recupera la historicidad de los procesos de desarrollo de las entidades o figuras jurídicas que estudia

No se limita el catedrático autor de este libro en su estudio, por el contrario, abarca varios aspectos: la parte normativa, la parte social, la parte histórica y la fundamental, sino que aborda las instituciones del matrimonio y su disolución desde una múltiple vertiente, estudia a fondo las figuras jurídicas de modo abstracto, luego enfoca la realidad, la cuestión socio jurídica y la realidad que sucede, la jurisprudencia.

Esto nos indica que en el texto se notan buenas y variadas fuentes de consultas, y hace críticas que se convierten en variantes que también estudia.

El abordaje de las instituciones que conforman el derecho de familia, no puede ser dejadas al libre arbitrio de las personas, sin establecer una regulación, por cuanto son de interés público y afectan el orden público.

Las condiciones fundamentales de vida social instituidas en una comunidad jurídica, su tratamiento, afecta la organización social, en consecuencia, existe una restricción a la autonomía de la voluntad.

En el Derecho de Familia surgen nuevos principios, la protección a la familia, del matrimonio, la igualdad de los integrantes del grupo familiar, la protección del más débil en el seno familiar (interés superior del niño, y cónyuge más débil), la autonomía de la voluntad y el principio de mínima intervención del Estado.

La importancia de la familia está consagrada en la Declaración Universal de los Derechos Humanos, el cual dispone: "La familia es el elemento natural y fundamental de la sociedad y tiene derecho a la protección de la sociedad y del Estado" (artículo 16.3). La convención sobre los derechos del niño reitera el deber de la protección de la familia y las constituciones de los países (Colombia y Venezuela) son contestes al prescribir que la familia es el núcleo fundamental de la sociedad y por cuanto la familia y la vida dentro de ella constituye un espacio vital, en el que sus miembros, pueden perseguir y alcanzar su mayor realización espiritual y material posible, la familia constituye un lugar decisivo en la experiencia humana. La identidad e intimidad de los hombres y mujeres se forjan y se desarrollan en la familia y los sentimientos de felicidad o infelicidad de las personas están fuertemente asociadas a la vida familiar, allí se socializan las nuevas generaciones y se transmiten creencias, valores, usos y costumbres.

Por ello, la defensa de la familia es una consecuencia del interés público en su protección jurídica, por lo cual, existe la indisponibilidad de las normas del derecho matrimonial como integrante del Derecho de Familia. Es un deber del Estado dar protección a la familia y, el Poder Judicial, debe concretar dicha protección al aplicar las normas del Derecho de Familia.

El derecho de protección de la familia conlleva el principio de protección al matrimonio y así está contemplado en la Declaración Universal de los Derechos Humanos (artículo 16.1) donde señala "Los hombres y las mujeres en la edad núbil tienen derecho, sin restricción alguna a casarse y formar una familia"; esto nos hace pensar que el matrimonio es la base principal de la familia, es la forma principal de constituir familias, sin descartar otras formas de hacerlo.

Ahora bien, se protege la familia y la institución del matrimonio respetando el principio de igualdad, ya que los seres humanos nacen libres e iguales en dignidad y derechos, esta igualdad tiene dos dimensiones: por una parte, debe corregir las desigualdades de hecho producto de diversas situaciones naturales o sociales, y por la otra, debe eliminar toda diferencia arbitraria, en consecuencia, debe regir el principio de igualdad entre los cónyuges y entre los hijos.

En un escenario donde se garantiza el pleno ejercicio de los derechos humanos de los ciudadanos, incluso en el ámbito familiar donde prevalece el pleno ejercicio de la libertad e igualdad entre los integrantes del grupo familiar, son estos los llamados a resolver sus conflictos, sin embargo, las relaciones jurídicas familiares escapan generalmente a la autonomía privada y es la ley que, en cada caso, dispone los efectos de tales relaciones. La autonomía de la voluntad ha permeado diversas situaciones patrimoniales dentro del matrimonio y otras relaciones familiares, interviniendo el Estado cada vez menos y cuando las partes no logran solucionar el conflicto familiar; allí el Estado interviene para proteger al más débil, en los procedimientos de familia, deben prevalecer los principios de inmediación, actuación de oficio y búsqueda de soluciones colaborativas entre partes, buscando un justo equilibrio entre la intervención judicial de oficio y la solución del conflicto por las propias partes.

Los procedimientos para lograr el divorcio en ambos países, ha sufrido la llamada constitucionalización del derecho, viéndose el derecho familia envuelto en este fenómeno; en efecto, existen normas de un cierto valor jerárquico en el sistema jurídico que se aplican a un objeto especifico: la familia, de hecho, el derecho constitucional de la familia no excluye al derecho civil, sino que lo complementa.

Existe en ambos países una liberalización del divorcio, tendencia que no solo implica la regulación del matrimonio como vinculo esencialmente disoluble, pareciera que surge el "Derecho al divorcio" que opera sobre la base de la voluntad unilateral de los cónyuges. Se ha venido desmantelando el modelo de familia patriarcal, se han venido estableciendo relaciones de igualdad entre los cónyuges.

En Venezuela, se establece el divorcio por mutuo consentimiento en el artículo 185-A del Código Civil, aparece dicho dispositivo en la reforma de 1982, allí se creó un mecanismo sin rigurosidades, para obtener una sentencia de divorcio que pusiese fin a la situación de la separación fáctica y se obtenía una sentencia expedita por parte del juez competente, señala el autor que en la realidad es utilizado este procedimiento, incluso por aquellos que sin tener los cinco años de separación de hecho, pero cuyo matrimonio supera el tiempo indicado, puesto que la norma no exige prueba de la separación de hecho, lo que se traduce en un divorcio por mutuo consentimiento.

Este procedimiento es de jurisdicción voluntaria o graciosa, consta de tres fases: admisión de la solicitud, reconocimiento del asunto y la resolución que corresponda sobre la solicitud.

Ahora bien, la conversión del proceso voluntario a contencioso, constituye una transición atípica en el proceso, cuando el solicitante escoge la vía del artículo 185-A del Código Civil venezolano, pretende el aval por parte del tribunal de un hecho no discutido, de una situación jurídica cuyo hecho, la separación en el transcurso del tiempo considera real, sino es así, tiene la vía del juicio ordinario contencioso. La presencia del Ministerio

Publico como parte de buena fe, que garantiza la no realización de un fraude y preserva la institución familiar.

Toda la discusión en torno al tema de la conversión de la jurisdicción voluntaria a contencioso, se origina, por cuanto no se ha podido determinar en forma indubitada, cual es el origen, contenido y naturaleza jurídica de la jurisdicción voluntaria. Desde la romanística han surgido distintas opiniones acerca de la naturaleza jurídica de este instituto, por una parte ha sido considerada como una verdadera actividad jurisdiccional ejercida por los jueces competentes; desde otro punto de vista, se le ha atribuido un carácter administrativo y, finalmente, también ha sido tratada como una actividad administrativa desarrollada bajo formas jurisdiccionales y, se ha afirmado, que la jurisdicción voluntaria se encuadra en una zona limítrofe entre la función jurisdiccional y la función administrativa.

Este limbo jurídico de la jurisdicción voluntaria es traído a colación en la sentencia que convierte la jurisdicción voluntaria en jurisdicción contenciosa. Explica el autor que, los efectos del divorcio tanto en Colombia como en Venezuela, el matrimonio se disuelve por la muerte de uno de los cónyuges y por el divorcio y, podrían clasificarse, en los efectos para los ex cónyuges tanto en la esfera personal como patrimonial, efectos para los hijos y efectos en cuanto a terceros.

Recomiendo ampliamente la lectura de este interesante texto, porque su tratamiento es científico, no solo para estudiantes sino para los profesores y abogados en general, pues allí encontrarán respuestas a muchas interrogantes que nos planteamos, no solamente en forma subjetiva sino en forma real u objetiva.

Esta obra fue escrita por el Dr. Manuel Espinoza Melet en circunstancia peculiares, por cuanto se encuentra involuntariamente en el exilio y con el cual mantengo un intercambio de ideas y conocimientos que me hicieron imposible dejar de asumir el encargo que me propuso el autor.

Ramón José Pérez Linarez

Magistrado de la Sala de Casación Civil del Tribunal Supremo de Justicia Legítimo de Venezuela en el exilio

CAPÍTULO I
EL DIVORCIO

Sumario: 1. Definición de divorcio. 2. Origen y evolución del divorcio. 2.2 En el derecho antiguo. 2.3 En el derecho romano. 2.4 En el cristianismo. 2.5 La reforma protestante. 2.5 La revolución francesa. 3. Evolución del divorcio en Colombia. 4. Evolución del divorcio en Venezuela. 5. Sistemas. 6. La culpa en el divorcio. 7. Caracteres del divorcio en Colombia y Venezuela.

1. Definición de divorcio

En relación al divorcio, lo definimos como la disolución del vínculo matrimonial válidamente contraído, de acuerdo a las causales establecidas por la ley, previo el ejercicio de una acción y tras un proceso contradictorio, la cual se materializa a través de una decisión emanada de los órganos competentes.

En criterio del Maestro López Herrera,[1] el divorcio es la "disolución legal del matrimonio en vida de ambos cónyuges, como consecuencia de un pronunciamiento judicial dirigido precisamente a ese fin."

Sostiene Castillo Rugeles[2] que, el divorcio "es un instituto jurídico mediante el cual un matrimonio válidamente celebrado, se disuelve por hechos graves que se suscitan con posterioridad a su celebración."

Grisanti Aveledo de Luigui,[3] lo define como "la causal legal de disolución del matrimonio. Es la ruptura o extinción de un matrimonio válido, en vida de ambos cónyuges, en virtud de un pronunciamiento judicial."

Para Domínguez Guillén,[4] el divorcio se traduce en la disolución legal del matrimonio en razón de una sentencia por las causas taxativas.

Por último, considera Bocaranda Espinosa[5] que, el divorcio es "el medio jurídico de disolución del vínculo matrimonial en vida de los cónyuges, fundado en las causales taxativas calificadas por el órgano jurisdiccional competente". Y, en consecuencia, para que sea procedente es necesario:

1- La existencia de un matrimonio válidamente contraído.
2- Que ambos cónyuges estén vivos.
3- Que se fundamente en causales reconocidas por la ley.
4- Que sea planteado por el cónyuge que no ha dado motivo al mismo.
5- Que se siga el procedimiento legal establecido.
6- Que la sentencia emane del órgano jurisdiccional competente.

---

[1] Francisco López Herrera, *Derecho de Familia*, Tomo II, Caracas, Universidad Católica Andrés Bello, 2011, p. 167
[2] Jorge Antonio Castillo Rugeles, *Derecho de Familia*, Bogotá, Editorial Leyer, 2014, p. 251
[3] Isabel Grisanti Aveledo de Luigui, *Lecciones de Derecho de Familia*, Caracas, Vadell Hermanos Editores, 2013, p. 264
[4] María Candelaria Domínguez Guillén, *Manual de Derecho de Familia*, Caracas, Ediciones Paredes, 2014, p. 148
[5] Juan José Bocaranda E., *Guía Informática de Derecho de Familia*, Tomo I, Caracas, Tipografía Principios, 1994, p. 594 y 595

7- Que participe el Ministerio Público.

Hay un sector de la doctrina, que se mantiene renuente a aceptar a la figura del divorcio, manteniendo una posición de rechazo, al considerar que, el divorcio representa la desorganización y destrucción de la familia, así como atenta a los más claros principios y valores de sostenibilidad de las relaciones humanas.

A pesar de ello, es un hecho indubitable, que las relaciones de pareja pueden tornarse absolutamente insostenibles, y la causa generadora del conflicto no descansa en la existencia de la figura del divorcio, sino en las condiciones de inestabilidad matrimonial, producidas a consecuencia de factores perturbadores internos y externos, los cuales impactan de manera definitiva al matrimonio, conduciéndolo inexorablemente a la firme decisión de disolver el vínculo conyugal. En este sentido Mizhari,[6] sostiene lo siguiente:

> Se afirma, además, que dicha postura impone un criterio de hedonismo conyugal, se deja de lado toda una idea de sacrificio y renunciamiento en función de intereses superiores, tales como serían el social y el propiamente familiar. Que la comunidad de los cónyuges deja de ser plena al no mediar ya una entrega recíproca y total entre ambos. Que las principales víctimas son los hijos del matrimonio divorciado, convertidos en terreno fértil para el flagelo de la delincuencia juvenil, la drogadicción, etcétera. Que la facilitación del divorcio no favorece la eliminación del conflicto conyugal, sino que lo alimenta y lo aviva. Que en fin, hace descender al matrimonio de la categoría de institución a la de una "estipulación cualquiera.

En nuestro criterio, se presenta así el divorcio, en el ordenamiento jurídico, como el mecanismo idóneo para finiquitar la perturbación existente en el vínculo matrimonial, que impide de manera determinante la continuación de la vida conyugal, constituyéndose en el factor decisivo en la disolubilidad del matrimonio. No es dable para la sociedad ni para el propio núcleo familiar, sostener y mantener un matrimonio con signos evidentes de deterioro, el lamentable destrozo de la relación conduce, de forma inexorable, a la materialización del divorcio, a fin de remediar la situación irregular existente en la pareja.

2. Origen y evolución del divorcio

2.1 En el Derecho antiguo

En las sociedades primitivas, el matrimonio generalmente no se consideraba indisoluble, en las más antiguas no adquiría este carácter hasta el nacimiento de un hijo. El hombre era el que tomaba la iniciativa de la ruptura matrimonial, estando siempre presente la inferioridad hacia el género femenino. En efecto, la mujer quedaba prácticamente reducida a la categoría de una cosa, que era apropiada por el hombre por el uso de la violencia y mediante la compra, es por ello que podía ser abandonada por su

---

[6] MAURICIO L. MIZRAHI, *Familia, matrimonio y divorcio*, Buenos Aires, Editorial Astrea, 2006, p. 333

propio dueño; es por esta razón que en los pueblos antiguos se desplegase como forma ordinaria de finalización de la unión el repudio, es decir, que se daba por terminado a través de la expulsión o abandono de la mujer.

Tal y como lo señala Belluscio,[7] la evolución no parece haber sido similar en todos los pueblos, ya que en algunos el matrimonio siempre fue disoluble, en otros se presentó una etapa en la cual privó la indisolubilidad, superada luego por la evolución de las costumbres. Lo que no puede afirmarse con seguridad es si esa etapa de indisolubilidad (consagrada por razones morales o legales) es la fase primitiva de la evolución o una modificación introducida por las leyes o las reglas morales o religiosas.

En Egipto, la mujer ostentaba una serie de ventajas, las cuales no era comunes en otros pueblos, destacando el hecho de que a la mujer se le concedía el derecho de escoger a la persona con la que deseaba contraer matrimonio. En sus inicios, el matrimonio en Egipto no era permitida la disolubilidad del vínculo, siendo la única forma de extinción la generada a consecuencia de la muerte de alguno de los cónyuges; con el transcurso del tiempo, en la época de Lagidas, se pasó al repudio fundado en causa grave, finalmente al repudio unilateral sin necesidad de causa. Al principio, solo le estaba dada al marido, la facultad para disolver el vínculo matrimonial, luego ese derecho le fue conferido a la mujer, ejerciéndolo a su propia voluntad y sin necesidad de que existiese una causa grave.

En Babilonia de acuerdo a los términos del Código de Hammurabi,[8] la mujer adúltera y su cómplice debían pagar su delito, con su vida, a menos que el marido fuera benévolo y no prefiriera arrojarlos desnudos a la calle, esta posición podría ser atenuada por otra que establecía que se juzgaría a los culpables de adulterio únicamente en el caso de que el marido no perdonase a su mujer, o el rey a su súbdito. Se legislaba el repudio y sus formas, en caso de que el matrimonio hubiese tenido descendencia del marido debía restituir toda la dote a la mujer repudiada y la misma conservaba el derecho de educar a sus hijos en una situación muy cómoda.

En el Código de Hammurabi se encuentra un precepto en el cual se establece que, si el marido acusa a su mujer de adulterio, sin tener pruebas, bastaba el juramento de ésta, para desestimar la acción. Se establecía además que, si el marido debía estar ausente injustificadamente durante mucho tiempo, la mujer podía tomar otro esposo y formar otro hogar, pero si el marido regresaba, los hijos habidos de la segunda unión, le quedaban al padre, mientras que la mujer debía regresar a su primitivo hogar.

En Mesopotamia, la mujer podía pedir el divorcio si su marido la desentendía. También era motivo de divorcio la esterilidad de la mujer; si ésta era infiel se le castigaba con la muerte. La mujer divorciada quedaba en posesión de su dote, pero conservaba sus derechos a la herencia de su esposo.

---

[7] Augusto César BELLUSCIO, "Divorcio", *Enciclopedia de Derecho de Familia*, Tomo I, Buenos Aires, Editorial Universidad, 1991, pp. 916 y 917
[8] El Código de Hammurabi, fue creado en el año 1728 a. C. (según la cronología media) por el rey de Babilonia Hammurabi, es uno de los conjuntos de leyes más antiguos que se han encontrado y uno de los ejemplares mejor conservados de este tipo de documentos creados en la antigua Mesopotamia y, en breves términos, se basa en la aplicación de la ley del Talión. Unifica los códigos existentes en las ciudades del imperio babilónico.

En la India, encontramos que si la mujer era adúltera, el esposo podía divorciarse de forma inmediata, en el caso de ser bebedora enferma, rebelde, derrochadora, podía ser repudiada o reemplazada sin más trámite por otra. En el caso de una mujer de un Brama, si ésta era infiel, su próxima reencarnación recaía en un chacal, ya que los hindúes creen que el alma debe purificarse antes de ser presentada ante el Dios Brahama, pudiendo reencarnar en animales o plantas según la vida que ha llevado. Las leyes de Manu[9] otorgaban al marido un derecho de repudio ilimitado, el cual no le era conferido a la mujer, todo ello a razón imponía condiciones de absoluta inferioridad de la mujer, quedando sometida a tutela de por vida.

En China, existían tres formas para disolver el matrimonio. la primera de ellas, era el divorcio sin culpa. Según el código legal de la Dinastía Tang (618-907), un matrimonio podía ser disuelto debido a incompatibilidad personal, siempre que el marido hubiera escrito una nota de divorcio. La segunda forma se presentaba por intermedio de *estatal-mandated* anulación de matrimonio, la cual se generaba, a consecuencia, de que un cónyuge cometiese un delito serio (definido de muchas formas, normalmente era más en términos generales para la mujer) contra el otro o su/su clan. En tercer lugar, el marido podía declarar el divorcio unilateralmente. Para que éste fuera legalmente reconocido, la declaración debía basarse en una de las siguientes siete razones:

1. La mujer carece de piedad filial hacia sus suegros. Esto hacía que los suegros fueran potencialmente capaces de romper un matrimonio contra la voluntad de ambos cónyuges.
2. Falla para aguantar un hijo.
3. La mujer era vulgar o lasciva/adúltera.
4. La mujer era celosa. Esto incluía objetar a su marido que tomara una mujer adicional o concubina.
5. Tener una enfermedad vil.
6. Ser chismosa.
7. Haber cometido un robo.

También existían tres excepciones, bajo las cuales el divorcio unilateral estaba prohibido, independientemente de lo anterior:

1. La esposa no tenía familia con la que regresar.
2. La esposa había mantenido tres años de duelo por el fallecimiento de uno de los yernos.
3. Su marido era pobre en el momento del matrimonio, pero pudiente en el momento del divorcio.

La ley anterior sobre divorcio unilateral se mantuvo vigente desde la Dinastía Tang hasta su abolición definitiva en el Código Civil de la República de China.

En Persia, el marido gozaba de la libre voluntad de repudiar a su esposa.

---

[9] Las Leyes de Manu es un importante texto sánscrito de la sociedad antigua de la India, esas doctrinas fueron dictadas por el sabio Manu (quien en la religión hinduista es el antepasado común de toda la humanidad).

En Esparta, el divorcio no era común y mercería reprobación.

En Grecia la acción de divorcio la podía intentar cualquiera de los cónyuges o por mutuo consentimiento, se entendía ejecutada por el marido cuando éste devolvía la dote o abandonaba la mujer, cuando no existía causal alguna, éste podía reclamar la dote junto con los intereses y alimentos correspondientes. La mujer podía pedir el divorcio por excesos o crueldad del marido. Las causales de divorcio en Grecia eran las siguientes:

1. El adulterio de la mujer.
2. Esterilidad.
3. Por carecer alguno de los cónyuges de la calidad de ciudadano.
4. Por malos tratos o corrupción por parte del marido.

Entre los hebreos, el derecho de repudio por parte del marido fue limitado por disposiciones de uno de los libros del Pentateuco,[10] en el Deuteronomio, que en su capítulo XXIV, versículos 1 a 4,[11] expresa:

1. Cuando alguno tomare mujer y se casare con ella, si no le agradare por haber hallado en ella alguna cosa indecente, le escribirá carta de divorcio, y se la entregará en su mano, y la despedirá de su casa.
2. Y salida de su casa, podrá ir y casarse con otro hombre.
3. Pero si la aborreciere este último, y le escribiere carta de divorcio, y se la entregare en su mano, y la despidiere de su casa; o si hubiere muerto el postrer hombre que la tomó por mujer,
4. no podrá su primer marido, que la despidió, volverla a tomar para que sea su mujer, después que fue envilecida; porque es abominación delante de Jehová, y no has de pervertir la tierra que Jehová tu Dios te da por heredad.

Como lo señala Belluscio,[12] se introduce así un requisito para la admisión del repudio por parte del esposo, la redacción de la llamada "carta de repudio" y su entrega a la mujer. Esta formalidad era una verdadera limitación al derecho absoluto del esposo. En este sentido, plantea el autor:

> por lo menos, buscaba obtener la seguridad de que la decisión no fuese el fruto de un arrebato momentáneo. En efecto, la escritura no estaba muy difundida entre los hebreos, quienes para redactar la "carta repudio" debían acudir casi necesariamente a un extraño, generalmente el rabino. Fue así como los rabinos se encargaron de asegurarse de la seriedad de la decisión, e introdujeron formalidades en la redacción de la carta que hicieron aún más necesario recurrir a ellos. Otra limitación a la facultad de repudio derivó de la prohibición

---

[10] El Pentateuco, significa "cinco rollos", por los estuches cilíndricos donde se guardaban enrollados los textos hebreos, es el conjunto formado por los cinco primeros libros de la Biblia, que la tradición atribuye al patriarca hebreo Moisés. Es considerado canónico por todas las confesiones cristianas y forma parte de todas las Biblias. Los cinco libros que lo componen son: Génesis, Éxodo, Levítico, Números y Deuteronomio.
[11] Disponible en: https://www.biblegateway.com/passage/?search=Deuteronomio+24%3A1-4&version= RVR 1960
[12] Cit. AUGUSTO CÉSAR BELLUSCIO, Divorcio, p. 918

absoluta de nueva unión entre los mismos cónyuges después de un segundo matrimonio de la mujer; el esposo repudiante debía tener en cuenta el carácter definitivo de su decisión si la mujer contraía nuevo matrimonio.

Es importante destacar, que otras normas prohibían el repudio si el marido difamase a la mujer aseverando que ésta no había llegado virgen al matrimonio, o si se le había obligado a casarse por haber sido sorprendido manteniendo relaciones con una mujer virgen, esto lo encontramos en el Deuteronomio,[13] Capítulo XXII, Versículos 13 a 19, 28 y 29:

13. Cuando alguno tomare mujer, y después de haberse llegado a ella la aborreciere,

14. y le atribuyere faltas que den que hablar, y dijere: A esta mujer tomé, y me llegué a ella, y no la hallé virgen;

15. entonces el padre de la joven y su madre tomarán y sacarán las señales de la virginidad de la doncella a los ancianos de la ciudad, en la puerta;

16. y dirá el padre de la joven a los ancianos: Yo di mi hija a este hombre por mujer, y él la aborrece;

17. y he aquí, él le atribuye faltas que dan que hablar, diciendo: No he hallado virgen a tu hija; pero ved aquí las señales de la virginidad de mi hija. Y extenderán la vestidura delante de los ancianos de la ciudad.

18. Entonces los ancianos de la ciudad tomarán al hombre y lo castigarán;

19. y le multarán en cien piezas de plata, las cuales darán al padre de la joven, por cuanto esparció mala fama sobre una virgen de Israel; y la tendrá por mujer, y no podrá despedirla en todos sus días.

28. Cuando algún hombre hallare a una joven virgen que no fuere desposada, y la tomare y se acostare con ella, y fueren descubiertos;

29. entonces el hombre que se acostó con ella dará al padre de la joven cincuenta piezas de plata, y ella será su mujer, por cuanto la humilló; no la podrá despedir en todos sus días.

Posteriormente, fue admitido el derecho de la mujer de obligar al marido a repudiarla ante la existencia de causas graves imputables a él, tales como sevicia, enfermedad contagiosa o impotencia.

2.2 En el Derecho Romano

En Roma, el matrimonio fue concebido como un contrato que se perfeccionaba con el consentimiento de las partes y requería la tradición. Se denominaba Justae Nuptiae o Justum Matrimonium, el matrimonio legítimo conforme a las normas del Derecho Civil de Roma.

---

[13] Disponible en: https://www.biblegateway.com/passage/?search=Deuteronomio+22%3A+13+-29&version = RVR1960

El matrimonio se extinguía por la muerte de uno de los esposos, por la pérdida de la capacidad[14] y por la pérdida de la affectio maritalis. Es por este motivo, que para el Derecho Romano la desaparición del afecto conyugal determinaba el divorcio entre los cónyuges.

Desde la época de su fundación hasta la Ley de las XII tablas es difícil la materialización del divorcio, todo ello derivado del hecho de que el marido ejercía la "manus" sobre la mujer, quien era considerada una hija bajo la autoridad paterna, reduciéndose a un derecho de repudiación la facultad de divorciar en estas uniones que sólo el marido podía ejecutar y siendo por causas graves. Excepcionalmente en los matrimonios "sine manus" (que eran extraños o poco comunes), en materia de divorcio los esposos tenían igualdad de derechos.

El Maestro López Herrera,[15] nos enseña que el primer divorcio romano del que se tenga noticia, ocurrió en el año 520 (de Roma). Pero debido al desenfreno que siguió a las conquistas y al contacto de los romanos con otros pueblos, el divorcio se convierte en algo frecuente, lo que genera la promulgación de una serie de leyes tendentes a dificultarlo y a restringirlo.

Es por ello que, surge la primera ley, la Lex Julia de adulteris, aquí se imponen la obligación de que la repudiación sea debidamente notificada al otro cónyuge a través de un escrito (libellus repudii), en presencia de siete testigos, en forma oral o a través de un acta escrita, que le era entregada por un manumitido, en presencia de siete testigos púberes y ciudadanos romanos.

Señala también López Herrera que, bajo la vigencia de la Lex Julia, existían dos procedimientos de divorcios, el primero *unilateral* (o repudiación) y el divorcio *bona gratia* o por mutuo acuerdo de los esposos. En el caso del divorcio unilateral, la decisión del repudiante debía estar justificada; en cambio, en el divorcio bona gratia no existía dicha exigencia. También afirma el Maestro López, lo siguiente:

> Empero, no existían causales determinadas para el divorcio unilateral, sino que quedaba en cada caso a criterio de la autoridad judicial, determinar si existía o no justa causa. Por otra parte, la inexistencia de ésta no era óbice para que el vínculo quedara disuelto de todas maneras, ya que no podía subsistir sin la affectio maritalis: se trataba simplemente de que, en todo caso, el cónyuge inocente debía recibir del otro una compensación económica.

En el derecho Justinianeo, siguiendo las enseñanzas de Suárez Franco,[16] encontramos que se admiten cuatro formas de divorcio:

---

[14] César Ramos, *Derecho Romano I*, Caracas, Universidad Central de Venezuela, Facultad de Ciencias Jurídicas y Políticas, 2008, p. 75: "Por incapacidad sobrevenida, si el *Pater Familias* (suegro) adoptaba al cónyuge, ya que por esa circunstancia se convertían en hermanos, *capitis deminutio mínima*, y surgía el impedimento del parentesco. Por pérdida de la libertad o la ciudadanía. Al retorno del ciudadano prisionero debía reinstaurarse el matrimonio con un nuevo consentimiento. (*ius post liminium*)"

[15] Cit. Francisco López Herrera, *Derecho de Familia*, p. 170

[16] Roberto Suárez Franco, *Derecho de Familia*, Bogotá, Tomo I, Editorial Temis, 1998, p. 184

1. Divortium ex iusta causa: El cual era a consecuencia por la culpa de la otra parte, en cuanto sea reconocida por la ley. Siendo iustae causae:
   - La maquinación o conjura contra el emperador, o también su ocultación.
   - El adulterio declarado de la mujer.
   - Las malas costumbres de la mujer.
   - El alejamiento de la casa del marido.
   - Las insidias al otro cónyuge.
   - La falsa acusación del adulterio por parte del marido.
   - El lenocinio intentado por el marido.
   - El comercio asiduo del marido con otra mujer, dentro o fuera de la casa conyugal.
2. Divortium sine causa: Cuando se produce como acto unilateral no justificado por la ley.
3. Divortium communi consensu: Generado por el simple acuerdo entre las partes.
4. Divortium boni gratia: Es aquel en el cual no existe culpa del otro cónyuge (impotencia incurable, voto de castidad, cautividad de guerra).

2.3 En el cristianismo

El cristianismo ha tenido una notable influencia en las instituciones familiares, muy especialmente en lo relativo al matrimonio. La Iglesia va en contra de las leyes romanas y las costumbres germánicas que autorizaban el divorcio, sin lograr imponer su posición.

De acuerdo al criterio de López Herrera[17] -al cual nos adherimos- hay ciertos factores que influyen en la posición de la Iglesia, el primero de ellos, es que la vida de la Iglesia en sus primeros tiempos se desarrolló en Roma, sociedad ésta, que imponía sus propios principios legales; en segundo lugar, la Iglesia no tenía facultad alguna para legislar en materia civil (sólo en el siglo X se le reconoció como única autoridad reguladora del matrimonio), en tercer lugar, en la época de sometimiento a Roma, el matrimonio se formaba por la simple cohabitación con affectio maritalis, es por ello, que nada impedía que legalmente los cristianos se divorciaran y entraran en nuevos vínculos con terceras personas.

Belluscio,[18] destaca que los textos evangélicos referentes al divorcio son los siguientes:

1. Evangelio según San Mateo:
   - 5:31 También fue dicho: Cualquiera que repudie a su mujer, dele carta de divorcio.

---

[17] Cit. FRANCISCO LÓPEZ HERRERA, *Derecho de Familia*, p. 173
[18] Cit. AUGUSTO CÉSAR BELLUSCIO, *Divorcio*, p. 920

- Pero yo os digo que el que repudia a su mujer, a no ser por causa de fornicación, hace que ella adultere; y el que se casa con la repudiada, comete adulterio.
- 19:3 Entonces vinieron a él los fariseos, tentándole y diciéndole: ¿Es lícito al hombre repudiar a su mujer por cualquier causa?
- 19:4 El, respondiendo, les dijo: ¿No habéis leído que el que los hizo al principio, varón y hembra los hizo,
- 19:5 y dijo: Por esto el hombre dejará padre y madre, y se unirá a su mujer, ¿y los dos serán una sola carne?
- 19:6 Así que no son ya más dos, sino una sola carne; por tanto, lo que Dios juntó, no lo separe el hombre.
- 19:7 Le dijeron: ¿Por qué, pues, mandó Moisés dar carta de divorcio, y repudiarla?
- 19:8 Él les dijo: Por la dureza de vuestro corazón Moisés os permitió repudiar a vuestras mujeres; más al principio no fue así.
- 19:9 Y yo os digo que cualquiera que repudia a su mujer, salvo por causa de fornicación, y se casa con otra, adultera; y el que se casa con la repudiada, adultera.

2. Evangelio según San Marcos:
   - 10:2 Se acercaron algunos fariseos y, para ponerlo a prueba, le plantearon esta cuestión: "¿Es lícito al hombre divorciarse de su mujer?"
   - 10:3 Él les respondió: "¿Qué es lo que Moisés les ha ordenado?"
   - 10:4 Ellos dijeron: "Moisés permitió redactar una declaración de divorcio y separarse de ella".
   - 10:5 Entonces Jesús les respondió: "Si Moisés les dio esta prescripción fue debido a la dureza del corazón de ustedes.
   - 10:6 Pero desde el principio de la creación, Dios los hizo varón y mujer.
   - 10:7 Por eso, el hombre dejará a su padre y a su madre, y se unirá a su mujer,
   - 10:8 y los dos no serán sino una sola carne. De manera que ya no son dos, sino una sola carne.
   - 10:9 Que el hombre no separe lo que Dios ha unido".
   - 10:10 Cuando regresaron a la casa, los discípulos le volvieron a preguntar sobre esto.
   - 10:11 Él les dijo: "El que se divorcia de su mujer y se casa con otra, comete adulterio contra aquella;

- 10:12 y si una mujer se divorcia de su marido y se casa con otro, también comete adulterio".
3. Evangelio según San Lucas:
   - 16:18 El que se divorcia de su mujer y se casa con otra, comete adulterio, y el que se casa con una mujer abandonada por su marido, comete adulterio.
4. Carta del Apóstol San Pablo a los romanos:
   - 7:2 Porque la mujer casada está sujeta por la ley al marido mientras éste vive; pero si el marido muere, ella queda libre de la ley del marido.
   - 7:3 Así que, si en vida del marido se uniere a otro varón, será llamada adúltera; pero si su marido muriere, es libre de esa ley, de tal manera que, si se uniere a otro marido, no será adúltera.
5. Carta de San Pablo a los Corintios:
   - 7:10 Mas a los que están juntos en matrimonio, denuncio, no yo, sino el Señor: Que la mujer no se aparte del marido;
   - 7:11 Y si se apartare, que se quede sin casar, o reconcíliese con su marido; y que el marido no despida a su mujer.

Tal y como lo destaca Belluscio,[19] la interpretación de tales textos evangélicos en lo referente a la admisión o rechazo del divorcio vincular estaba destinada a ser uno de los principales puntos de división del cristianismo.

En el siglo IV, los Concilios de Elvira y Arles imponen severas penas a los divorciados que se casaban nuevamente, aunque el divorcio estuviese fundado en el adulterio de la mujer, castigándolos con la excomunión. Luego en el siglo V, los Concilios de Cartago y de Angers, corroboraron el principio de la indisolubilidad del matrimonio y al propio tiempo solicitaron la promulgación de una ley imperial mediante la cual se prohibiera las uniones matrimoniales de los divorciados.

A partir del siglo X, eran los tribunales eclesiásticos quienes tramitaban los divorcios, no sin grandes disputas de distintos sectores de la iglesia cristiana.

En 1563, a partir del Concilio de Trento,[20] se impuso la teoría del matrimonio como un sacramento, y celebrado entre católicos, y consumado es indisoluble en vida de los esposos, aun en caso de adulterio de uno de ellos. También se consagró la posibilidad de separación de cuerpos por sentencia emanada de los tribunales eclesiásticos.

---

[19] Ibid., p. 921
[20] ROSALBA DI MIELE MILANO, *El divorcio del siglo XIX venezolano: tradición y liberalismo*, Caracas, Fundación para la Cultura Urbana, 2006, pp. 16 y 17: "El Concilio de Trento es celoso en la custodia de la autoridad religiosa pues amenaza con la máxima pena a quienes muestren su desacato. Estableciendo en los anatemas: Ca. VIII. Si alguno dijere, que yerra la Iglesia cuando decreta que se puede hacer por muchas causas la separación del lecho o de la cohabitación entre los casados por tiempo determinado o indeterminado será excomulgado. (…) Bajo esta disposición resultaba improbable y mucho menos otorgar un divorcio, aunque, como sabemos, se podrían plantear desenlaces intermedios. Colegimos que divorciarse significaba ser expulsados de la fe, y del sostén moral y social que tiene la Iglesia sobre la vida de los hombres y de las familias."

Como bien lo sostiene Suárez Franco,[21] la Iglesia católica ha concebido al matrimonio como un contrato sagrado y religioso instituido por Dios. Y ello fue ratificado por el Papa León XIII en su encíclica *Arcanum Divinae Sapientae*:

> Teniendo al matrimonio a Dios por autor, y habiendo sido desde el principio sombra y figura de la encarnación del Verbo Divino, por esto mismo tiene un carácter sagrado; no adventicio sino ingénito; no recibido de los hombres sino impreso por la misma naturaleza…siendo, pues, el matrimonio por su propia naturaleza, y por su esencia, una cosa sagrada, natural es que las leyes por las cuales debe regirse y temperarse, sean puestas por la divina autoridad de la Iglesia, que solo tiene el magisterio de las cosas sagradas, y no por el imperio de los príncipes seculares.

San Juan Pablo II se mostró siempre contrario a la figura del divorcio, en una alocución a los turistas-peregrinos congregados en la plaza de San Pedro, el 07 de septiembre de 1979, el Sumo Pontífice hizo especial mención de las palabras de Cristo sobre la indisolubilidad del matrimonio "Cuando él dijo que no lo separe el hombre", comentó el Papa:

> Cristo fue determinante sobre la indisolubilidad matrimonial como contenido de la palabra de Dios, expresada en la más antigua revelación."[22] También San Juan Pablo II en un discurso pronunciado el 28 de enero de 2002, instó a abogados y jueces a no atender casos de divorcio. Dijo que el divorcio ha tenido "consecuencias devastadoras que se propagan por el organismo social como una herida ponzoñosa" y ha infectado a una nueva generación. Concretamente, pidió, deben "declinar" su cooperación.[23]

El Papa Francisco, se ha mostrado ligeramente a favor del divorcio, aunque no lo ha reconocido como tal. Prueba de ello, lo evidencian diversas alocuciones y entrevistas dispensadas por el Papa a diversos medios de comunicación social, donde ha expresado una inclinación a la solución de los problemas conyugales por intermedio de la figura de la separación. El 28 de septiembre de 2015, el Papa Francisco destacó que en documento motu proprio que flexibilizó las condiciones para los trámites de separación, resaltó que "facilita los procesos en el tiempo, pero no es un divorcio, porque el matrimonio es indisoluble cuando es sacramento, y esto la Iglesia no lo puede cambiar, es doctrina, es un sacramento indisoluble". También afirmó:

> Los procesos legales son para probar que eso que parecía sacramento no lo era, por falta de libertad, por ejemplo, por falta de madurez, enfermedad mental. Son muchos los

---

[21] Cit. ROBERTO SUÁREZ FRANCO, *Derecho de Familia*, pp. 180 y 181
[22] Disponible en: https://elpais.com/diario/1979/09/07/internacional/305503208_850215.html
[23] Disponible en: http://ahorayporsiempre.blogspot.com/2012/10/el-beato-juan-pablo-ii-y-el-divorcio.html

motivos. Un ejemplo, que ahora no es común, pero en ciertos sectores de la sociedad era común, en Buenos Aires: los matrimonios cuando la novia quedaba embarazada y tenía que casarse. Yo aconsejaba, casi prohibía, hacer el matrimonio en estas condiciones. Nosotros los llamamos los matrimonios de apuro.[24]

El Papa Francisco recordó que, después del casamiento, "el niño nace y algunos (matrimonios) salen bien, pero no hay libertad. Y después las cosas van mal, se separan y dicen "Me obligaron a casarme porque tenía que ocultar esta situación". Esto es causa de nulidad".

2.4 La reforma protestante

La reforma protestante, fue un movimiento religioso cristiano, iniciado en Alemania en el siglo XVI por el sacerdote agustino Martín Lutero, dando origen a varias Iglesias y organizaciones agrupadas bajo la denominación de protestantismo.

La Reforma tuvo su origen en las críticas y propuestas con las que diversos religiosos, pensadores y políticos europeos buscaron provocar un cambio profundo y generalizado en los usos y costumbres de la Iglesia católica, además de negar la jurisdicción papal sobre toda la cristiandad. El movimiento recibirá posteriormente el nombre de Reforma Protestante, por su intención inicial de reformar el catolicismo con el fin de retornar a un cristianismo primitivo, y la importancia que tuvo la Protesta de Espira, presentada por algunos príncipes y ciudades alemanas en 1529 contra un edicto del Emperador Carlos V tendiente a derogar la tolerancia religiosa que había sido anteriormente concedida a los principados alemanes.[25]

Este movimiento revisó la doctrina de la Iglesia católica según el criterio de su conformidad a las Sagradas Escrituras. En particular, rechazó la teología sacramental católica, que, según él, permitía y justificaba prácticas como la "venta de indulgencias", un secuestro del Evangelio, el cual debía ser predicado libremente, y no vendido. Los principales exponentes de la Reforma Protestante fueron Martín Lutero y Juan Calvino.

Por el alcance de este movimiento, lo concerniente al tema de divorcio se ve severamente modificado, mientras la Iglesia católica acogía la doctrina de la indisolubilidad del matrimonio, los reformadores la declaraban falsa y negaban el carácter sacramental del matrimonio. Esto lo fundamentaban bajo el concepto de que no podía ser contraria a Dios la disolución del vínculo por los tribunales en caso de violación y desprecio de los deberes derivados del matrimonio.

Consideraban también, que Jesucristo no había hecho mención alguna al tema del divorcio por mutuo consentimiento ni sobre el fundado en causas determinadas por la ley civil.

---

[24] Disponible en: https://www.lanacion.com.ar/1831852-el-papa-francisco-hablo-del-divorcio-y-puso-como-ejemplo-el-matrimonio-de-apuro-cuando-la-novia-queda-embarazada
[25] Disponible en: https://es.wikipedia.org/wiki/Reforma_protestante

Como bien lo describe Belluscio,[26] la primera de las causas admitidas fue el adulterio de cualquiera de los esposos, sobre la base del Evangelio de San Mateo. Luego la malitiosa desertio, consistente en la huida a un lugar no asequible a la autoridad judicial. Se le equiparó más tarde la quasidesertio, comprendía no sólo el abandono sino también la separación forzada por el destierro o la prisión. Finalmente, llegaron a aceptarse ciertas causas fundadas en la culpa de uno de los esposos, constituidas por la negativa a cumplir el débito conyugal, las insidias (asechanzas contra la vida) y las sevicias.

2.5 La revolución francesa

Sin lugar a dudas, la revolución francesa, suscitada a través de un movimiento político, social, económico y militar, que surgió en 1789, es uno de los acontecimientos históricos más importantes de la historia. Tal es su magnitud, que ha diferenciado dos épocas: la moderna de la contemporánea.

Con este monumental evento, se produce el cierre definitivo de un período en el cual las grandes monarquías y los reyes absolutos albergaban todo el poder; dando comienzo a una era en la que las sociedades occidentales comenzaron a construir su futuro a partir de la mayor democratización política, sin lugar a dudas, se daba paso a la iniciación de un nuevo período, conocido como la época contemporánea.

En Francia, se producen grandes cambios y transformaciones, de la cual no escapan las instituciones familiares, y como acertadamente lo señala el Maestro López Herrera,[27] la consagración del divorcio en esa nación, fue a consecuencia de tres importantes factores: Las ideas de la filosofía enciclopedista; la laicización del matrimonio; y el culto de la libertad individual.

En consecuencia, se suprime la figura de la separación de cuerpos y se decreta el divorcio absoluto por la Ley 20 de septiembre de 1792, y como lo destaca Solé,[28] dicha ley "cambió las condiciones del matrimonio y estableció, por primera vez, el divorcio. Como lo ha hecho notar Jacques Godechot, el divorcio no representó un arma contra el catolicismo, sino un medio para mejorar la moral de la sociedad al hacer desaparecer los escándalos derivados de la separación de cuerpos."

La Ley del 20 de septiembre de 1792, estableció como causas de divorcio, las siguientes:

1. Mutuo consenso;
2. Incompatibilidad de temperamentos;
3. Enajenación mental;
4. Condena a pena aflictiva o infamante;
5. Sevicias, crimen o injurias de un cónyuge al otro;
6. Licencia notoria de costumbres;
7. Abandono por dos años;

---

[26] Cit. Augusto César Belluscio, *Divorcio*, p. 922
[27] Cit. Francisco López Herrera, *Derecho de Familia*, p. 176
[28] Jacques Solé, *Historia y mito de la Revolución Francesa*, México, Veintiuno Editores, 1989, pp. 319 y 320

8. Ausencia prolongada por más de cinco años sin tener noticias del cónyuge ausente;
9. Emigración.

Ante la facilidad de divorcio que generaba dicha ley, los redactores del Código Napoleón (1804) reaccionaron en contra de esos extremos y le dieron marcha atrás, a pesar de aceptar la figura del divorcio, reconociéndolo por causas graves taxativamente determinadas y pronunciado como culminación de un procedimiento complicado. Este Código, elimina la figura de divorcio por mutuo consentimiento y por incompatibilidad de caracteres.[29]

En 1816, vuelve a Francia la monarquía con Luis XVIII, devolviéndole a la religión católica el rango de religión de Estado, y promulgando la Ley de 8 de mayo de 1816 (Loi de Bonald) la cual suprime la figura del divorcio absoluto y establece la separación legal.

Posteriormente, en 1884 con la III República, se dicta la llamada Ley Nacquet, dicho instrumento legal solo admite la figura del divorcio-sanción, compuesto por la culpa de alguno de los cónyuges, siendo las causas generadoras del divorcio: el adulterio, la condena a una pena aflictiva o infamante, los excesos, sevicias e injurias graves.

3. Evolución del divorcio en Colombia

Durante mucho tiempo, la República de Colombia, adopta la figura de la indisolubilidad del matrimonio, impuesta por la imperante posición de la Iglesia Católica, sosteniendo que el matrimonio no es solo un contrato si no también un sacramento. La Iglesia, indiscutiblemente, tuvo un papel predominante en la estructura social, política y cultural de toda Latinoamérica[30]. Tal y como lo describe Torrado:[31]

> Durante casi un siglo en Colombia solo tuvo reconocimiento legal, prácticamente, el matrimonio celebrado por el rito católico. La religión católica era la religión oficial de la nación y se exigía a los poderes públicos el compromiso de protegerla y hacerla respetar, En desarrollo de esos preceptos, los matrimonios de los bautizados sólo producían efectos civiles en tanto se celebrarán de conformidad con sus ritos. Por tanto, ningún católico podía contraer matrimonio civil pues se

---

[29] HAYDÉE BARRIOS, "El Código Civil Francés de 1804 y el Derecho de Familia", *El Código Civil venezolano en los inicios del siglo XXI, En conmemoración del bicentenario del Código Civil francés de 1804*, Caracas, Academia de Ciencias Políticas y Sociales, 2005, pp.149 y 150: "En Francia regía el principio de la indisolubilidad del vínculo conyugal, ya que la Iglesia Católica se había reservado la regulación de los efectos personales del matrimonio, debido a su carácter moral y religioso. En ello influyó, no sólo por razones teológicas, sino también por consideraciones sociales, ya que, por el fin social del matrimonio, la Iglesia no aprobara el amor carnal del hombre y la mujer sino dentro del matrimonio. En su concepto, la unión indisoluble de la pareja constituía para los hijos el medio propicio donde podía desarrollar su personalidad en las mejores condiciones".
[30] LUIS MANUEL MARCANO SALAZAR, *Historia del Derecho Historia de las civilizaciones antiguas, modernas y contemporáneas*, Bogotá, Tercera Edición, Grupo Editorial Ibáñez, 2019, p. 275: "La iglesia protagonizará un rol fundamental en el proceso de conquista y asentamiento de la sociedad colonial. La noción y aceptación del carácter divino de los reyes, que es heredera de la Edad Media por el derecho divino que poseían los monarcas absolutistas, va a definir el molde autoritario, personalista patrimonial y hegemónico de la Monarquía Española como dueña y señora de sus colonias".
Ibidem, p. 205
[31] HELI ABEL TORRADO, *Matrimonio y Divorcio*, Bogotá, Universidad Sergio Arboleda, Serie Textos, 2015, p. 324

exponía a ser excomulgado; y si alguna persona bautizada deseaba hacerlo, debía apostar o renunciar a la religión católica. Además, las causas relativas a la nulidad y a la disolución del vínculo de los matrimonios canónicos eran de competencia exclusiva de los tribunales eclesiásticos, y, ante la jurisdicción civil, sólo era posible tramitar las separaciones de cuerpos, pues el vínculo matrimonial se mantenía vigente. Era la aplicación a la Ley civil del principio religioso "Lo que Dios ha unido, no lo separe el hombre.

En la República de Colombia, desde el año 1821 hasta 1976, fue acogido el principio de la indisolubilidad del matrimonio,[32] dado -entre otras cosas- a la fuerte influencia y dominación de la Iglesia Católica. Sin embargo, se evidenciaron etapas en que fue adoptada la figura del divorcio vincular. En efecto, entre los años 1853 y 1856, el derecho colombiano acoge el divorcio vincular, por intermedio de la Ley del 20 de junio de 1853, conocida como Ley Obando. Tal y como lo describe Suárez Franco,[33] la referida legislación concebía dos fuentes de divorcio: el delito y el consentimiento mutuo. Se enunciaron como causales de divorcio:

a. El adulterio de la mujer;
b. El amancebamiento del marido;
c. Las graves y frecuentes injurias, los maltratamientos de obra, la sevicia de uno de los cónyuges hacia el otro, si con ello peligraba la vida de los consortes o se hacían imposible la paz y el sosiego domésticos;
d. La ausencia de uno de los cónyuges, abandonando al otro por más de tres años.

El divorcio por mutuo consentimiento no prosperaba cuando se presentase una de estas circunstancias:

a. Si el varón era menor de veinticinco años cumplidos o la mejor menor de veintiuno;
b. Cuando no hubieren transcurrido dos años después de celebrado el matrimonio;
c. Si se intentaba después de veinte años de celebrado el matrimonio;

---

[32] Corte Constitucional de Colombia, en fallo dictado en fecha 13 de octubre de 1993, sentencia C-456/93, Magistrado Sustanciador Vladimiro Naranjo Mesa, disponible en: http://www.secretariasenado.gov.co/ senado/ basedoc/ c-456_1993.html#1: "El meollo de la discusión entre los partidarios de una forma u otra de matrimonio -el religioso y el civil- es, sin lugar a dudas, el relativo a la indisolubilidad del vínculo matrimonial. Al respecto, la Iglesia Católica -al igual que otras religiones- considera que el matrimonio, de suyo, es indisoluble, y que así cesen ante la ley positiva sus efectos civiles por divorcio, el vínculo permanece incólume. La razón por la cual considera la Iglesia Católica, por ejemplo, que el vínculo no puede ser afectado por el divorcio, puede sintetizarse así:
La indisolubilidad del matrimonio católico es una nota del vínculo conyugal que, desde el principio de la Iglesia, ha estado en la conciencia de los fieles. Esta indisolubilidad se encuentra de manera expresa consagrada en varios pasajes evangélicos, entre ellos Mateo 19, 3-12. Los autores de derecho canónico han dado un doble fundamento a la indisolubilidad: la sacramentalidad y la doctrina. Así, dicen, siendo la unión de Cristo con la Iglesia el ejemplar normativo del matrimonio, y tratándose de una unión indisoluble, esta misma nota es predicable del vínculo matrimonial. Por doctrina canónica, el matrimonio es indisoluble por razón de sus fines -procreación y recepción de los hijos, además de la mutua ayuda entre los cónyuges-, y, de modo especial, por la solidaridad que debe existir entre éstos. Igualmente, anotan los doctrinantes, hay un grado de indisolubilidad que es propio y común al matrimonio católico: la sacramentalidad del mismo, lo cual le da por esencia una gran firmeza, de modo que el matrimonio rato y consumado resulta absolutamente indisoluble".
[33] Cit. ROBERTO SUAREZ FRANCO, p. 190

d. En el caso de que la esposa hubiere cumplido cuarenta años de edad;
e. Cuando los padres de los cónyuges menores no conviniesen que el divorcio se efectuara.

En Colombia, permanece la figura del divorcio vincular hasta el año 1856, en virtud de la puesta en vigencia del artículo 4 de la ley 8 de ese mismo año. A partir de ese momento el matrimonio fue disoluble tan solo por la muerte de alguno de los cónyuges o por la nulidad judicialmente decretada.

En 1859, entra en rigor la Constitución federalista de la Confederación Granadina, institucionalizándose el divorcio vincular en algunas Provincias, que luego se transformaron en Estados. En 1873, la República de Colombia acoge como Código Civil de la Unión, acogiéndose al que fue redactado para la República de Chile por el insigne hombre de letras y jurista venezolano Don Andrés Bello, el cual había sido adoptado por el Estado Soberano de Santander el 12 de octubre de 1858 y, luego el 08 de enero de 1859 por el de Cundinamarca, y así sucesivamente por otros Estados.

Tal y como lo destaca Castillo Rugeles:[34]

> Es interesante recordar que el Código del Estado Soberano de Santander aprobó reformas radicales al Código de Chile, tal vez "en consonancia con el espíritu de secularización integral de la vida civil imperante en la época de la federación", reformas que recayeron en especial sobre aspectos importantes de la familia: esponsales, matrimonio, disolución, etc.
>
> Específicamente en lo que respecta al divorcio, los artículos 111 y 112 de este Código disponían: "El matrimonio se disuelve por la muerte o por la voluntad de uno de los cónyuges. No podrá disolverse:
>
> 1° Si el varón es menor de 25 años y la mujer menor de 21;
>
> 2° Cuando no han transcurrido dos años después de celebrado el matrimonio", se consagraba, pues dice el Doctor HARKER PUYANA, "el divorcio absoluto o vincular por el solo arbitrio de uno cualquiera de los cónyuges, innovación a los principios ortodoxos del Código Chileno que envidiarían en nuestra época muchas legislaciones que se pregonan de avanzada."

El Código de la Unión de 1887, hace fenecer el divorcio vincular, disponiendo en su artículo 152, lo siguiente:

> El matrimonio civil se disuelve por la muerte real o presunta de uno de los cónyuges.

---

[34] CASTILLO RUGELES, Jorge Antonio. Op. Cit., p. 258

Cabe destacar que el referido instrumento legislativo, también disponía en su artículo 153:

> El divorcio no disuelve al matrimonio, pero suspende la vida en común de los casados.

A pesar de la erradicación del divorcio vincular en Colombia, surgen en el país una serie de discusiones, análisis y estudios conducentes a la presentación de proyectos que lograran nuevamente la implementación del divorcio vincular. Siendo infructuosos los esfuerzos para tal fin, producto -entre otras cosas- del Concordato vigente para la época.

Castillo Rugeles,[35] hace una descripción de la presentación de proyectos en el siglo XX, con el objeto de materializar al divorcio vincular nuevamente en la legislación civil colombiana. Destacando que, en 1935, el entonces representante Pedro E. Cruz, había sometido a la consideración de las Cámaras un primer proyecto. En febrero de 1937 también los representantes Pedro E. Cruz, Jorge Uribe Márquez y Eduardo Bossa, presentaron otro proyecto que contemplaba el matrimonio civil facultativo y el divorcio vincular para los matrimonios civiles. El 27 de julio de ese mismo año, los representantes Alfonso Romero Aguirre, Juan José Turbay, Jesús A. Cardona y Arturo Peralta, presentaron otro proyecto, redactado en dos artículos donde se contempla el divorcio, y que la indisolubilidad matrimonial no era de orden público en Colombia. En 1964, el Senador Iván López Botero, presenta también ante el Congreso un nuevo proyecto.

En 1974, con la puesta en vigencia de la Ley 20 de ese mismo año, mediante la cual se aprueba la reforma al Concordato celebrado entre el Estado colombiano y la Santa Sede, mediante la cual se les concedió plena facultad a los ciudadanos colombianos para contraer matrimonio civil o católico, sin necesidad de renunciar a su religión, así como también, a la imposibilidad de ser objeto a ningún tipo de sanciones eclesiásticas. En lo referente al divorcio, éste quedó con una sola medida, únicamente aplicable a los matrimonios civiles, ya que se mantuvo vigente la indisolubilidad del vínculo de aquéllos que se hubiesen celebrado bajo los cánones de la Iglesia católica.[36]

En Colombia, comienza la discusión del proyecto de Ley del matrimonio civil y de divorcio, la cual posteriormente se transformó en la Ley primera de 1976[37]. El país es testigo de una de las polémicas más interesantes de su historia, juristas de la más alta distinción y políticos, comienzan a debatir en torno a este trascendental, materializando dos grandes tesis: la de los divorcistas y la de los anti-divorcistas; esta última precedida especialmente por la Iglesia Católica.

En 1989, entra en vigencia el Decreto 1900, el cual confiere facultad a los notarios a los fines de poder tramitar el divorcio formulado por mutuo acuerdo de los cónyuges, con fundamento en la separación de cuerpos decretada judicialmente o formalizada ante notario, que hubiese perdurado más de dos años, sin perjuicio de la competencia asignada a los jueces por la ley. Cabe destacar que, para aquel entonces no existía el mutuo acuerdo

---

[35] Ibidem., p. 191
[36] Cit. HELI ABEL TORRADO, p. 324
[37] Diario Oficial N° 34.492, de fecha 19 de enero de 1992

como causal de divorcio en Colombia. Esta norma alcanza agilizar el trámite del divorcio para aquellos esposos separados de cuerpos que ya llevaran más de dos años en esa situación, pero a través de dicha causal el divorcio no era el mutuo acuerdo, sino la separación de cuerpos por más de dos años.[38]

La jerarquía católica obtiene un éxito, logra que el legislador colombiano en claro e inequívoco respeto de la legislación canónica, en la Ley Primera de 1976[39], se aprueba el divorcio vincular pero tan solo para el matrimonio civil, continuando indisoluble el matrimonio canónico por causas distintas a la nulidad y a la muerte, situación ésta que perduraría hasta el 17 de diciembre de 1992, cuando la Constitución Política de Colombia,[40] en su artículo 42, establece:

> Las formas del matrimonio, la edad y capacidad para contraerlo, los deberes y derechos de los cónyuges, su separación y la disolución del vínculo, se rigen por la ley civil.

En este sentido, la Constitución colombiana pone fin a la gran diatriba referente al divorcio, admite esta figura como mecanismo de disolución del vínculo conyugal y de cesación de los efectos civiles generados a consecuencia de ello. Es por ello que, el Congreso de la República,[41] en fecha 17 de diciembre de 1992, expidió la Ley 25 de 1992.[42]

La Corte Constitucional de la República de Colombia,[43] en sentencia dictada en fecha 05 de febrero de 1993, Sentencia C-027/93, con ponencia del Magistrado Simón Rodríguez, señaló:

> La introducción de la figura jurídica de la cesación de efectos civiles de todo matrimonio a través del divorcio se refleja en el espíritu del constituyente que estableció en informe de ponencia para primer debate en plenaria que "las familias unidas por vínculos naturales o jurídicos han sido reglamentadas durante toda nuestra vida civil. Interpretando una necesidad nacional debe reflejarse en la Constitución la realidad en que vive hoy más de la cuarta parte de nuestra población. Se deben complementar las normas legales vigentes

---

[38] PAOLA RUIZ MANOTAS, *La construcción del divorcio en Colombia desde las normas jurídicas a partir del siglo XIX. Diferencias de género e influencia política y religiosa*, Revista de Derecho Privado, núm. 39, 2020, p.302
[39] Cit. JORGE ANTONIO CASTILLO RUGELES, p. 259: "la Ley primera de 1976, como bien se sabe, fue el fruto de un proyecto de divorcio presentado al Congreso de Colombia en 1974, elaborado por una comisión compuesta por los Doctores Arturo VALENCIA ZEA, HERNANDO DEVIS ECHANDÍA, ÁLVARO PÉREZ VIVES, CIRO ANGARITA Y JOSEFINA AMÉZQUITA DE ALMEYDA."
[40] Gaceta Constitucional N° 127, de fecha 10 de octubre de 1992
[41] Cit. PAOLA RUIZ MANOTAS, p. 132:"La Ley 25 de 1992 proviene de un proyecto de ley presentado por el senador Parmenio Cuéllar Bastidas, quien fusionó dos proyectos de ley: el proyecto de Ley 11 de 1992 presentado por el senador Guillermo Giraldo Hurtado y el proyecto de Ley 12 presentado por los senadores Eduardo Chávez López y Vera Grave. Este proyecto fue aprobado con algunas modificaciones en Cámara de Representantes y su exposición de motivos fue expuesta por los representantes Mario Uribe Escobar y Rodrigo Villalba Mosquera."
[42] Diario Oficial 40693 de diciembre 18 de 1992 y Reglamentada por el Decreto Nacional 782 de 1995
[43] Disponible en: http://www.corteconstitucional.gov.co/relatoria/1993/C-027-93.htm

sobre "Uniones maritales de hecho y régimen patrimonial entre compañeros permanentes.

También allí se encuentra que la mayoría de los colombianos casados por lo civil o lo católico o en unión libre considera que esta última debe reglamentarse y es nuestra propuesta a la Asamblea.

Igualmente, el proyecto de reforma constitucional presentado por el Gobierno Nacional dice que sólo la ley colombiana regulará las formas de matrimonio... Esta propuesta dio oportunidad para estudiar lo relacionado con matrimonios válidamente celebrados en el país o en el exterior y así, para evitar inconvenientes a familias legal y formalmente establecidas, se propone una redacción diferente que acoge, en líneas generales, la intención gubernamental y del pueblo de establecer el divorcio en Colombia.

El incremento de las separaciones que para la generación del 44 alcanzan 32.5., el descenso en la duración de las uniones, donde se ve que entre el primero y el cuarto año se producen el 31.1 de las rupturas., la alta presencia de separados en el país porque el 41 de los hogares urbanos encuestados incluían por lo menos una persona que no convivía con su pareja, encontrando que 2.5 de cada 10 personas unidas estaban separadas, la utilización de los hijos en el conflicto conyugal porque con ellos presionan afectivamente al otro cónyuge haciéndoles inmenso daño con la vivencia cotidiana del conflicto conyugal y sus consecuencias, según lo reconocieron los mismos padres, el aumento de las uniones sucesivas que nos muestra cómo el 94% de los separados se encuentran en uniones de hecho, el 3% obtuvo anulación y el otro 3% acudió a la figura simbólica de un matrimonio civil en el extranjero, significando que ese 94 estaría en situación de adulterio y el 3 en una especie de bigamia que se mueve entre cierto reconocimiento social y la indiferencia legal, la falta de reglamentación sobre las obligaciones económicas de los cónyuges durante la separación o después de ella y la opinión que el pueblo ha tomado frente al divorcio hacen que sea ésta la solución, no buena, pero si necesaria, según concluyen las mencionadas investigadoras Zamudio y Rubiano en la obra citada" (Gaceta Constitucional No. 85 páginas 5 y 6).

Sobre este particular, sostiene Torrado,[44] lo siguiente:

---

[44] Cit: HELI ABEL TORRADO, p. 325

Para las parejas casadas por la Iglesia, el divorcio es una posibilidad que sólo comenzó a existir desde cuando se independizaron los efectos civiles de los matrimonios religiosos, de los aspectos meramente sacramentales. A partir de la Constitución de 1991, una pareja casada por la Iglesia puede divorciarse legalmente y contraer un nuevo matrimonio civil. Aunque esto no implica que el vínculo sacramental se disuelva, si termina el vínculo contractual y cesan todos los efectos civiles. Así, el divorcio ha dado la posibilidad de muchas parejas que se habían casado anteriormente por la Iglesia y cuyas uniones fracasaron, de legalizar una nueva unión en Colombia. Mientras que, bajo el régimen anterior, y mediante la separación de cuerpos judicialmente decretada, o, de hecho, fue creciendo el número de personas que, aunque separadas, no habían podido resolver jurídicamente su estado civil, pues los matrimonios católicos que habían contraído años atrás seguían vigentes.

El artículo 5° de la Ley 25 de 1992[45][46], el cual establece:

> "El matrimonio civil se disuelve por la muerte real o presunta de uno de los cónyuges o por divorcio judicialmente decretado.
>
> "Los efectos civiles de todo matrimonio religioso cesarán por divorcio decretado por el juez de familia o promiscuo de familia.
>
> "En materia del vínculo de los matrimonios religiosos regirán los cánones y normas del correspondiente ordenamiento religioso".

Sobre la norma anteriormente descrita, apunta Suárez Franco,[47] lo siguiente: "Esta normatividad vino a adicionar el artículo 1° de la ley 1° de 1976, que consagró el divorcio vincular solo para los matrimonios civiles. La norma últimamente citada al entrar en vigencia había, a su vez, reformado el artículo 152 del Código Civil."

---

[45] Diario Oficial N° 40.693, de fecha 18 de diciembre de 1992
[46] Cit. JORGE ANTONIO CASTILLO RUGELES, p. 263: "Aprobada la actual Constitución de 1991, pronto surgió la inquietud en lo referente a la aplicación inmediata del inciso octavo del artículo 42, según el cual "los efectos civiles de todo matrimonio cesarán por divorcio con arreglo a la Ley civil". Más concretamente, en cuanto a la oportunidad de su aplicación frente al matrimonio religioso. Al respecto la doctrina se preguntaba si era factible, dado el estado que para entonces presentaba legislación, impetrarse y obtenerse esta especie en divorcio. O si, por el contrario, era necesaria una Ley que desarrollase el canon constitucional. Quien estas líneas escriben estuvo por la afirmativa con fundamento en los artículos 4 y 42 de la Carta. Empero, se dijo que se requería, en todo caso, una reglamentación que fijara las pautas en cuestiones de competencia, procedimiento y causales. Sobre el punto se llegó a pensar que ello en verdad no era necesario por cuanto el constituyente previó tales aspectos al disponer: "los efectos civiles de todo matrimonio cesarán por divorcio con arreglo a la Ley civil, no siendo necesaria otra reglamentación que la existente".
[47] Cit. ROBERTO SUAREZ FRANCO, p. 192

En sentencia dictada por la Corte Constitucional de la República de Colombia,[48] de fecha 02 de diciembre de 2010, con ponencia del Magistrado Jorge Ignacio Pretelt Chaljub, Expediente D-8134, Sentencia C-985/10, encontramos:

> En ejercicio de la libertad de configuración que la Constitución otorga al Legislador para regular la institución del matrimonio y las formas de disolución del vínculo, la Ley 25 de 1992 reguló el divorcio a la luz de la nueva Carta Política. Esta ley se ocupó de una realidad social que era innegable: muchos matrimonios afrontan crisis insuperables y los cónyuges requieren de mecanismos para terminar el vínculo legal y poder reestablecer sus vidas familiares y afectivas. Fue así como el artículo 5 de la Ley 25 de 1992 –que modificó el artículo 152 del Código Civil- dispuso que el vínculo matrimonial se disuelve (i) por la muerte real o presunta de uno de los cónyuges, o (ii) por divorcio. Por su parte, el artículo 6 de la misma ley –que modificó el artículo 154 Código Civil- indicó las causales de divorcio.

Por último, cabe destacar el criterio sostenido por Medina Pabón,[49] quien sobre este punto apunta en lo siguiente:

> A partir de la vigencia de la ley 1° de 1976 entró en nuestra legislación el divorcio vincular que hoy se extiende, al menos en los efectos civiles, al matrimonio canónico por virtud del artículo 1° de la ley 25 de 1992, de discutible juridicidad si se la enfrenta a las reglas del Concordato vigente. Para la época de la expedición de la ley 25 de 1992 la Corte no ha proferido esas extrañas sentencias que dan prevalencia a la Constitución sobre toda otra norma, incluyendo los tratados internacionales, por lo que el legislador como fórmula transaccional decidió que la aplicación del divorcio al matrimonio canónico indisoluble se denominara cesación de los efectos civiles aprovechando que no todos reconocen el principio que en Derecho se está más a la intención de los sujetos que a lo literal de las palabras o el de prevalencia de la realidad real sobre la formal y con eso tranquilizaron su conciencia jurídica.

En definitiva, en Colombia, de conformidad con el artículo 6° de la ley 25 de 1992, son causales de divorcio:

---

[48] Disponible en: http://www.corteconstitucional.gov.co/relatoria/2010/C-985-10.htm
[49] JUAN ENRIQUE MEDINA PABÓN, *Derecho Civil Derecho de Familia*, Bogotá, Quinta Edición, Editorial Universidad del Rosario, 2018, pp. 284 y 285

1. Las relaciones sexuales extramatrimoniales de uno de los cónyuges, salvo que el demandante las haya consentido, facilitado o perdonado.
2. El grave e injustificado incumplimiento por parte de alguno de los cónyuges de los deberes que la ley les impone como tales y como padres.
3. Los ultrajes, el trato cruel y los maltratamientos de obra.
4. La embriaguez habitual de uno de los cónyuges.
5. El uso habitual de sustancias alucinógenas o estupefacientes, salvo prescripción médica.
6. Toda enfermedad o anormalidad grave e incurable, física o síquica, de uno de los cónyuges, que ponga en peligro la salud mental o física del otro cónyuge e imposibilite la comunidad matrimonial.
7. Toda conducta de uno de los cónyuges tendientes a corromper o pervertir al otro, a un descendiente, o a personas que estén a su cuidado y convivan bajo el mismo techo.
8. La separación de cuerpos, judicial o, de hecho, que haya perdurado por más de dos años.
9. El consentimiento de ambos cónyuges manifestado ante juez competente y reconocido por éste mediante sentencia.

En relación a las referidas causales, encontramos la siguiente evolución histórica en la legislación colombiana:

1. "Las relaciones sexuales extramatrimoniales de uno de los cónyuges, salvo que el demandante las haya consentido, facilitado o perdonado"

La citada causal en Colombia, ha tenido un cauce histórico bastante interesante.[50] En primer lugar, la Ley 15 de 1853, en sus numerales 1 y 2 del artículo 31, establecía: "1° El adulterio de la mujer, judicialmente decidido" y "2° El amancebamiento del del marido judicialmente decidido".

El Código Civil de 1873, en su artículo 154, ordinales 1° y 2°, establecía: "1- El adulterio de la mujer," y "2- El amancebamiento del marido".

El Decreto 2820 de 1974, en su artículo 4°, establecía: "Para efectos de los primeros ordinales del artículo 154 del Código Civil, las relaciones sexuales extramatrimoniales de cualquiera de los cónyuges serán causa de divorcio.

Se presumen las relaciones sexuales extramatrimoniales por la celebración de un nuevo matrimonio, por uno de los cónyuges, cualquiera que sea su forma y eficacia".

---

[50] MARÍA CRISTINA ESCUDERO ALZATE, *Procedimiento de Familia y del Menor*, Bogotá, UniAcademia Leyer, 2016, pp. 359 y 360

2. El grave e injustificado incumplimiento por parte de alguno de los cónyuges de los deberes que la ley les impone como tales y como padres

La segunda causal de divorcio prevista en la causal 2° del artículo 6° de la Ley de 1992, ha tenido una evolución histórica[51], que data de la Ley Obando de 1853, la cual establecía en su artículo 31, numeral 3, lo siguiente: "3° Las graves y frecuentes injurias, los maltratamientos de obra, la sevicia de uno de los cónyuges hacia el otro, si con ello peligra la vida de los consortes, o se hace imposible la paz y el sosiego doméstico".

En el Código Civil, de la Ley 84 de fecha 26 de mayo de 1873, en el artículo 154, numeral 4, se establecía: "4° El absoluto abandono de la mujer de los deberes de esposa y madre y el absoluto abandono del marido en el cumplimiento de los deberes de padre y esposo".

En la Ley 1° de 1976, en su artículo 4°, numeral segundo, se establecía "2° El grave e injustificado incumplimiento por parte de alguno de los cónyuges de sus deberes de marido o de padre y de esposa o de madre".

3. Los ultrajes, el trato cruel y los maltratamientos de obra

La tercera causal de divorcio, prevista en la causal 3° del artículo 6° de la Ley de 1992, ha sido orientada a lo largo de los años en la legislación colombiana,[52] implementándose por primera vez en la Ley del 20 de junio de 1853, en el artículo 31, numeral 3°, señalándose:

> 3° Las graves y frecuentes injurias, los maltratamientos de obra, la sevicia de uno de los cónyuges hacia el otro, sin que con ello peligra la vida de los consortes, o se hace imposible la paz y sosiego domésticos.

El Código Civil de la Ley 84 del 26 de mayo de 1873, en su artículo 154, preceptuaba:

> 5° Los ultrajes, el trato cruel y los maltratamientos de obra, si con ellos peligra la vida de los cónyuges, o se hacen imposibles la paz y el sosiego domésticos.

En el Decreto 2820 de 1974, la causal no sufre modificaciones.

En la Ley 1° de 1976, en el ordinal 3° del artículo 154, se amplía aún más el espectro, y se establece:

> 3° Los ultrajes, el trato cruel y los maltratamientos de obra, si con ellos peligra la salud, la integridad corporal o la vida de uno de los cónyuges o de sus descendientes, o se hacen imposibles la paz y el sosiego domésticos.

4. La embriaguez habitual de uno de los cónyuges

---

[51] Ibidem., p. 367
[52] Ibidem., pp. 371 y 372

La cuarta causal de divorcio, prevista en el artículo 6° de la Ley de 1992, en la legislación colombiana fue abordada por primera vez en el Código Civil sancionado con la Ley 84 de 1873, la cual, en su artículo 154, numeral 3, establecía: "La embriaguez habitual de uno de los cónyuges".

Tanto en el Decreto 2820 de 1974, así como en la Ley 1° de 1976, la referida causal no sufrió modificación alguna.

5. El uso habitual de sustancias alucinógenas o estupefacientes, salvo prescripción médica.

Tal y como lo describe Escudero Alzate,[53] la referida causal no tuvo consagración expresa en la Ley del 20 de junio de 1853, ni en el Código Civil de la Ley 84 del 26 de mayo de 1873, así como tampoco en el Decreto 2820 de 1974.

Únicamente en la Ley 1° de 1976, la cual en su artículo 4°, establecía:

> 5° El uso habitual de sustancias alucinógenas o estupefacientes, salvo prescripción médica.

6. Toda enfermedad o anormalidad grave e incurable, física o síquica, de uno de los cónyuges, que ponga en peligro la salud mental o física del otro cónyuge e imposibilite la comunidad matrimonial.

La sexta causal de divorcio, prevista en el artículo 6° de la Ley de 1992, en la legislación colombiana, tiene como único antecedente, lo preceptuado en el artículo 4°, numeral 6 de la Ley 1° de 1976, mediante la cual se establecía:

> Toda enfermedad o anormalidad grave e incurable, física o síquica de uno de los cónyuges, que ponga en peligro la salud moral o física del otro cónyuge e imposibilite la comunidad matrimonial.

7. Toda conducta de uno de los cónyuges tendientes a corromper o pervertir al otro, a un descendiente, o a personas que estén a su cuidado y convivan bajo el mismo techo

La séptima causal de divorcio, prevista en el artículo 6° de la Ley de 1992, tiene como único antecedente, lo dispuesto en el artículo 4°, numeral 7 de la Ley 1° de 1976, que establecía:

> 7° Toda conducta de uno de los cónyuges tendientes a corromper o pervertir al otro, a un descendiente, o a personas que estén a su cuidado y convivan bajo el mismo techo.

8. La separación de cuerpos, judicial o, de hecho, que haya perdurado por más de dos años.

---

[53] Ibidem., p. 379

La octava causal de divorcio, prevista en el artículo 6° de la Ley de 1992, encontramos como antecedente en la legislación colombiana[54] que, en la Ley del 20 de junio de 1853, existía la separación judicial de cuerpos. La misma se materializaba a efecto de la ausencia de uno de los cónyuges por más de tres años.

El Código Civil sancionado con la Ley 84 de 1873, contenía el abandono de los deberes de los cónyuges, lo cual, dado a la separación de cuerpos de hecho, generaba el abandono, el cual podía ser alegado a los fines del divorcio.

9. El consentimiento de ambos cónyuges manifestado ante juez competente y reconocido por éste mediante sentencia.

Encontramos como antecedente histórico[55] de la causal 9°, en la Ley Obando del 20 de junio de 1853, la cual en su artículo 39 posibilitaba como causal de divorcio el mutuo acuerdo, con la salvedad, que dejaría de serlo cuando el varón tuviera menos de 25 años y la mujer 21 o más de 40 años cumplidos; tampoco se podía pedir el divorcio sino después de haber transcurrido dos años de la celebración del matrimonio, ni cuando tenían más de 20 años de casados, o cuando los padres de los cónyuges no convinieran en dicho divorcio, en el caso en que fuera necesario su consentimiento.

También describe Escudero Alzate que, en el artículo 154 del Código Civil, redacción del artículo 4° de la Ley 1° de 1976, en su numeral 8°, en concordancia con el artículo 165, numeral 2°, hacía referencia a un divorcio por mutuo acuerdo, de manera indirecta, luego de transcurridos dos años, desde la separación de cuerpos.

Sostiene Medina Pabón[56] que, la consagración del divorcio por común acuerdo fue introducido en Colombia a partir de la puesta en vigencia de la ley 25 de 1992, manteniéndolo como un proceso contencioso donde el juez tenía que efectuar una audiencia con el fin de escuchar a las partes y propiciar una mediación para evitar la disolución del vínculo. Pero, con la ley 446 de 1998 el proceso judicial de divorcio conforme al común acuerdo de los esposos se estableció como de jurisdicción voluntaria, feneciendo así las facultades que tenía el juzgador para intentar evitar la disolución.

En el año 2005, el Congreso Nacional vuelve a legislar sobre materia de divorcio, mediante la Ley 962 de 2005,[57] la cual en su artículo 34 dispuso que cuando exista acuerdo entre los cónyuges, el divorcio se puede tramitar ante un notario, por intermedio de abogado, mediante escritura pública.

En 2023, después de largos e intensos debates generados por juristas, investigadores[58] y miembros de la sociedad civil, con el fin de reformar el Código Civil en relación a las

---

[54] Ibidem., p. 393
[55] Ibidem, pp. 393 y 394
[56] Cit. JUAN ENRIQUE MEDINA PABÓN, p. 302
[57] Publicado en el Diario Oficial N° 46.023, de fecha 06 de septiembre de 2005
[58] PATRICIA VARGAS ARTEAGA y NATALIA PATRICIA SALAS ÁVILA, *Divorcio unilateral en Colombia*, Bogotá, Editorial Ibañez, 2023, p. 70: "Las causales de divorcio, consagradas en el artículo 154 del Código Civil Colombiano, vulneran la dignidad humana de la persona como derecho y principio, ya que atentan contra la autonomía que posee cada individuo de elegir un proyecto de vida, que incluye tener la libertad de tomar decisiones y actuar de la manera en que cada ser humano considere pertinente y oportuna para su desarrollo. La terminación del matrimonio

causales de divorcio, se incorpora al parlamento colombiano un proyecto de ley, presentado por Katherine Miranda, Representante a la Cámara por Bogotá y, por el Senador David Luna Sánchez con el fin de adicionar un numeral al artículo 154 del Código Civil, estableciendo "la sola voluntad de cualquiera de los cónyuges" como una nueva causal de divorcio.[59]

En fecha 26 de noviembre de 2024, el proyecto PL 064-23 goza de aprobación en su último debate en la Plenaria de la Cámara de Representantes, obteniendo 89 votos a favor y 12, logrando así materializar el divorcio unilateral con la puesta en vigencia de la Ley 2442 de 2024, la cual introdujo este tipo de divorcio en Colombia, ofreciendo mayor autonomía a los ciudadanos en la toma de decisiones sobre su estado civil y simplificando el proceso de disolución matrimonial.

4. Evolución del divorcio en Venezuela

Con el descubrimiento de América en 1492, se emerge el proceso de conquista y colonización, trayendo consigo al "nuevo mundo" la religión católica, iniciando en consecuencia, un proceso de evangelización en las nuevas tierras conquistadas.

En la primogénita ciudad de Cumaná,[60] los Franciscanos comienzan a llegar en 1514, fundando el Convento de San Francisco de Cumaná, el cual fue destruido en 1520 por un levantamiento indígena, siendo reconstruido en 1523. En años posteriores los mismos franciscanos y otras órdenes religiosas comienzan a establecerse en otros sitios de Venezuela, para empezar a convertir a los aborígenes al catolicismo.[61] Originalmente, la Sede Episcopal fue creada en 1541, conforme a la Bula Pro excelente praeeminentia expedida por el Papa Clemente VI en Roma, el 21 de junio de ese año, teniendo su sede la ciudad de Coro, para aquel entonces capital de Venezuela, su primer obispo fue Rodrigo de Bastidas y Rodríguez de Romera.

La influencia que ejerce el catolicismo en Venezuela es indubitable y genera una fortaleza y obediencia hacía ella extraordinaria; la sociedad de la época gravita en torno a la religión católica y a las autoridades, que, de España, han sido designadas para regir los destinos de la naciente Provincia.

Como lo habíamos señalado anteriormente, a partir del Concilio de Trento, la religión católica considera al matrimonio como un sacramento, cuya disolubilidad solo era concebida por la muerte de uno de los cónyuges. En este sentido, las leyes eclesiásticas no contenían disposición alguna relativa a la separación absoluta. Es por ello, que la sociedad se manifiesta solidaria a los dogmas de la Iglesia, y tratan de fortalecer los valores

---

debería originarse por la simple voluntad de cualquiera de los cónyuges, sin justificaciones y sin causas taxativas, que impidan un proceso expedito y vulneren la autonomía de cada persona"

[59] GÓMEZ RINCÓN, Antonio José. Op. Cit., p. 69: "en el proyecto de ley se indica que existe una limitante *al libre desarrollo de la personalidad y a la dignidad humana* ante la ausencia de una causal de divorcio que *permita a los ciudadanos colombianos divorciarse por la sola voluntad de una de las partes*", y que permita adicionar a quienes por el "*respeto a su intimidad o por cualquier otra circunstancia*" no quieren invocar causales objetivas ni subjetivas de divorcio. Y para resolver esta cuestión propone la inclusión del divorcio por la voluntad de uno de los cónyuges.

[60] Cumaná fue la primera ciudad fundada por europeos en Tierra Firme del continente americano, el 27 de noviembre de 1515, aunque ya desde años antes se la conocía como Puerto de las Perlas, por lo que es conocida como la Primogénita del continente americano.

[61] Ver: http://www.eluniversal.com/opinion/141231/tiempos-de-navidad-imp

familiares y matrimoniales, en base al catolicismo imperante y al inmenso temor a la excomunión.

Tal y como lo describe magistralmente Di Miele Milano,[62] las leyes civiles de las cuales disponía la monarquía -anterior al descubrimiento de América- eran deficientes, lo cual se evidenciaba en el marco introductorio de las Leyes de Toro,[63] el cual señalaba: "No remediado el desorden de nuestra legislación, clamaron contra este los reinos una y otra vez". Antes de que existiesen las referidas leyes, las leyes del Fuero Juzgo redactadas a partir del siglo XIII hacen referencia al adulterio, al divorcio y a la posibilidad de una nueva unión. Publicadas en 1505 la Leyes de Toro, se tendrán como Código subsidiario al Fuero de Juzgo, pero además a Las Siete Partidas del Rey Don Alfonso El Sabio.[64] Señala también Di Miele, lo siguiente:

> Se ordenó su aplicación en América y en toda la Provincia de Venezuela, complementándose o enriqueciéndose con amplitud luego con una antología específica, la Recopilación de las Leyes de Indias. Las cuatro leyes comprenden un marco que refiere dentro del orden civil, lo relativo al matrimonio y a la familia. Pero será especialmente la de Las Siete Partidas las que contengan puntos relativos al divorcio.

En Venezuela las referidas normas tendrán vigencia hasta la ley de mayo de 1825, dictada por el Congreso de Colombia, aparte de las disposiciones republicanas, se debían aplicar las españolas.

Resultado de la Constituyente de 1830, se dicta la Ley de libertad de cultos, el cual abre la posibilidad a una futura ley de divorcio, en este sentido señala Di Miele:[65] "Podríamos considerar que fue el primer paso de la república liberal venezolana para dar entrada al matrimonio civil y finalmente al divorcio formal."

En 1862 se dicta el primer Código Civil venezolano. El cual empieza a regir a partir del 1° de enero de 1863, en dicho Código se comienza a hacer mención de aspectos básicos y/o elementales del matrimonio, mediante este instrumento legislativo, se establece que el juicio de divorcio es competencia de los tribunales eclesiásticos, y de conformidad con el procedimiento establecido por el derecho canónico.

Con el advenimiento de la Revolución Federal, hecho acontecido el 21 de febrero de 1867, el Congreso sanciona un nuevo Código Civil, reiterándole a la autoridad eclesiástica la competencia en demandas de nulidad matrimonial. En el referido Código, la figura del

---

[62] Cit. ROSALBA DI MIELE MILANO, *El divorcio del siglo XIX venezolano: tradición y liberalismo*, p.p. 21 y 22
[63] Las Leyes de Toro fueron preparadas a petición de las Cortes de Toledo (1502) con el fin de resolver contradicciones en las distintas fuentes, interpretarlas, o dictar nuevas normas en materia de Derecho Privado, fueron promulgadas en las Cortes de Toro (1505), llevando su nombre en referencia a éstas. Estaban conformadas por 83 leyes aclaratorias y supletorias inspiradas en el Ordenamiento de Alcalá de Henares, en las opiniones de los juristas y en las decisiones judiciales.
[64] Las Siete Partidas del Rey Don Alfonso El Sabio, es un cuerpo normativo redactado en la Corona de Castilla, durante el reinado de Alfonso X (1252-1284), con el propósito de conseguir una cierta uniformidad jurídica del Reino. Su nombre original era Libro de las Leyes, y hacia el siglo xiv recibió su actual denominación, por las secciones en que se encontraba dividida.
[65] Cit. ROSALBA DI MIELE MILANO, *El divorcio del siglo XIX venezolano: tradición y liberalismo*, p. 31

divorcio, aparece por primera vez, estableciendo el divorcio quoad thorum (divorcio menos pleno o imperfecto), que implicaba solamente la Separación de Cuerpos y de Bienes. En los artículos 83 y 85 del referido Código se establecía:

Artículo 83: "Son causas legítimas de divorcio:

1º El Adulterio de la mujer en todo caso; y el del marido cuando resulte escándalo público o menosprecio de la mujer.

2º Los malos tratamientos de obra, o injurias graves.

3º La propuesta del marido para prostituir a su mujer.

4º El conato del marido o de la mujer para corromper a sus hijos o prostituir a sus hijas y la connivencia en su corrupción o prostitución".

Artículo 85: "La demencia, la enfermedad contagiosa o cualquiera otra calamidad semejante de uno de los cónyuges, no autoriza el divorcio; pero podrá el Juez con conocimiento de causa y a instancia del otro cónyuge suspender breve y sumariamente en cualquiera de dichos casos, la obligación de cohabitar, quedando sin embargo subsistentes las demás obligaciones conyugales para con el esposo desgraciado".

Cabe destacar, como lo habíamos señalado con anterioridad, el fuerte papel que ejerce la Iglesia en lo relativo al acontecer nacional y familiar, su influencia y connotación es abrumadora; y como lo afirma Di Miele:[66]

> De todos modos las cosas no son tan fáciles, la Iglesia continúa recibiendo el respaldo, incluso de importantes letrados, para proseguir en su misión reguladora de la vida familiar de los venezolanos. Un abogado de la época, Luis Sanojo, en su Juicio sobre el Código Civil, publicado en 1867, expone: El Código atribuye a los tribunales eclesiásticos el conocimiento de las causas de divorcio entre los ortodoxos (…). Nos parece bien la disposición, porque ya creemos que debemos todavía dejar a cargo de la iglesia lo relativo al matrimonio, es también conveniente dejarle el conocimiento de las causas que pueden suspender la vida en común de los cónyuges católicos. Además, esos juicios que turban la paz de las familias deben seguirse en el silencioso, prudente y conciliador tribunal de la iglesia, no en medio del bullicio del foro civil.

El 1º de enero de 1873, entra en vigencia el Decreto de Ley sobre Esponsales y Matrimonio Civil, refrendado por el Presidente de la República General Antonio Guzmán Blanco.[67] Dicha ley obedeció al absoluto despojo de la autoridad eclesiástica en

---

[66] Ibid., p. 44
[67] El General Antonio Guzmán Blanco (Caracas, 20 de febrero de 1829 - París, Francia, 28 de julio de 1899), fue Presidente de los Estados Unidos de Venezuela durante tres períodos, conocidos como el Septenio (1870-1877), el Quinquenio (1879-1884) y el Bienio (1886-1888), aunque éste último no lo completó. En el ejercicio del poder implementó importantes medidas orientadas a crear y fortalecer un moderno Estado Nacional. En tal sentido, entre las principales obras de gobierno

cuanto a la celebración del matrimonio, asumiendo el Estado el control absoluto en cuanto a esa importante institución familiar, siendo reconocido en Venezuela el matrimonio civil obligatorio. Tal y como lo describen los historiadores Pellicer y Quintero:[68]

> los defensores de la ley argumentaban, desde su perspectiva "liberal", que era necesaria su aprobación para reforzar la autoridad del Estado, eliminar la excesiva injerencia de la Iglesia en los asuntos que no debían ser de su absoluta competencia y facilitar la inmigración, indispensable para el desarrollo del país, lo cual exigía la existencia de una Ley de Matrimonio Civil que permitiera legitimar las uniones matrimoniales de aquellas parejas que no fuesen católicas.

Los Códigos Civiles de 1873 y 1880, incluyen en la causal segunda el abandono voluntario. El Código Civil de 1896, cambia la causal segunda, señalando el abandono voluntario y los excesos, sevicia e injuria grave, añadiendo: "que hagan imposible la vida en común", también incorpora la causal de condenación a presidio.

Ahora bien, la figura del divorcio queda definitivamente instaurada en Venezuela a raíz de la puesta en vigencia del Código Civil de 1904, introduciendo el divorcio quad vinculum (divorcio pleno, perfecto o vincular), estableciendo en sus artículos 152 y 160, lo siguiente:

Artículo 152: "Son causas legítimas de divorcio:

1ª El adulterio de la mujer, en todo caso; y el del marido cuando mantiene concubina en su casa o notoriamente en otro lugar, o si hay un concurso de circunstancias tales que el hecho constituya una injuria grave hacia la mujer.

2ª El abandono voluntario y los excesos, sevicia o injuria grave que hagan imposible la vida en común.

3ª La propuesta del marido en prostituir a la mujer.

4ª El conato del marido o de la mujer para corromper o prostituir a sus hijos o a sus hijas, y la connivencia en su corrupción o prostitución.

5ª La condenación a presidio".

---

del guzmancismo tendientes a fortalecer al poder central y cohesionar la identidad nacional figuraron: la creación del bolívar de plata como unidad monetaria nacional; la declaratoria oficial del Gloria al Bravo Pueblo como Himno Nacional (1881); la realización del II Censo Nacional; la inauguración del ferrocarril Caracas-La Guaira (1883); la instalación de la Academia Venezolana de la Lengua (1883); servicio telefónico en la línea Caracas-La Guaira así como la extensión de las líneas telegráficas; construcción de El Capitolio en 1873 y el Teatro Municipal en 1881, construcción de numerosos hospitales, escuelas, acueductos, introduce al país la luz eléctrica.
En el aspecto eclesiástico impulsó políticas de carácter secular en su lucha por la sumisión de la Iglesia Católica frente al Estado. Entre las medidas que adoptó destacan la creación del registro civil y el establecimiento del matrimonio civil. En 1870 promulgó el Decreto de Instrucción Pública con el cual el Estado pasaba a garantizar la educación libre y gratuita a los ciudadanos del país.
[68] INÉS QUINTERO Y LUIS PELLICER, Matrimonio, "Familia y género en la sociedad venezolana", *La Familia en Iberoamérica 1550-1980*, Bogotá, Edición del Convenio Andrés Bello, 2004, p. 239.

El Código Civil de 1916, agrega a la causal de abandono la frase "del hogar" y la separa de la causal de injuria grave. El Código Civil de 1922 mantiene intactas las causales de divorcio

El Código Civil de 1942, realiza cambios importantes; en primer lugar, el término de "causas legítimas de divorcio" se reemplaza por el de "causas únicas de divorcio". En cuanto a las causales, tenemos:

- La causal primera referida al adulterio, no establece diferencia alguna entre el hombre o la mujer.
- La causal segunda establece el abandono voluntario eliminando la figura "del hogar".
- Añade la sexta causal: "embriaguez consuetudinaria de uno de los cónyuges".
- Añade la séptima causal, que establece: "el transcurso de dos años después de declarada la separación de cuerpos, sin haber ocurrido en dicho lapso la reconciliación de los cónyuges. En este caso, el Tribunal, procediendo sumariamente y a petición de uno cualquiera de los cónyuges, declarará la conversión de la separación de cuerpos en divorcio, con audiencia del otro cónyuge y con vista del procedimiento anterior". Esta casual ya estaba contemplada en los Códigos Civiles de 1916 y 1922 en el artículo 199, pero con la diferencia que se establecía un lapso de cinco (5) años después de declarada la separación de cuerpos para la conversión en divorcio. El Código de 1942 cambia a dos (2) años, también reemplaza la frase "con vista al juicio anterior" a "con vista del procedimiento anterior".

El Código Civil vigente que data del año 1982, realiza reformas importantes al artículo 185, elimina la causal de adulterio de la mujer, y establece simplemente al "adulterio" como causal autónoma de divorcio, todo ello en pro de la imposibilidad de diferencias entre el hombre y la mujer, así mismo, incorpora una nueva causal de divorcio prevista en el numeral séptimo, referida a la "interdicción por causa de perturbaciones psiquiátricas graves que imposibiliten la vida en común". Otra casual modificada fue la del ordinal sexto, que establecía como causal de divorcio "la embriaguez consuetudinaria" y pasó a ser "La adición alcohólica u otras formas graves de fármaco dependencia que hagan imposible la vida en común"; rebaja a un (1) año la declarativa de divorcio, después de declarada la separación de cuerpos, sin haber ocurrido en dicho lapso la reconciliación de los cónyuges.

Hoy en día, en Venezuela, existen dos causas únicas de extinción de un matrimonio válidamente contraído, las cuales son: la muerte de alguno de los cónyuges o el divorcio; es por ello, que el legislador claramente lo consagró en el artículo 184 del Código Civil, al establecer: "Todo matrimonio válido se disuelve por la muerte de uno de los cónyuges o por divorcio". En este sentido, encontramos que en nuestro país ningún otro motivo y/o circunstancia, por grave que ésta sea, conducirá a la disolución del vínculo matrimonial.

A pesar de ello, encontramos al divorcio como medio excepcional de ruptura del matrimonio. Tal y como lo ha señalado la Sala Constitucional del Tribunal Supremo de Justicia:[69]

> Se ha dicho en contra del divorcio que el mismo atenta contra la estabilidad de las familias constituidas por el matrimonio, y que el Estado debe estar interesado en evitar que el divorcio se produzca, persuadiendo a los cónyuges del mantenimiento del vínculo conyugal. Al respecto, considera esta Sala que este tipo de afirmaciones en los actuales momentos merecen ser revisadas, pues las máximas de experiencia explican que no es el divorcio per se el que fragmenta la estabilidad de las familias, sino otros elementos de facto perturbadores que a la postre obligan a las parejas a decidir la disolución del vínculo que los une, a través del divorcio.

En definitiva, el artículo 185 del Código Civil vigente, quedó redactado de la manera siguiente:

> Son causales únicas de divorcio:
>
> 1°. El adulterio.
>
> 2°. El abandono voluntario.
>
> 3°. Los excesos, sevicia e injurias graves que hagan imposible la vida en común.
>
> 4°. El conato de uno de los cónyuges para corromper o prostituir al otro cónyuge, o a sus hijos, así como la connivencia en su corrupción o prostitución.
>
> 5°. La condenación a presidio.
>
> 6°. La adición alcohólica u otras formas graves de fármaco dependencia que hagan imposible la vida en común.
>
> 7°. La interdicción por causa de perturbaciones psiquiátricas graves que imposibilite la vida en común. En este caso el Juez no decretará el divorcio sin antes procurar la manutención y el tratamiento médico del enfermo.
>
> También se podrá declarar el divorcio por el transcurso de más de un año, después de declarada la separación de cuerpos, sin haber ocurrido en dicho lapso la reconciliación de los cónyuges.

---

[69] Sentencia de fecha 02 de junio de 2015, ponencia de la Magistrada Carmen Zuleta de Merchán, Expediente N° 12-1163, disponible en: http://historico.tsj.gob.ve/decisiones/scon/junio/178096-693-2615-2015-12-1163.HTML

En este caso el Tribunal, procediendo sumariamente y a petición de cualquiera de ellos, declarará la conversión de separación de cuerpos en divorcio, previa notificación del otro cónyuge y con vista del procedimiento anterior.

Dentro de las importantes innovaciones generadas a raíz de la puesta en vigencia del Código Civil de 1982, destaca la redacción del artículo 185 A; en esta norma el legislador plantea una forma de resolución de conflicto bastante expedita, a casos de separaciones de hecho muy prolongadas (más de cinco años), logrando una sentencia de divorcio en un plazo de doce (12) audiencias siguientes a la comparecencia de uno o ambos cónyuges al Tribunal.

5. Sistemas

En este sentido, existen dos corrientes, en la cuales tiene su fundamento jurídico el divorcio; la primera de ellas la constituye la corriente del divorcio sanción y la segunda es la corriente del divorcio remedio.[70]

El divorcio sanción[71] es concebido como un castigo impuesto al cónyuge que ha transgredido en forma grave, intencional e injustificada sus deberes conyugales.[72]

Esta corriente es la que predomina en los sistemas colombiano y venezolano. En Colombia, dichas causales participan la 1°, 2°, 3°, 4°, 5° y 7 del artículo 6° de la Ley 25 de 1992 (Las relaciones sexuales extramatrimoniales de uno de los cónyuges; El grave e injustificado incumplimiento por parte de alguno de los cónyuges de los deberes que la ley les impone como tales y como padres; Los ultrajes, el trato cruel y los maltratamientos de obra; La embriaguez habitual de uno de los cónyuges; El uso habitual de sustancias alucinógenas o estupefacientes, salvo prescripción médica; Toda conducta de uno de los cónyuges tendientes a corromper o pervertir al otro, a un descendiente, o a personas que estén a su cuidado y convivan bajo el mismo techo).

---

[70] Cit. HELÍ ABEL TORRADO, *Matrimonio y Divorcio*, p. 330: "También una sentencia de la Sala de Familia del Tribunal Superior del Distrito Judicial de Bogotá, se hicieron a este respecto las siguientes consideraciones:
"Preciso es anotar que en nuestro ordenamiento jurídico se ha adoptado el "sistema causalista", según el cual el divorcio solo puede instaurarse por causas expresamente señaladas en la ley de manera taxativa, clasificando dichos motivos en causales de divorcio sanción y causales de divorcio remedio. En las primeras se parte del supuesto de la culpabilidad de una de los cónyuges, principio de profunda raigambre moral, consistente en la imposibilidad de obtener beneficios de la propia culpa, según la máxima latina nemo propiam turpidudinem allegans potest. De la naturaleza de dichas causales participan la 1°, 2°, 3°, 4°, 5° y 7°. En cambio, el divorcio remedio busca solucionar el conflicto familiar, permitiendo la ruptura del vínculo cuando ya haya cierto grado de certeza en torno a que el mismo ya ha fracasado porque se ha hecho imposible la vida en común de los cónyuges. Tales como la 6° (toda enfermedad o anormalidad grave...) la 8° (la separación de cuerpos judicial o, de hecho, que haya durado más de dos (2) años) y la 9° (el mutuo acuerdo). En estas no es aplicable la noción de cónyuge culpable, porque no se mira quién infringió sus obligaciones sino la ruina o frustración del vínculo matrimonial. (...)".
[71] Cit. GARCÍA SARMIENTO, EDUARDO, *Elementos de Derecho de Familia*, p. 394: "El acto de jurisdicción debe basarse en los motivos y razones calificados por la ley como causantes de la crisis matrimonial. Algunos de esos motivos constituyen una sanción al cónyuge que por su comportamiento rompe la unidad; la armonía y la colaboración se han tornado insoportables, sin posibilidades racionales de restablecimiento. Divorcio sanción denomina la doctrina la solución en estos casos".
[72] Cit. AUGUSTO CÉSAR BELLUSCIO, *Divorcio*, p. 923: "En el sistema de divorcio-sanción, es ordinariamente decretada por la autoridad judicial sobre la base de la causal en que incurrió uno de los cónyuges, a petición del otro."

La mayoría de las causales de divorcio previstas en el artículo 185 del Código Civil venezolano se acogen al principio del castigo (adulterio, los excesos, sevicia e injurias graves que hagan imposible la vida en común, el conato de uno de los cónyuges para corromper o prostituir al otro cónyuge, o a sus hijos, así como la connivencia en su corrupción o prostitución, la condenación a presidio y la adicción alcohólica u otras formas graves de fármaco dependencia que hagan imposible la vida en común).

El divorcio remedio,[73] tiene como finalidad la de solventar una situación irreconciliable e irremediable entre los cónyuges, aquí encontramos un vínculo matrimonial destruido, que no tiene sentido su mantenimiento o resulta intolerable, independientemente de que la situación a la cual ha llegado la crisis matrimonial sea imputable a alguno de los cónyuges. A los fines de la materialización de esta figura, se hace necesaria la constitución de dos elementos: la quiebra irreparable de la unión y la inexistencia del cónyuge culpable.

De acuerdo al atinado criterio sostenido por Albaladejo,[74] el divorcio remedio surge para "poner fin a un matrimonio que ya estaba roto, aunque subsistía, y, a la vez un divorcio aséptico e incurable, en el que no haya que entrar en el porqué del fracaso matrimonial, ni a quien es imputable, aunque lo sea ciertamente, cuando lo sea, a alguno de los esposos en particular, porque –se afirma- lo que importa es que existe la ruptura entre los casados."

En ese mismo sentido, sostiene García Sarmiento:[75]

> Pero en verdad lo que incide en la paz doméstica y que trasciende fuera de la domus es si la continuidad de los efectos del contrato matrimonial puede mantenerse, es decir, si ante los obstáculos graves surgidos, la solución que impone es cortar dichos efectos, o hay posibilidades de restablecer la unidad y la armonía. No se trata de sancionar un culpable para solucionar la grave situación que causó, sino de resolver la grave situación. Es el divorcio remedio.

Castillo Rugeles,[76] haciendo referencia a la figura del divorcio remedio en el derecho colombiano, sostiene:

> las causales de divorcio pueden estar concebidas ya no como una sanción sino tan solo como una solución que busque remediar una solución que se hace insostenible y que ha llevado a la quiebra del matrimonio; es decir, cuando existen

---

[73] Cit. Francisco López Herrera, *Derecho de Familia*, p. 181: "Las correspondientes causales de divorcio-remedio, son también muy típicas y características: la impotencia posterior a la celebración del matrimonio; la ausencia declarada de alguno de los cónyuges; la locura u otras enfermedades graves o peligrosas; la incompatibilidad de caracteres; la separación de hecho prolongada; el mutuo consentimiento; etc. Pero cabe en todo caso observar que las legislaciones que acogen esta corriente, suelen además admitir como causales de divorcio otras que son propias del divorcio-sanción"
[74] Manuel Albaladejo, *Curso de Derecho Civil IV Derecho de Familia*, Barcelona, España, José María Bosch Editor, 1996, p. 83
[75] Cit. Eduardo García Sarmiento, *Elementos de Derecho de Familia*, p. 394
[76] Cit. Jorge Antonio Castillo Rugeles, *Derecho de Familia*, p. 257

"perturbaciones graves e irreparables de la comunidad matrimonial". Aquí a diferencia del criterio anterior, ya no se sanciona falta alguna, porque no existe. Por consiguiente, la enfermedad de uno de los cónyuges, la pena privativa de la libertad, etc., son causas de divorcio-remedio.

Hoy día, el divorcio remedio ha tenido una gran acogida en el foro jurídico venezolano, muy especialmente a raíz de la sentencia emanada de la Sala de Casación Social del Tribunal Supremo de Justicia de Venezuela, de fecha veintiséis de julio de 2001, N° 192, con ponencia del Magistrado Juan Rafael Perdomo. En ese fallo, el Ponente señala que el Estado, en cumplimiento del deber de hacer justicia efectiva, debe disolver el vínculo conyugal cuando demostrada la existencia de una causal de divorcio, se haga evidente la ruptura del lazo matrimonial. Plantea también la tesis del divorcio como solución, dejando de lado la culpabilidad del cónyuge demandado y aplicando un remedio que brinda el Estado a una situación que, de mantenerse, resulta perjudicial para los cónyuges, los hijos y la sociedad en general.

Esta tesis, tenía un antecedente muy importante, y fue la histórica decisión emanada de la Sala de Casación Social del Tribunal Supremo de Justicia, donde también fue ponente el Dr. Juan Rafael Perdomo, de fecha veintinueve (29) de Noviembre de 2000, Expediente N° 00-297, donde el Magistrado Ponente destacó la importancia del "divorcio remedio", en los términos siguientes:

> (...) Las normas sobre el divorcio deben, en general, entenderse de manera favorable al mantenimiento del vínculo; sin embargo, cuando la vida familiar luce irremediablemente dañada, es necesario recurrir al divorcio, como remedio que en definitiva es socialmente mejor que la perpetuación de una situación irregular, y la finalización del juicio, es favorable a ambas partes, aun contra su voluntad.

En este sentido, debemos destacar que, dentro de esta concepción, no se requiere la prueba del fracaso conyugal, su alegación por ambos esposos en conjunto carece de presunción alguna y la crisis matrimonial queda entonces sujeta a la valoración jurisdiccional. Cumpliendo con el deber de hacer justicia efectiva, el Estado debe disolver el vínculo conyugal, aun cuando no fuese demostrada plenamente la existencia de una causal de divorcio, pero se hace evidente la ruptura del lazo matrimonial. [77]

---

[77] HÉCTOR R. PEÑARANDA Q., *Derecho de Familia*, Segunda Edición, Maracaibo, Apuntes de LUZ, 2013, pp. 263 y 265: "Jurídicamente hablando, hay que declarar la demanda con lugar en base a esta jurisprudencia, pues en el ámbito procesal, en tal caso la parte demandada podría reconvenir además y hacer sus alegatos respectivos. No obstante, en varias oportunidades, diferentes Tribunales de la República, e inclusive Cortes de Apelaciones del Tribunal de Protección de Niños, Niñas y Adolescentes a nivel nacional, han decidido con dispositivos que han declarado sin lugar la demanda de divorcio, sin lugar la reconvención pero disuelto el vínculo matrimonial, lo cual no tiene ningún sentido ni lógica jurídica, porque para que se configure la pretensión del juicio de divorcio, que es la disolución del vínculo matrimonial, debe prosperar ésta en base a alguna causal de divorcio alegada o no pero que quede comprobada alguna causal en el juicio, en base a la aludida jurisprudencia y tomando en cuenta las máximas de experiencia del Juez en materia de protección de la familia."

Es importante acotar, que el planteamiento sostenido por el Magistrado Perdomo, relacionado al "divorcio como solución", resalta entre los grandes avances, tendencias e innovaciones que ofrece el Derecho moderno, muy especialmente en materia de familia, niños y adolescentes, las cuales han sido incorporadas en la Constitución Nacional de la República Bolivariana de Venezuela y en la Ley Orgánica para la Protección de Niños, Niñas y Adolescentes. En este sentido, la Constitución Nacional de 1999, en su artículo 75 expresamente protege a la familia como asociación natural de la sociedad y como el espacio fundamental para el desarrollo integral de las personas; también el artículo 78 de la Carta Fundamental consagra el deber del Estado, las familias y la sociedad de asegurar con prioridad absoluta a los niños y adolescentes de protección integral, razón por la cual se tomará en cuenta su interés superior en las decisiones y acciones que les conciernan. También la Ley Orgánica para la Protección de Niños, Niñas y Adolescentes,[78] consagró el principio del Interés Superior del Niño, el cual es de obligatorio cumplimiento en la toma de todas las decisiones concernientes a los niños y adolescentes.

La Corte Constitucional de la República de Colombia, en la decisión citada en este trabajo (Sentencia C-985/10); sobre este particular, estableció:

> Ha precisado la jurisprudencia que el imperativo constitucional en lo que refiere a la protección y promoción de la institución familiar no es la duración del matrimonio -como una de sus formas de constitución-. Es lograr la estabilidad y armonía del grupo familiar, no solo como presupuesto social, sino como condición sine qua non para permitir la realización humana y el desarrollo integral de cada uno de sus miembros en un clima de respeto, óptima convivencia y libre expresión de sus sentimientos y emociones. Dichos objetivos no se garantizan ni se logran manteniendo vigente el contrato matrimonial, en aquellos casos en los que surgen diferencias, desavenencias o conflictos entre los cónyuges que hacen imposible o dificultan gravemente la convivencia y que perturban la estabilidad familiar, sometiendo a sus integrantes, entre los que se cuentan los hijos, a crecer y desarrollarse en un ambiente hostil o que afecta sensiblemente su proceso de desarrollo y formación.

Cabe destacar, el magistral criterio sostenido por Lehmann:[79]

> En ningún otro sector del derecho se ha buscado, como en materia de divorcio, una solución de compromiso. Y es que en esta cuestión se produce una gran divergencia de criterios por entrar en conflicto los intereses particulares de los inmediatamente afectados y las exigencias morales de

---

[78] Gaceta Oficial de la República Bolivariana de Venezuela, N° 5.859 Extraordinario, de fecha 10 de diciembre de 2007
[79] HEINRICH LEHMANN, *Derecho de Familia*, Volumen IV, Madrid, Editorial Revista de Derecho Privado, 1953, p. 236

moralidad y salud públicas. No es solamente la Iglesia católica la que defiende el principio de indisolubilidad del matrimonio por motivos religiosos; también el interés público exige, a ser posible, el mantenimiento del matrimonio como comunidad de la vida que, por encima de la voluntad de los cónyuges, está al servicio de más elevados fines morales. De ahí que el moderno legislador, aunque no se guíe por consideraciones y revelaciones de orden religioso, no puede atender las exigencias de un individualismo liberal, sino excepcionalmente y a consecuencia de motivos graves, una vez considerados los sentimientos y la voluntad de los cónyuges. Solamente admitirá la disolución del matrimonio cuando éste no pueda cumplir su misión que como célula del orden social y estatal le incumple. En tales casos no puede tampoco consistir la misión del legislador en mantener, a pesar suyo, el principio de la indisolubilidad.

Para el Estado venezolano es fundamental mantener el orden social de derecho y de justicia, democrático, donde imperen valores como la vida, la libertad, la solidaridad, las buenas costumbres y el desarrollo integral de los ciudadanos. Al encontrarnos con un caso de disolución de vínculo matrimonial, el Estado está en el deber impostergable de disponer de todo el aparato jurisdiccional, garantizando de esta manera una justicia accesible, imparcial, idónea, transparente, autónoma, independiente, responsable, equitativa y expedita, sin dilaciones indebidas, sin formalismos o reposiciones inútiles.

Consideramos que planteado un caso de divorcio por ante los tribunales de la República, donde el juzgador de conformidad con lo alegado y probado en autos, encuentre o evidencie causales de divorcio que efectivamente encuadren dentro de las establecidas en el artículo 185 del Código Civil, aunque no hayan sido invocadas por las partes en el proceso de divorcio, y que evidencian y materializan la ruptura del vínculo matrimonial, debe necesariamente el juez, en aras de la tutela judicial efectiva, declarar disuelto el vínculo conyugal, en virtud de la protección, amparo e interés superior de los niños y adolescentes, en protección de los cónyuges, de la sociedad[80], aplicando el divorcio como solución al conflicto planteado.

6. La culpa en el divorcio

Sobre el divorcio siempre emergerá la figura del conflicto, la cual conduce de forma inexorable al rompimiento del vínculo matrimonial. La conflictividad en la unión matrimonial ha de generarse por innumerables consecuencias, como, por ejemplo: puede ser producto de la incompatibilidad de caracteres, por la infidelidad, así como también

---

[80] José Rafael Mendoza, *El Derecho de Familia visto por un Juez*, Barquisimeto, Tipografía Litografía Horizonte, 1999, p. 110: "Desde luego que por muy numerosas y diversas razones la sociedad está interesada en la conservación del hogar que le sirve cabalmente de albergue a los hijos; y también porque para los cónyuges, el matrimonio debe defenderse, porque el divorcio puede producir en algunos de ellos o en ambos, una frustración, ora porque no tengan la oportunidad de rehacer sus vidas, ora por no estar anímicamente preparados para la sociedad espiritual. Se sigue en cierto modo, la teoría del divorcio remedio."

por la violencia doméstica. En consecuencia, ciertamente podríamos dar una lista interminable de eventos que vulneran de forma notable a la estabilidad conyugal.

Tal y como lo afirma Zannoni,[81] la concepción decimonónica del divorcio-sanción responde a la pregunta: ¿cuál es la causa del conflicto conyugal?, mientras que la concepción del divorcio-remedio, responde a esta otra: ¿debe ser el conflicto conyugal causa de divorcio? Ante estas interrogantes, Zannoni señala:

> Este diferente modo de preguntar por las causas nos recuerda en cierta forma la contraposición entre los factores de atribución subjetivos y los objetivos de responsabilidad civil. Se trata, en suma, de establecer si el divorcio se basa en una atribución de responsabilidad subjetiva en razón de dolo o de culpa, o si se basa en una atribución objetiva en razón del conflicto conyugal mismo. Lo que suscita controversias es qué situaciones objetivas debería ameritar el juez para considerar que el matrimonio ha quebrado.

Ciertamente, el juzgador debe establecer los parámetros lógicos que lo conduzcan a evaluar la disolución del vínculo, siendo uno de ellos, la culpabilidad del cónyuge o de los cónyuges en la materialización de la causal de divorcio correspondiente. Pero podría perfectamente darse el caso, de que no se encuentre presente el factor de culpa, sino que simplemente el proyecto de vida, la proyección de pareja y la aspiración de unión permanente se desaparezcan a consecuencia de una decisión consensuada de la pareja, bajo la égida de una sólida y precisa reflexión conducente al rompimiento del vínculo conyugal.

Hoy día, ha prevalecido una crisis del concepto de culpa en el divorcio, derivada -entre otras cosas- a la adopción de corrientes tendientes a la aceptación del divorcio de forma expedita y sin trabas procesales, obviando los más elementales parámetros de protección de la institución matrimonial. En este sentido, encontramos la posición de Mizrahi[82], quien destaca que en la actualidad el modelo de culpabilidad ha sido profundamente replanteado; en consecuencia, no se indaga en los cónyuges que han fracasado, cuyo matrimonio ha quebrado, si uno de ellos, o ambos, son culpables del fracaso. La comprobación del fracaso es la circunstancia objetiva que la ley puede tomar en cuenta para posibilitar el divorcio y regular sus efectos. Éstos, a su vez, no implican sanciones gravosas para un culpable, aun cuando debe preverse la situación más gravosa en la que puede quedar uno de los cónyuges a causa del divorcio.

En varios países, se ha generado una corriente que defiende los postulados del divorcio sin culpa; es decir, a los fines de interponer una solicitud de divorcio ante el órgano jurisdiccional competente, se excluyen los principios protectores del matrimonio, siendo innecesario el señalamiento los motivos de hecho y de derecho, así como la demostración de la culpabilidad del cónyuge. Siendo suficiente la manifestación de disolución del vínculo y proponer (bien sea en forma de convenio en casos de divorcio de mutuo

---

[81] Zannoni, Eduardo A.: Op. Cit. (**Derecho Civil Derecho de familia**), p. 762
[82] Cit. MAURICIO L. MIZRAHI, *Familia, matrimonio y divorcio*, 251

acuerdo o en la demanda en procedimientos de divorcio contencioso) la forma en la que se desea la distribución del patrimonio y el tratamiento de las instituciones familiares.

7. Caracteres del divorcio en Colombia y Venezuela

7.1 Es materia de orden público

El Estado está en el deber de proteger a la sociedad y la familia. Tanto en Colombia como en Venezuela, la naturaleza jurídica de las causales de divorcio, por estar íntimamente relacionadas con el matrimonio, se encuentran investidas con el orden público, lo cual conduce claramente a su interpretación.

Es por ello que el orden público[83] impera por encima de todo; y tal y como lo sostiene De Freitas De Gouveia[84], es innegable que en donde existan las normas de orden público, no puede actuar la libertad individual, y no participa la autonomía privada. En este sentido, la autora afirma: "tales normas son irrenunciables e inderogables, por considerarse precepto en los cuales se regulan instituciones en cuya observancia tiene fundamental interés el Estado y la sociedad."

Es por ello que, el divorcio[85] afecta directamente al matrimonio, y es por ello que se configura como materia de orden público, las normas legales que lo regulan son de carácter imperativo y por esta razón los particulares no pueden de forma alguna, modificar, contradecir, ni renunciar a ellas.[86]

7.2 Es necesaria la intervención de un tribunal competente

Para que se materialice el divorcio, es imprescindible la intervención del órgano jurisdiccional competente, dando como resultado una sentencia que declare disuelto el vínculo matrimonial.

---

[83] Cit. Isabel Grisanti Aveledo de Luigui, *Lecciones de Derecho de Familia*, p. 267: "El matrimonio es la base principal y más perfecta de la familia y ésta, a su vez, la base de la sociedad. El Estado debe proteger la sociedad y, en consecuencia, la familia y el matrimonio.
El divorcio es causa de disolución del matrimonio y, por ello, afecta la estabilidad de la familia. Es una institución excepcional y dentro de tales límites debe mantenerse. Por esta razón el divorcio es materia de orden público. Las disposiciones legales que lo regulan son de orden público; los particulares no pueden, mediante convenio, modificarlas, relajarlas, ni renunciarlas."

[84] Cit. Edilia De Freitas De Gouveia, "La Autonomía de la Voluntad en el Derecho de la Persona Natural", *Revista Venezolana de Legislación y Jurisprudencia*, N° 1, Caracas 2013, p. 64

[85] Juzgado Primero de Primera Instancia en lo Civil, Mercantil, Tránsito y Bancario de la Circunscripción Judicial del Área Metropolitana de Caracas, Expediente N° AP11-V-2013-001230, http://caracas.tsj.gob.ve/DECISIONES/2015/MARZO/2116-18-AP11-V-2013-001230-.HTML "Para que el divorcio proceda debe haber un matrimonio valido, contraído de acuerdo con las formalidades del Código Civil, asimismo, ambas instituciones (el matrimonio y excepcionalmente el divorcio) son de orden público, el Estado y la sociedad están interesadas, que en el divorcio se den los supuestos establecidos en el artículo 185 del Código Civil, y que intervenga el Ministerio Público y seguirse el procedimiento especial previsto en los artículos 754 al 761, ambos inclusive, del Código de Procedimiento Civil."

[86] Cit. María Candelaria Domínguez Guillén, *Manual de Derecho de Familia*, pp. 149 y 150: "Si bien desde el punto de vista práctico, no existe poder humano ni jurídico que logre mantener unidas a dos personas contra su voluntad, el legislador en función de un sentido de preservación del vínculo conyugal y por ende familiar, dada la importancia social de esta última, trata de dificultar la disolución del vínculo matrimonial. O si se quiere, más precisamente tal disolución del matrimonio no procede en principio libremente a voluntad de los interesados, por tratarse de una materia de orden público, impregnada de normas imperativas y por tal razón, sustraída del principio de la autonomía de la voluntad."

En la República de Colombia, de conformidad a lo dispuesto en la ley 25 de 1992, las causales de divorcio invocadas, deben ser tramitadas y decididas por intermedio de una sentencia judicial.

En Venezuela, en caso de interponer la demanda de divorcio cónyuges mayores de edad, sin hijos, o con hijos mayores de edad, el Código de Procedimiento Civil en su artículo 754, nos señala que el Juez competente para conocer de la demanda de divorcio, será el Juez que ejerza la jurisdicción ordinaria en el domicilio conyugal; la propia norma adjetiva nos establece que se entenderá como domicilio conyugal el lugar donde los cónyuges ejercen sus derechos y cumplen con los deberes de su estado.

De conformidad con la Resolución N° 2009-0006, de fecha 18 de marzo de 2009, publicada en Gaceta Oficial de la República Bolivariana de Venezuela, de fecha 02 de abril de 2009, emanada de la Sala Plena del Tribunal Supremo de Justicia, se amplían las competencias de los Juzgados de Municipio, estableciéndose en su artículo 3 que éstos Tribunales conocerán de forma exclusiva y excluyente de todos los asuntos de jurisdicción voluntaria o no contenciosa en materia civil, mercantil, familia sin que participen niños, niñas y adolescentes, según las reglas ordinarias de la competencia por el territorio, y en cualquier otro de semejante naturaleza.

En el caso, de que los cónyuges sean mayores de edad, con hijos que sean niños o adolescentes, o en el caso que uno o ambos cónyuges sean adolescentes, el Juez competente será el que tenga competencia en materia de Protección de Niños, Niñas y Adolescentes en el domicilio conyugal, todo ello de conformidad con lo dispuesto en los artículos 177, parágrafo primero, aparte "g" y 453 de la Ley Orgánica para la Protección de Niños, Niñas y Adolescentes.

De conformidad con el artículo 8, numeral 8, de la Ley Orgánica de la Jurisdicción Especial de la Justicia de Paz[87], se establece que el Juez de Paz Comunal es competente para declarar, sin procedimiento previo y en presencia de la pareja, el divorcio o la disolución de las uniones estables de hecho cuando sea por mutuo consentimiento; para ello es necesario que los solicitantes se encuentren domiciliados en el ámbito local territorial del juez de paz comunal; y no se hayan procreado hijos o de haberlos, no sean menores de 18 años a la fecha de la solicitud.

7.3 Procede por causas taxativamente determinadas: Tal y como lo señala López Herrera[88], por tener el divorcio la naturaleza de orden público, sus causales son de interpretación restrictiva y no puede extenderse su aplicación por vía de analogía. Por este motivo, el juicio de divorcio debe ser seguido y/o intentando por las causales que se encuentran comprendidas en la ley 25 de 1992 (Colombia) y en el Código Civil (Venezuela), impidiéndose con ello, el ejercicio de la acción por hechos que estén excluidos por la legislación vigente.

En criterio de Parra Benítez[89], en lo referente a la taxatividad de las causales de divorcio: "Quiere ello decir por fuera de las causas que trae la ley civil, no puede intentarse el divorcio por hechos que están excluidos de aquellas. Desde luego, las

---

[87] Gaceta Oficial de la República Bolivariana de Venezuela N° 39.913, de fecha 02 de mayo de 2012.
[88] Cit. FRANCISCO LÓPEZ HERRERA, *Derecho de Familia*, p. 185
[89] Cit. JORGE PARRA BENÍTEZ, *Derecho de Familia*, Bogotá, Editorial Temis, 2008, p. 243

hipótesis que pueden comprender las causales legales son muchísimas y variadas y aun tener sus diferencias, según haya consideraciones sociológicas o de otra índole."

En este sentido, sostiene Castillo Rugeles,[90] sostiene lo siguiente:

> Para la Corte Suprema de Justicia, la sentencia "de divorcio no puede ser sino la consecuencia de la petición de uno de los cónyuges contra el otro, o bien de cada uno de ellos contra el otro, por una de las causas señaladas por la ley, habida cuenta que la sentencia estimatoria de semejante pretensión, caso de producirse, debe constituir ante todo una declaración judicial de certeza en lo relativo a los hechos que se le imputan al culpable o aquellos que, desbordando los aspectos propiamente sancionatorios atribuibles a la institución, son catalogados por el legislador como contrarios al estado matrimonial y perturbadores de los fines mismos de la familia, pero luego de haberse encontrado, en ambas hipótesis, que las conductas o los hechos invocados para sustentar el derecho a demandar la separación, se enmarcan de modo claro y preciso en las causales definidas por el ordenamiento positivo. Quiere esto significar, entre otros particulares, que la enumeración contenida en el artículo 4° de la Ley primera de 1976 (artículo 154 C.C) es taxativa; se trata sin duda de una norma singular o excepcional que excluye interpretaciones extensivas, lo que conduce a concluir, en la absoluta imposibilidad de decretar la separación por causas no previstas en la Ley aun cuando pudiera juzgarse, por fuerza argumentos más o menos atendibles, que tales hechos impiden el normal desenvolvimiento de la comunidad conyugal.

El legislador venezolano estableció que la disolución del vínculo matrimonial solo era admitida por las causales debidamente indicadas en el artículo 185 del Código Civil,[91] con ello se pretende que no pueda intentarse ninguna demanda de divorcio por hechos que estén excluidos de dichas causales, en virtud del manto protector que le brinda el Estado a la figura matrimonial.

Como acertadamente lo sostiene Bocaranda Espinosa,[92] la limitación numérica de las causales de divorcio es enfatizada cuando el artículo 735 del Código de Procedimiento Civil venezolano prohíbe en forma absoluta que el tribunal admita demandas de divorcios o de separación de cuerpos, no fundadas en algunas de las causales establecidas en el Código Civil. Es por ello, que el Juzgado competente está

---

[90] Cit. Jorge Antonio Castillo Rugeles, *Derecho de Familia*, p. 267 y 268
[91] Cit. José Rafael Mendoza, *El Derecho de Familia visto por un Juez*, p. 111: "De este hecho surge una consecuencia jurídica de gran relevancia: el divorcio puede demandarse únicamente por las causales determinadas en el artículo 185 del Código Civil. De modo que, si a alguien se le ocurre intentar un juicio alegando la incompatibilidad de caracteres, el juez no debe darle curso a esa demanda. Por esa misma razón los divorcios obtenidos en el extranjero con base a una causal no admitida en el Código Civil venezolano, no podrán recibir el *exequátur* impartido por la Corte Suprema de Justicia como requisito indispensable para tener efectos en el país".
[92] Cit. Juan José Bocaranda E., *Guía Informática de Derecho de Familia*, p. 604

en la obligación de conformidad a lo preceptuado en el artículo 341 eiusdem, a abstenerse de admitir la demanda que infrinja los artículos 185 del Código Civil y 755 del Código de Procedimiento Civil, y expresará como motivos para la abstención el hecho de que el demandante aduzca causales no previstas por la ley.

De acuerdo con el criterio de Stolk[93]:

> La gravedad que reviste la institución del divorcio en toda legislación hacen que los Tribunales no admitan demanda de divorcio que no esté fundada en una de las causales contenidas en el Código Civil, o lo que es lo mismo: la enumeración que de ellas hace el legislador tiene carácter taxativo.

En este sentido encontramos que la jurisprudencia venezolana se había venido pronunciado a favor de la taxatividad de las causales:

- Sala Política Administrativa de la Corte Suprema de Justicia[94], sentencias de fechas 05/05/1965 y 08/12/1965:

  > La disolución del vínculo matrimonial se admite sólo por las causas únicas que se indican en el artículo 185, C.C. en consecuencia, si la sentencia extranjera cuya ejecutoria se solicite, se señala como causa del divorcio, la "incompatibilidad de caracteres de los cónyuges", pero no se mencionan en la decisión ningún hecho o circunstancia que permita determinar si los hechos causantes del divorcio coinciden con los supuestos a que se contraen las causas taxativamente expresadas en el C.C. venezolano, no puede establecerse si el referido fallo se adapta al derecho público interior de la República.

- Tribunal Tercero de Primera Instancia de Juicio del Circuito Judicial de Protección de Niños, Niñas y Adolescentes de la Circunscripción Judicial del Área Metropolitana de Caracas y Nacional de Adopción Internacional[95], en fecha 25 de enero 2012, Asunto N° AP51-V-2011-000178, señaló:

  > Así tenemos que en el marco del interés del Estado por la protección de la familia, frente a la perpetuidad del matrimonio destaca la excepcionalidad del divorcio, el cual sólo opera por las causales enumeradas por la Ley, lo cual quiere decir, que no es suficiente la voluntad de los cónyuges, o de uno de ellos, para lograr la disolución del vínculo matrimonial, sino que es necesaria la preexistencia de hechos o actos específicamente determinados, que constituyan prueba de las causales de divorcio; así, únicamente podrá declararse el divorcio

---

[93] CARLOS EDUARDO STOLK, *El Divorcio. Su fundamento y Causales*, Tesis de Grado, Caracas, Litografía y Tipografía El Comercio, 1936, p. 35
[94] Gaceta Forense N° 48, segunda etapa, pp. 97 y 99 y Gaceta Forense N° 50, segunda etapa, pp. 243 y 244
[95] Disponible en: http://jca.tsj.gob.ve/decisiones/2012/enero/2461-25-AP51-V-2011-000178-PJ055201200 004 2.html

cuando haya sido invocada y demostrada la ocurrencia de alguna o algunas de las causales previstas en el artículo 185 del Código Civil –incluyendo el transcurso de un año una vez declarada judicialmente la separación de cuerpos y la prolongada ruptura de la vida en común, contempladas en el primer aparte del artículo 185, y en el artículo 185-A.

Grisanti Aveledo de Luigui,[96] presagiaba desde hace mucho tiempo un desenlace en el irrespeto a la taxatividad de las causales, cuando analizó lo referente a la causal de divorcio fundada en interdicción por causa de perturbaciones psiquiátricas graves que imposibiliten la vida en común, alertando sobre el particular, al afirmar:

> Pone de manifiesto la tendencia a ampliar la procedencia del divorcio. Es posible, muy posible, que pronto, cualquier enfermedad grave y humanamente incurable de un cónyuge se constituya en causal que pueda ser alegada por el otro para demandar en divorcio. Se relaja con esto el espíritu de sacrificio que ennoblece y dignifica el matrimonio.

La Sala Constitucional del Tribunal Supremo de Justicia, en sentencia[97] dictada en fecha 02 de junio de 2015, N° 693, Expediente N° 12-1163, con ponencia de la Magistrada Carmen Zuleta de Merchán, realizó una interpretación constitucionalizante del artículo 185 del Código Civil, estableciendo, con carácter vinculante, que las causales de divorcio contenidas en el artículo 185 del Código Civil son enunciativas y no taxativas,[98] por lo cual cualquiera de los cónyuges podrá demandar el divorcio por las causales previstas en dicho artículo o por cualquier otra situación que estime impida la continuación de la vida en común. La fundamentación que esgrime la Magistrada ponente, se centra en el hecho de que el divorcio se relaciona con el derecho al libre desenvolvimiento de la personalidad, el cual se encuentra establecido en el artículo 20 de la Constitución Nacional, y en el derecho a la tutela judicial efectiva, señalando expresamente en el fallo:

> Siendo el caso que de las normas citadas respecto del divorcio se desprende que se desconoce un derecho humano, se desconoce el interés y se conculca el derecho de acceso a la jurisdicción, como expresiones del derecho

---

[96] Cit. Isabel Grisanti Aveledo de Luigui, *Lecciones de Derecho de Familia*, p. 277
[97] Disponible en: http://historico.tsj.gob.ve/decisiones/scon/junio/178096-693-2615-2015-12-1163.HTML
[98] Edison Lucio Varela Cáceres, "La última sentencia de divorcio de la Sala Constitucional (comentarios a la sentencia N° 693 de fecha 02 de junio de 2015)", *Revista Venezolana de Legislación y Jurisprudencia*, N° 6, Caracas 2016, p. 162: "En realidad, se debe aclarar que el carácter taxativo de las causales no es producto de una "apreciación" de los autores o jueces, se deduce de la interpretación textual del artículo 185 del Código Civil (vid. artículo 4 eiusdem), de allí que la norma indique: "Son causales únicas de divorcio…", corroborado además por la clara intención del legislador de restringir la disolución del vínculo a determinados supuestos calificados como graves, lo cual no es obstáculo para su reexamen, según las condiciones actuales y el vigente texto constitucional."

a la tutela judicial efectiva, cuando la acción para demandar la resolución del vínculo matrimonial está limitada y puede incluso resultar denegada en derecho. Ciertamente, cuando se determinan previamente y se encasillan como causales "únicas" para demandar el divorcio, aquellas previamente descritas por el Legislador, y se niega al cónyuge exponer y sostener ante los órganos jurisdiccionales un motivo distinto a los enumerados por la ley para disolver el vínculo conyugal que voluntariamente creó se desconoce el derecho a obtener una tutela judicial efectiva.

Resulta por lo demás absurdo, el argumento del libre desenvolvimiento de la personalidad[99] para eliminar la taxatividad de las causales, por cuanto en el divorcio no es una expresión del libre desenvolvimiento del individuo, es simplemente un procedimiento judicial que busca solucionar un conflicto existente en la pareja, que irremediablemente tienen un vínculo conyugal severamente lesionado, y que la única alternativa disponible es la disolución del matrimonio a través de la vía del divorcio. Lo que, si no tiene discusión alguna, es que la manifestación de voluntad es un requisito de fondo para contraer matrimonio, que es concebido por la ley y no por los particulares, a perpetuidad y con derechos y deberes recíprocos, de acuerdo a lo previsto en el artículo 137 y siguientes del Código Civil.

Tal y como lo señala atinadamente De Freitas:[100]

> para su disolución a través de la muerte o el divorcio, no está sujeto a la voluntad de la persona crear otra forma de extinción diferente a las previstas en el artículo 184 del Código Civil. El matrimonio es fundamental para el orden jurídico; la intención interviene en la medida que la propia ley lo permita. Así juega la intención al contraer matrimonio o al divorciarse por las causales previstas en la ley.

7.4 Las causales de divorcio no son facultativas

En Colombia, de conformidad a lo dispuesto en la ley 25 de 1992, las causales de divorcio dejaron de ser facultativas para convertirse en perentorias, todo ello a razón de que el juzgador perdió la facultad de apreciación que le confería la ley primera de 1976 para denegarlo cuando lo considerase moralmente injustificado.

En este sentido, sostiene Parra Benítez,[101] lo siguiente:

---

[99] Ibid., p. 167: "En fin, la justificación a la ampliación de las causales divorcio no pueden ubicarse en el libre desenvolvimiento que reclame un cónyuge, ello no sería más que un simple individualismo y tal postura está diametralmente opuesta a los fines que persigue el matrimonio, tales como la solidaridad, esfuerzo común, respeto recíproco, entre otros."
[100] Cit. EDILIA DE FREITAS DE GOUVEIA, "La Autonomía de la Voluntad en el Derecho de la Persona Natural", pp. 124 y 125.
[101] Cit. JORGE PARRA BENÍTEZ, *Derecho de Familia*, p. 246

La Ley 1° de 1976 se apuntó a la segunda especie de causales, puesto que exigía que la causa probada generara desquiciamiento de la comunidad matrimonial y esto era punto que examinaba el fallador. Pero el artículo 155 del Código Civil, que contenía la restricción, fue derogado por el artículo 15 de la ley 25 de 1992.

Ello no significa que no tenga el juez la necesidad de estudiar prudentemente la causal por su gravedad. Pero implica que la causa sea perentoria, porque demostrada impone al juzgador la sentencia de divorcio.

7.5 La confesión

En Colombia, todas las causales de divorcio requieren demostración, siendo suficiente la confesión[102] de los cónyuges. Tal y como lo señala Castillo Rugeles:[103]

> la Ley primera de 1976 prohibía expresamente esta posibilidad con el ánimo de evitar en la materia simulaciones; así las cosas, el allanamiento a la demanda de divorcio era ineficaz, por lo que el juez debía rechazarlo. Hoy, una vez acogido en el derecho positivo colombiano el divorcio en sentido limitado, aquella prohibición carece de fundamento, razón por la cual la sola confesión de los consortes sobre los hechos constitutivos de la causal invocada es, a nuestro juicio, suficiente para acceder al divorcio.

En Venezuela, no hay cabida a la confesión en materia de divorcio fundado en las causales previstas en el artículo 185 del Código Civil, en virtud de que en materia matrimonial y su disolución, se encuentran investidas con el carácter de orden público, y, en consecuencia, resulta imposible la confesión (espontánea o provocada) a los fines demostrativos de la causal invocada.

Cabe destacar, la sentencia proferida por el Juzgado Tercero de Primera Instancia en lo Civil, Mercantil y Tránsito de Anzoátegui (Extensión Barcelona),[104] de fecha 12 de Marzo de 2012, Expediente BP02-F-2011-000031, donde se estableció:

---

[102] Jaime Azula Camacho, *Manual de Derecho Procesal*, Bogotá, Editorial Temis, 2016, p. 217: "El inciso 2° del artículo 6° de la ley 1ª de 1976, que modificó el artículo 156 del Código Civil, contemplaba una limitación en materia probatoria para establecer los hechos sobre los que se estructuran las causales para incoar y obtener el divorcio, consistente en que la confesión no era suficiente para demostrarlos.
Eso no significaba que la confesión estuviera vedada en esta clase de proceso, sino que no tenía suficiente fuerza probatoria. En otras palabras, la confesión podía servir para llevarle al juez la convicción necesaria, siempre que, *conditio sine qua non*, estuviese ratificada por otros medios probatorios.
Con tal limitación se quiso impedir que los cónyuges obtuvieran el divorcio de común acuerdo, al no estar reconocida esa causal en la ley, porque bastaba que uno demandara y el otro aceptara los hechos mediante allanamiento, que constituye una forma de confesión, o mediante interrogatorio practicado en el proceso, para que se acogiera la pretensión.
Esa limitación quedó expresamente derogada por el artículo 10 de la ley 25 de 1992, al dejar sin efecto el inciso 2° del artículo 156 del Código Civil, introducido por la modificación que hizo el artículo 6° de la ley 1ª de 1976. Y si así se hubiese guardado silencio a este respecto, la reglamentación adoptada por la ley 25 de 1992 implicaría su tácita derogatoria".
[103] Cit. Jorge Antonio Castillo Rugeles, *Derecho de Familia*, p. 267
[104] Disponible en: https://vlexvenezuela.com/vid/ander-koldobika-luisaura-brice-ottati-388867404

En principio son admisibles en los juicios de divorcios todas las pruebas, pero con las limitaciones que imponga la naturaleza de estos juicios de eminente orden público y como referencia, el Dr. J.R.D.S. en su obra "Procedimientos Especiales Contenciosos", página 353, hace referencia a un criterio de la entonces denominada Corte Suprema de Justicia del 21 de octubre de 1953 y reiterada en sentencia del 26 de julio de 1965, donde se estableció que no puede declararse de una manera general la inadmisibilidad de la confesión en los juicios de divorcio, pues, si bien, no hay lugar a ella cuando tienda a fundarse en la misma la disolución del vínculo matrimonial, en cambio, es admisible para otros hechos que deban probarse dentro del propio juicio de divorcio. Asimismo, el Dr. R.E. La Roche en su obra de "Comentarios al Código de Procedimiento Civil, tomo 5, página 355, señala que no puede haber confesión ficta del demandado ni confesión provocada mediante posiciones juradas y ciertas cualidades indisponibles e irrenunciables escapan a la libre contratación, expresa o implícita, de los sujetos de derecho, como por ejemplo el hecho calificado como causal de divorcio y por tanto la confesión jurada de su consentimiento no es eficaz en orden a obtener el divorcio solicitado por el otro cónyuge.

En el caso bajo estudio, la parte demandada-reconviniente se sustenta procesalmente en la confesión espontánea realizada por el demandante-reconvenido en el libelo de la demanda, donde expresa que "...me vi obligado en la penosa necesidad de separarme del domicilio conyugal; a mi hogar materno....", sin embargo en una forma clara nuestro ordenamiento procesal consagra el procedimiento especial de divorcio como un juicio en donde impera el orden público, y en virtud de ello no es admisible una confesión espontánea de admisión de los hechos demandados; por tal motivo este Juzgado no le da valor probatorio alguno a la prueba alegada. Y así decide.

CAPÍTULO II
LAS CAUSALES DE DIVORCIO EN COLOMBIA Y VENEZUELA

Sumario: 1. CAUSAL Ley 25 de 1992: Artículo 6°, numeral 1°: Las relaciones sexuales extramatrimoniales de uno de los cónyuges. Código Civil venezolano: Articulo 185, ordinal 1: El adulterio 2. CAUSAL Ley 25 de 1992: Artículo 6°, numeral 2°: El grave e injustificado incumplimiento por parte de alguno de los cónyuges de los deberes que la ley les impone como tales y como padres. Código Civil venezolano: Artículo 185, ordinal 2: El abandono voluntario 3. CAUSAL Ley 25 de 1992: Artículo 6°, numeral 3°: Los ultrajes, el trato cruel y los maltratamientos de obra. Código Civil venezolano: Artículo 185, ordinal 3: Los excesos, sevicia e injurias graves que hagan imposible la vida en común. 4. CAUSAL Ley 25 de 1992: Artículo 6°, numeral sexto: Toda conducta de uno de los cónyuges tendientes a corromper o pervertir al otro, a un descendiente, o a personas que estén a su cuidado y convivan bajo el mismo techo. Código Civil venezolano: Artículo 185, cuarta causal: El conato de uno de los cónyuges para corromper o prostituir al otro cónyuge, o a sus hijos, así como la connivencia en su corrupción o prostitución. 5. CAUSAL Código Civil venezolano: Artículo 185, causal quinta: La condenación a presidio. 6. CAUSAL Ley 25 de 1992: Artículo 6°, numeral cuarta: La embriaguez habitual de uno de los cónyuges. Artículo 6°, numeral quinta: El uso habitual de sustancias alucinógenas o estupefacientes, salvo prescripción médica. Código Civil venezolano: Artículo 185, causal sexta: La adicción alcohólica u otras formas graves de fármaco dependencia que hagan imposible la vida en común. 7. CAUSAL Ley 25 de 1992: Artículo 6°, numeral séptimo: Toda enfermedad o anormalidad grave e incurable, física o síquica, de uno de los cónyuges, que ponga en peligro la salud mental o física del otro cónyuge e imposibilite la comunidad matrimonial. Código Civil venezolano: Causal séptima: La interdicción por causa de perturbaciones psiquiátricas graves que imposibiliten la vida en común. 8. CAUSAL Ley 25 de 1992: Artículo 6°, numeral octavo: La separación de cuerpos, judicial o, de hecho, que haya perdurado por más de dos años. 9. CAUSAL Ley 25 de 1992: Artículo 6°, numeral noveno: El consentimiento de ambos cónyuges manifestado ante juez competente y reconocido por éste mediante sentencia.

1. CAUSAL Ley 25 de 1992: Artículo 6°, numeral 1°: Las relaciones sexuales extramatrimoniales de uno de los cónyuges, Código Civil venezolano: Artículo 185, ordinal 1° El adulterio

1.1 Definición

La lealtad y fidelidad matrimonial, son el reflejo claro e inequívoco, de quienes han decidido unir para siempre sus vidas. Desde tiempos inmemoriales la sociedad ha demandado de sus integrantes el respeto a las más elementales normas de convivencia y paz, y por supuesto, la familia como eje fundamental de la estructuración social no escapa de esa condición. Es así como la lealtad matrimonial se enerva como una sólida columna de mantenimiento del vínculo conyugal.

Es por ello, que, en casi todas las legislaciones civiles del mundo, encontramos siempre presente al adulterio[105] como una casual de divorcio, tal y como lo sostiene Di Miele Milano,[106] por ser éste un elemento que escandaliza a la sociedad y genera sentimientos de vergüenza, dolor e ira a la parte traicionada.

---

[105] Juzgado de Primera Instancia en lo Civil del Estado Táchira, sentencia de fecha 29/10/1962, Jurisprudencia de los Tribunales de la República, Volumen X, p. 41.: "El adulterio supone la concurrencia de un elemento material que consiste en las relaciones sexuales con una persona distinta del cónyuge, y un elemento intencional: la voluntad libre de cumplir con el acto sexual."
[106] Cit. Rosalba Di Miele Milano, *El divorcio del siglo XIX venezolano: tradición y liberalismo*, p. 70

El adulterio[107] ha sido definido por un amplio sector de la doctrina nacional y extranjera, como el ayuntamiento carnal[108] extramatrimonial, sea ocasional o permanente, realizado por uno de los cónyuges con persona de distinto sexo siendo uno o ambos casados.[109] En consecuencia, dicha concepción lo ubica en la violación más grave del deber de fidelidad conyugal[110]; más sin embargo, tal y como lo sostiene Belluscio[111] "Con un criterio más vasto e ideal, algunos autores consideran adulterio, toda violación del deber de fidelidad; pero parece preferible reservar la denominación de adulterio para la unión sexual, sin perjuicio de que otras infidelidades queden comprendidas en la causal de injurias graves."

Señala la jurisprudencia venezolana:

> El adulterio es el acto carnal voluntario; vale decir, la unión sexual o ayuntamiento carnal entre un hombre y una mujer siendo uno de ellos, o ambos casados. Entre los supuestos para que se conceptúe el adulterio existen los siguientes: a) que tenga como participante un hombre y una mujer; b) que unos de los participantes en el adulterio; el hombre o la mujer, debe estar válidamente casado con otra persona para el momento de consumarse el acto sexual que es susceptible de ser considerado como adulterio; c) que no hay adulterio cuando el acto sexual es producto de una ocasión tan fuerte que puede cambiar la voluntad del sujeto, en cuanto a consentir la relación sexual; y, d) para que realmente se califiqué como realizado el adulterio es necesario que se consume el acto sexual entre pareja participante.

> En este mismo orden de ideas, el adulterio es una figura cuya demostración resulta compleja por el mismo contenido de los hechos que lo configuran, lógicamente los actos tienden a

---

[107] MARIANELA PONCE, *De la soltería a la viudez. La condición jurídica de la mujer en la Provincia de Venezuela en razón de su estado civil*, Caracas, Academia Venezolana de la Historia, 1999, p. 42: "El adulterio se entiende como el acto en que incurre una persona casada al violar la fidelidad conyugal por conceder sus favores a otra: en el caso del hombre, con otra mujer que no sea su mujer legítima, en el de la mujer, con otro hombre que no sea su marido."

[108] LUISA ANDREINA HENRÍQUEZ LARRAZÁBAL, *Fidelidad Conyugal Respuestas del Derecho*, Caracas: Luis Felipe Capriles Editor, 2011, p. 148: "Comprende genéricamente no sólo el de la mujer, sino también el del marido en igualdad de circunstancias y responsabilidad. De modo que toda persona casada que haya consumado el acto sexual con persona distinta a su cónyuge, con plena consciencia, con voluntariedad de hecho y aunque sea una sola vez, estará incurso en esta primera casual."

[109] JORGE ALCIDES URIARTE, Adulterio, *Enciclopedia de Derecho de Familia*, Buenos Aires, Tomo I, Editorial Universidad, 1991, pp. 169 y 170: "Si bien el concepto amplio de adulterio fue ratificado en algunos pronunciamientos judiciales, el criterio de nuestros tribunales les ha inclinado por destacar que el adulterio es una especie de infidelidad cometida corporalmente y a sabiendas, caracterizada por el contacto carnal."

[110] Cit. MARÍA CANDELARIA DOMÍNGUEZ GUILLÉN y OSCAR RIQUEZES CONTRERAS, "Algunas consideraciones sobre el adulterio como causal de divorcio (especial referencia a los antecedentes históricos)", Caracas, *Revista Venezolana de Legislación y Jurisprudencia*, N° 2, 2013, p. 284: "Y representa la máxima violación al deber de fidelidad conyugal, siendo precisamente el divorcio por adulterio la sanción a su incumplimiento en el ámbito matrimonial. Aunque se aclara que el incumplimiento de la fidelidad no comprende necesariamente adulterio pues aquella es más amplia, y podrá ser subsumido en la causal de injuria. Por lo que la causal bajo análisis queda reducida a un supuesto concreto de infidelidad: el de la realización efectiva del acto sexual."

[111] AUGUSTO CÉSAR BELLUSCIO, *Derecho de Familia*, Buenos Aires, Tomo III, Ediciones Depalma, 1981, p. 207

realizarse en forma subrepticia; con cautela y lejos o remotos en la posibilidad de que sean fácilmente sorprendido; por lo que, el adulterio solo puede comprobarse mediante la previa exposición y prueba de hechos graves y precisos que pudieran sugerir al juez la existencia del adulterio; de tal manera que las pruebas presentadas no permitan la existencia de la más ligera duda al respecto para la veracidad de los hechos que se pretendan demostrar.[112]

Tal y como lo sostiene Carrillo Artiles,[113] conceptualmente el adulterio constituye un punto común y definitorio de las definiciones, lo atinente a la:

noción restringida de ayuntamiento carnal entre una persona casada y otra de sexo distinto, siendo lo determinante para dicha figura, el hecho con quien se yace no sea su cónyuge; actividad que constituiría un quebrantamiento del deber conyugal de fidelidad, ya que al vulnerarse ese deber de abstención o de mantener una conducta monogámica de contenido negativo dirigida a no realizar actos sexuales con persona distinta a la de su consorte, se estaría violentando "...la reserva del puesto que corresponde al cónyuge como compañero de vida..."

1.2 Elementos

A los fines de la materialización de la causal de adulterio, se hace necesaria la concurrencia de una serie de elementos, los cuales, de acuerdo con la doctrina, serán los siguientes:

1. La existencia de un matrimonio válidamente contraído por parte de por lo menos uno de los protagonistas de la relación sexual: Este elemento resulta fundamental, la existencia de un matrimonio celebrado con las formalidades exigidas por la ley, al tiempo de la comisión de los hechos imputables, esté vigente. Evidentemente, si estamos en presencia de un vínculo matrimonial, del mismo surgirán los deberes y derechos conyugales concernientes y, por ende, el deber de fidelidad estará siempre presente como fiel custodio del respeto y compromiso matrimonial. Al contrario, si no existe el vínculo marital, por ausencia de alguno de los presupuestos matrimoniales, no existirán los referidos deberes y derechos, y por ello no tendríamos la casual de adulterio ni ninguna otra como generadora de la disolución del vínculo matrimonial.

---

[112] Tribunal de Protección de Niños, Niñas y Adolescentes de la Circunscripción Judicial del Estado Zulia, Sala de Juicio N° 4, sentencia de fecha 22/03/2011, Expediente: 15325, disponible en: http://jca.tsj.gob.ve/ decisiones/2011/marzo/524-22-15325-62.html
[113] CARLOS LUIS CARRILLO ARTILES, "El adulterio como causal de desvinculación matrimonial en Venezuela. Inmersión crítica al erróneo tratamiento jurisprudencial y doctrinal", *Temas de Derecho Civil, Libro Homenaje a Andrés Aguilar Mawdsley*, Caracas, Tribunal Supremo de Justicia, 2004, Colección Libros Homenaje N° 14, p. 337

2. La realización del acto sexual o cópula entre un hombre y una mujer: De acuerdo con una fuerte tendencia doctrinal, es requisito sine qua non la realización del acto sexual o cópula para que efectivamente se materialice el adulterio, lo cual hace fundamentalmente difícil el elemento probatorio de dicho acto[114].

De acuerdo con Bocaranda Espinosa[115], existen otras opiniones relacionadas al acto sexual, que lo ubican exclusivamente cuando hay la "seminatio intra vas" (seminación), lo cual excluiría a los actos previos a la consumación del acto sexual como adulterio, otros lo consideran como la cópula normal, y por último, un criterio más amplio considera que los actos lujuriosos, distintos de la unión carnal, "pueden constituir adulterio en algunos casos, con tal que sean inequívocos y gravemente obscenos, es decir, que no sean equívocos, como el beso, o de poca importancia, como un tocamiento fugaz."

Sin duda alguna, la necesidad imperiosa del acto carnal excluye, por otra parte, la posibilidad de que pueda existir adulterio en los casos de inseminación artificial. En este sentido, acertadamente Mazeaud[116] señala que la necesidad de relaciones sexuales, como elemento constitutivo del adulterio:

> permite responder a la cuestión que se plantean los autores a propósito de la fecundación artificial. Supóngase a una mujer casada que practica, a escondidas de su marido, una heterofecundación; o sea, una fecundación proveniente de un dador que no sea el consorte; ese acto constituye sin duda una injuria para el marido, pero no es un adulterio en el sentido de la ley penal ni en el sentido de las causas de divorcio; pero no por ello dejará la criatura de ser hijo adulterino.

También cierto sector de la doctrina (del cual nos adherimos) considera que el acto carnal puede verificarse a través de relaciones por órgano que no sea el sexual femenino, como lo podrían ser las relaciones anales, orales y cualquier otro contacto carnal que sea equivalente al coito.

En este sentido, cabe destacar la sentencia emanada de la Sala de Casación Civil de la Corte Suprema de Justicia de Colombia[117], de fecha 20 de octubre de 1989, donde se estableció:

> La primera de las causales de divorcio enumeradas en el artículo 154 del Código Civil (…) alude a las relaciones sexuales extramatrimoniales de modo tal que, de

---

[114] Cit. MARÍA CANDELARIA DOMÍNGUEZ GUILLÉN y OSCAR RIQUEZES CONTRERAS, "Algunas consideraciones sobre el adulterio como causal de divorcio (especial referencia a los antecedentes históricos)", p. 284: "por tal se ha interpretado que los actos previos o distintos propiamente a la relación sexual, no constituyen adulterio y deben ser reconocidos por la causal de injuria, la cual se traduce en una ofensa a la dignidad del cónyuge. Algunos señalan que siguiendo la orientación en materia penal el sexo oral o anal debería configurar adulterio, a lo que vale observar a todo evento este último –no obstante, la dificultad- de su prueba bien podría considerarse porque sería inmoral que ante la prueba evidente de la realización del acto o de la penetración se pretenda desvirtuar la acción con base a dicho argumento."

[115] Cit. JUAN JOSÉ BOCARANDA E., *Guía Informática de Derecho de Familia*, p. 606.

[116] HENRY Y JEAN MAZEAUD, *Lecciones de Derecho Civil*, Parte Primera, Volumen IV, Buenos Aires, Ediciones Jurídicas Europa-América, 1959, p. 406

[117] SANDRA MILENA DAZA CORONADO, *Derecho de Familia: apuntes sobre la estructura básica de las relaciones jurídico-familiares en Colombia*, Bogotá, Universidad Católica de Colombia, 2015, pp. 144 y 145

conformidad con dicha disposición, desde el momento en que cualquiera de los cónyuges tiene relaciones íntimas con otro, aunque sea meramente circunstanciales, viola el deber de fidelidad que es de la esencia del matrimonio y, por ese solo hecho, se justifica el ejercicio de la acción correspondiente. Es que el genuino significado de aquel texto, como lo tiene definido la doctrina jurisprudencial, no es otro que el de consagrar un dispositivo legal ordenado a "sancionar, en igual forma, la reprochable conducta de infidelidad de uno de los cónyuges, motivo por el cual un solo acto de adulterio de la mujer o del varón configura la causal" (G.J.,/.CL/X, pág. 120), luego en orden a la cabal configuración de esta última, basta la unión sexual ilegítima de suyo capaz de vulnerar la obligación de recíproca fidelidad que se deben quienes son casados entre sí.

Interesante por demás es el criterio de Carrillo Artiles[118], quien aborda el punto del trato o acto sexual, analizando su alcance en relación a la causal de adulterio; critica con estilo académico, la posición de un sector de la doctrina que concibe la existencia de la cópula carnal cuando se consumase la penetración del pene en la vagina, lo que excluiría evidentemente las relaciones homosexuales y de sodomía. Afirma también Carrillo:

situaciones que a todas luces afectan indubitablemente el deber de fidelidad sexual, pues sin lugar a dudas, se está generando un acto cargado de conductas sexuales, aunque fuesen atípicas o contranatura." Sobre esa misma orientación, apunta una decisión dictada la Sala de Casación Civil de la Corte Suprema de Justicia de Colombia[119], de fecha 23 de junio de 1986, donde se estableció: "En cuanto a las relaciones sexuales es pertinente aclarar la imposibilidad de afirmar que únicamente son constitutivos de ella y ostentan tal naturaleza los actos acabados, la mayoría de las veces de imposible o difícil demostración, sino también todo comportamiento erótico realizado por fuera del orden matrimonial, pues si ello no tiene la virtud de colocar en tela de juicio la legitimidad de los hijos, entre otras, una de las razones de política legislativa para la consagración del deber de fidelidad sí constituye atentado grave

---

[118] Cit. CARLOS LUIS CARRILLO ARTILES, "El adulterio como causal de desvinculación matrimonial en Venezuela. Inmersión crítica al erróneo tratamiento jurisprudencial y doctrinal", p. 338.
[119] Cit. SANDRA MILENA DAZA CORONADO, *Derecho de Familia: apuntes sobre la estructura básica de las relaciones jurídico-familiares en Colombia*, p. 145

pudiendo generar la sanción que corresponde a su violación.

Realmente desacertada ha sido, en nuestra modesta opinión, la restringida concepción del adulterio, disminuyéndola en el solo hecho del acto carnal o cópula con personas de distinto sexo. En este sentido, el Maestro Monroy Cabra[120] sostiene:

> Para que existan relaciones sexuales extramatrimoniales no se requiere que haya cópula perfecta, sino que también quedan comprendidos los casos de cópula imperfecta, coito vestibular, cópula onanística y las aberraciones sexuales, utilizando órganos impropios para la generación (sodomía) o mezclándose con seres irracionales (bestialidad).

La homosexualidad hoy día ya no es un tema tabú; la palabra homosexualidad viene del término "homo" que significa a la actividad sexual y atracción de una persona hacia otra de su mismo sexo, determinando su estilo de vida y la expresión de su sexualidad. Es por ello, que tanto hombres como mujeres pueden tener preferencias homosexuales; por otra parte, cuando las personas se sientan atraídas por personas de ambos sexos, sin sentir preferencia por uno u otro género, son bisexuales.[121]

Es por ello que la orientación homosexual está determinada por la atracción física y por la expresión de sentimientos hacia personas del mismo sexo. En este sentido, los homosexuales y las lesbianas pueden llegar incluso a establecer relaciones de pareja, lo cual evidentemente puede conducir a relaciones adúlteras entre personas heterosexuales y homosexuales[122].

3. La intencionalidad, voluntariedad y libertad en la comisión de la conducta adulterina:[123] Tal y como lo sostiene Perera Planas[124], es necesaria que la conducta del adúltero sea intencional, es decir, que esos actos sean cometidos con plena conciencia de que con ellos se ejecuta un acto dañoso, perjudicial y prohibido, atentatorio del deber de fidelidad. Evidentemente, estarían excluidos las personas que sufran un trastorno de tipo psiquiátrico, las cuales se encuentran

---

[120] MARCO GERARDO MONROY CABRA, *Derecho de Familia, Infancia y Adolescencia*, Bogotá, Décima Cuarta Edición, Librería Ediciones del Profesional LTDA, 2012, p. 305
[121] Disponible en: http://www.prosalud.org.ve/quienes-somos/466-Homosexualidad
[122] Para nadie es un secreto hoy día, que en muchos países se ha generado un acelerado consentimiento en las relaciones homosexuales, conduciendo a la adopción del llamado "matrimonio igualitario", a través de decisiones de los altos tribunales y de reformas de legislación civil por la autoridad legislativa (aprobado en Holanda, Bélgica, Francia, Canadá, España, Sudáfrica, Noruega, Suecia, Portugal, Islandia, Dinamarca, Nueva Zelanda, Argentina, Colombia, México, Uruguay, Estados Unidos de América)
[123] Cit. JORGE ANTONIO CASTILLO RUGELES, *Derecho de Familia*, p. 272: "Aunque con criterio amplio suele considerarse como "adulterio" toda falta al deber de fidelidad, el término debe circunscribirse sólo al acceso carnal. Así pues, para que se estructure la causal en estudio, se observa que no es necesaria la realización total de la cópula carnal. Este elemento material debe ir acompañado del intencional; esto es, el querer voluntariamente apartarse de la fidelidad que como casado le corresponde observar. Como se trata de divorcio sanción, tal conducta debe ser imputable al cónyuge culpable a punto tal, que no se estructuraría la casual en aquellos eventos en donde no se le pueda atribuir a título de dolo o de culpa; tales, por ejemplo, la cónyuge violada, o la que cohabite en estado de inconsciencia con un tercero, o se haga por error, esto es, en el convencimiento de que se copula con su marido o mujer."
[124] Cit NERIO PERERA PLANAS, *Causas de Divorcio*, Caracas, Ediciones Magón, 1972, p. 104

incapacitadas de tener plena conciencia del acto realizado, error sobre la persona del tercero.

La voluntariedad y la libertad, están encaminadas en establecer que dicho adulterio fue cometido de forma libre, espontanea, sin ningún tipo de elementos de presión, al contrario, si el acto sexual fue realizado en contra de la voluntad, por la fuerza, o en la excepcional circunstancia que tuviese relaciones con quien cree que es su marido sin serlo, en esos casos, no estaríamos en presencia de la consumación de un adulterio.

Nótese que la Ley 25 de 1992, en su artículo 6°, numeral 1° expresamente dispone "Las relaciones sexuales extramatrimoniales de uno de los cónyuges", lo cual en criterio acertado de Medina Pabón:[125]

> El legislador utilizó el plural -relaciones- y para que no quedara duda de su intención aclaró de uno d ellos cónyuges, lo que hace razonable considerar que una sola actividad extramarital no era suficiente para configurar la causal, sino que se requería un número plural de estas, en lo que siempre interpreté como una fórmula transaccional del legislador entre la excesiva rigidez del adulterio femenino y el relajado concepto de amancebamiento del varón. Con todo, la Corte Suprema de Justicia ha llegado a la conclusión, bien defendible, de que el asunto de la fidelidad no es cuantitativo, sino cualitativo y por ello puede bastar una sola relación para que se viole el deber de fidelidad, siempre que no se pueda tomar como un accidente, porque es notorio que esa norma distingue entre la debilidad de la carne y la infidelidad (Sent. 9 jul/90 C.S.J). pero volver el asunto cualitativo no lo hace más sencillo, porque siempre habrá quien proclame la necesidad de una expresa graduación de las faltas, al considerar que no todas las relaciones ni en toda circunstancia tienen la misma connotación frente a la estabilidad marital, para evitar que la subjetividad del juez o de las partes quebrante la equidad.

4. En Colombia, por decisión emanada de la Corte Constitucional,[126] mediante sentencia C-660, con ponencia del Magistrado Álvaro Tafur Galvis, de fecha 08 de junio de 2000, se declaró la inexequibilidad, y en consecuencia, quedó excluida del ordenamiento jurídico colombiano la expresión salvo que el demandante las haya consentido, facilitado o perdonado, contenida en el numeral 1° del artículo 6° de la Ley 25 de 1992, que subrogó el artículo 154 del Código Civil, bajo el argumento de que dicha norma contrariaba el libre desarrollo de la personalidad

---

[125] Cit. Juan Enrique Medina Pabón, *Derecho Civil Derecho de Familia*, p. 295
[126] Disponible en: http://www.corteconstitucional.gov.co/relatoria/2000/C-660-00.htm

de los cónyuges y su libertad de conciencia al valorar actitudes individuales o conjuntas propias de la intimidad de la pareja.

1.3 Pruebas

Dada la naturaleza propia del adulterio, imposibilita claramente su comprobación, en virtud de que éste se materializa por medio de relaciones carnales, y dado el carácter privado que las mismas revisten, haciendo bastante dificultosa la demostración de la casual de divorcio, ya que, por lo general, la actividad adúltera, se desarrolla en circunstancias bastantes difíciles de precisar, como lo es por ejemplo, sitios secretos, en cualquier hora del día, privando siempre el ánimo del ocultamiento y la complicidad.

Tal y como lo sostiene Suárez Franco,[127] en Colombia:

> La preconstitución de la prueba de esta causal, no es realmente fácil, por dos consideraciones: en primer lugar, porque las relaciones sexuales son o implican hechos de carácter recóndito o reservado, que hacen imposible la prueba directa; en segundo lugar, porque la prueba comúnmente aducida en estos procesos es la testimonial, en la que intervienen testigos de muy bajo nivel profesional. De todas maneras, el inciso 2° del artículo 61 de la Ley de 1976, que permanece vigente, descarta como prueba plena la confesión de uno de los cónyuges.

Dada la complejidad y dificultad del tema probatorio,[128] iremos a analizando una a una las alternativas probatorias que podrían ser utilizadas y/o esgrimidas en el proceso de divorcio, a los fines demostrativos de dicha causal.[129]

En efecto, desde nuestros estudios de derecho de familia, siempre hemos escuchado hablar de la legendaria "prueba del hilo",[130] el consistía básicamente, en que la autoridad respectiva se hacía presente en el sitio donde se estaba llevando a cabo el acto carnal,

---

[127] Cit. Roberto Suárez Franco, *Derecho de Familia*, p. 198
[128] Antonio D'Jesús M., *Lecciones de Derecho de Familia*, Caracas, Paredes Editores, 1991, pp.80 y 81: "La prueba del adulterio, su dificultad en la realidad. La causa de esa dificultad. Todos los medios probatorios están a la disposición de los cónyuges o de uno de los cónyuges para que, en juicio, pruebe el adulterio. Pero la interpretación de los textos legales hace que los jueces pongan a las partes en el juego el acto sexual. Lo único que le interesa al Juez es que el marido o la mujer hayan sido sorprendidos infraganti en el acto sexual. Si esto no se desprende de las pruebas promovidas y evacuadas en el proceso, el adulterio no existe."
[129] Manuel Alfredo Rodríguez, "Divorcio por adulterio", disponible en: http://www.eluniversal.com/2008/07/22/opi_art_divorcio-por-adulter_949235: "Algunos aducen que la prueba fehaciente es captar a los involucrados de manera in fraganti"; de lo contrario, la prueba devendrá sin valor o será ineficaz. Demostrar el adulterio no requiere del elemento de intencionalidad. Además, ¿sobre quién recae la prueba del adulterio? Un cónyuge acusa al otro de adúltero por lo que demanda el divorcio. El "sospechoso" negará haber sido infiel; carece de carga probatoria para su defensa por ser un hecho negativo y éstos están exentos de toda probanza. Según las estadísticas son muy escasos los juicios donde se declara el divorcio por adulterio".
[130] Cit. Carlos Luis Carrillo Artiles, "El adulterio como causal de desvinculación matrimonial en Venezuela. Inmersión crítica al erróneo tratamiento jurisprudencial y doctrinal", p. 341: "Dependiendo del momento histórico y de cuál sociedad estamos hablando, en los textos legales se ha tejido todo un manto de impenetrabilidad probatoria de dicha causal, que en ocasiones nos sorprende con la cita de la legendaria e improbable prueba judicial del hilo *in situ*, pero que por fortuna, debido a los avances procesales en materia probatoria, en la actualidad se reconoce la viabilidad de noveles mecanismos demostrativos en la incursión de dicha causal."

inmediatamente ordenaba a la pareja que se detuviese, incontinenti procedía a pasar un hilo entre la pareja, si éste se trancaba, no había dudas de que el coito estaba siendo consumado, y en consecuencia, se materializaba el adulterio, y si en cambio, pasaba el hilo, simplemente no se estaba en presencia de un acto carnal. A todas luces, la referida prueba además de absurda, resulta absolutamente improcedente, nadie podría jamás imaginar semejante situación y mucho menos que la pareja sorprendida siguiera teniendo relaciones sexuales.

En principio, si partimos de una situación de tan dificultosa, como lo es la comprobación del coito, podríamos también estar en presencia de una prueba de imposible o difícil evacuación por el tribunal,[131] ya que efectivamente, el cónyuge inocente tendría la posibilidad de promover en juicio una prueba legal o libre, pero la misma, podría tornarse sumamente complicada, debido a las limitaciones del tribunal. Aquí no estaríamos abordando el punto de que este tipo de prueba sean ilegales ni impertinentes, simplemente son medios legales o libres no prohibidos por la ley y que no se subsumen, en principio, en ninguna de las casuales de ilegalidad generales o particulares, tampoco se trata de violaciones al derecho a la defensa de las partes, simplemente para el juez resulta imposible realizar tal reconocimiento.

Tal y como lo señalan Lagormarsino y Uriarte,[132] la apreciación de la prueba en este tipo de proceso debe ser amplio, debido a los inconvenientes que suelen presentarse a los esposos en la acreditación del adulterio. Los citados autores, sostienen:

> No obstante esa amplitud no puede ir en desmedro de la fuerza de convicción que los medios probatorios deben alcanzar a los efectos de llevar al espíritu del magistrado la seguridad de que son ciertos los hechos que se invocan, convicción que será formada de acuerdo a las reglas de la sana crítica.

Ahora bien, en nuestros días, se han generado una serie de posiciones doctrinales y jurisprudenciales, que intentan descifrar la clave que conduzca a la idónea prueba demostrativa de adulterio. En virtud de que precisamente el tema decidiendo es la inequívoca comprobación de la realización del acto carnal, generador del quebrantamiento del derecho-deber de fidelidad matrimonial.

Sin lugar a dudas, el demandante de la causal de divorcio fundada en adulterio, deberá consignar ante el tribunal competente un cúmulo de pruebas que tengan la suficiente contundencia y veracidad, que generen el convencimiento del juzgador la clara e inequívoca demostración del adulterio invocado. En este sentido Perera Planas[133], considera que el juez, al efectuar la apreciación libre de los hechos presentados, y más concretamente en el caso de adulterio, debe extremar su celo "a los fines de que no se

---

[131] Jesús Eduardo Cabrera Romero, *Contradicción y Control de la Prueba Legal y Libre*, Tomo I, Caracas, Editorial Jurídica Alva, 1997, p.
[132] Carlos A. Lagomarsino R y Jorge A. Uriarte, *Separación Personal y Divorcio*, Buenos Aires, Editorial Universidad, 1991, p. 159
[133] Cit. Nerio Perera Planas, *Causas de Divorcio*, p. 121

haga posible la presentación acomodaticia de la verdad, obteniendo con ello, personas desaprensivas, la comprobación defectuosa de un causal de naturaleza tan grave y de consecuencias tan duraderas y profundas."

Siguiendo la posición sostenida por Grisanti Aveledo de Luigui,[134] en la causal de adulterio no es menester la comprobación del elemento intencional, pues el acto humano debe considerarse voluntario hasta que se demuestre lo contrario.

Belluscio[135] parte del concepto, de que es necesaria una prueba inequívoca, señalando:

> sin que basten las meras suspicacias o elucubraciones que la mente humana puede concebir, sin asidero en la prueba. Pero es indiferente que las relaciones sexuales acreditadas hayan sido meramente ocasionales, o que haya transcurrido un lapso prolongado desde que tuvieron lugar, así como la circunstancia de que los esposos hubieran estado separados de hecho.

En este sentido, se aborda lo atinente a la prueba directa, la cual es prácticamente imposible de sostener, incluso la propia testifical sería inviable o sumamente dificultosa, ya que los mismos tendrían que dar plena fe de que sorprendieron a la pareja adúltera en la realización del acto carnal. He allí, sin duda alguna, el aspecto medular de la discusión.

Según el criterio de Carrillo,[136] el adulterio podría demostrarse por un género más extenso de fórmulas probatorias, entre las que figuran: la sentencia definitivamente firme en el ámbito penal que declare la responsabilidad personal por la incursión del ilícito de adulterio, el dicho de testigos presenciales adminiculados a grabaciones, videos, imágenes, y fotografías demostrativas de la relación sexual adulterina, a razón de libertad probatoria consagrada en el artículo 395 del Código de Procedimiento Civil Venezolano. Hace también hincapié, de la necesidad de demostrar la voluntariedad y conciencia de la conducta adulterina conyugal, señalando: "ya que tal volición se trata de un hecho de un hecho interno, no susceptible de ser demostrado por prueba directa, basta su alegato por quien acciona, ya que la intencionalidad se presume hasta que se demuestre lo contrario."

La jurisprudencia venezolana,[137] ha señalado lo siguiente:

> La prueba del adulterio implica la demostración precisa que se han tenido relaciones carnales durante el matrimonio, con persona distinta del cónyuge, comprobar este hecho se hace difícil en la realidad, toda vez, que si no se desprende de las pruebas promovidas y evacuadas en la causa, que uno de los cónyuges, bien sea el marido o la mujer, ha sido sorprendido infraganti en la realización del acto carnal, el adulterio no existe, ya que las sospechas, las pruebas indirectas o cualquiera

---

[134] Cit. Isabel Grisanti Aveledo de Luigui, *Lecciones de Derecho de Familia*, pp. 270 y 271
[135] Cit. Augusto César Belluscio, *Derecho de Familia*, p. 221
[136] Cit. Carlos Luis Carrillo Artiles, "El adulterio como causal de desvinculación matrimonial en Venezuela. Inmersión crítica al erróneo tratamiento jurisprudencial y doctrinal", p. 342
[137] Juzgado Tercero Primera Instancia en lo Civil, Mercantil y del Tránsito de Caracas, de fecha 30 de marzo de 2015, Expediente AP11-V-2012-000897, disponible en: https://vlexvenezuela.com/vid/ciudadano-jean-carlo-mendez-566708310

otro indicio no valen por sí solo en materia de adulterio. Así mismo, es importante señalar, que el reconocimiento voluntario de un hijo producto de una relación extramatrimonial, cuando en el momento de su concepción el padre o la madre estaban casados, no constituyen plena prueba de la comisión del adulterio, toda vez, que, por tratarse esta manifestación del cumplimiento voluntario de una obligación legal, la misma no puede ser sancionada, ya que mal podría sancionarse a una persona que cumple con su deber de padre declarándola adúltera.

En cuanto a la prueba de adulterio, obtenida mediante el reconocimiento de un hijo, por parte de una persona casada, podría admitirse, al menos como indicio,[138] jamás como una confesión, ya que precisamente dicho reconocimiento es un acto obligatorio, un deber moral, que debe ser ejercido a la brevedad posible por los progenitores por imperio de la ley, siendo la más clara e inequívoca materialización del derecho que tiene todo ser humano de ser debidamente reconocido por sus progenitores, constituyéndose en un eje fundamental de identidad ciudadana.

De acuerdo con la posición de Castillo Rugeles,[139] en Colombia, de conformidad con el ordinal 4° del artículo 6° de la Ley 75 de 1968:

> cuando las relaciones sexuales se alegan para presumir la paternidad extramatrimonial, aquellas no requieren prueba directa y por tanto pueden inferirse del trato personal y social entre la madre y el presunto padre, apreciado dentro de las circunstancias en que tuvo lugar y sus antecedentes y teniendo en cuenta su naturaleza, intimidad y continuidad.

En este sentido, nos adherimos[140] completamente al criterio sostenido por Mendoza,[141] quien analiza el punto del reconocimiento de un hijo adulterino como prueba de la causal 1° del artículo 185 del Código Civil venezolano. En primer lugar, precisa, que, desde la Constitución Nacional de 1947, se consagró el derecho que asiste a todo niño de ser debidamente reconocido por sus padres, lo cual fue ratificado por la Carta Magna de 1961 y por la reforma del Código Civil en 1982; constituyendo en consecuencia, el reconocimiento de filiación, un deber para el progenitor, un derecho para el niño y un deber del Estado. Y luego, concluye que las implicaciones del reconocimiento. En este sentido, afirma Mendoza, lo siguiente:

---

[138] Cit. Isabel Grisanti Aveledo de Luigui, *Lecciones de Derecho de Familia*, p. 271
[139] Cit. Jorge Antonio Castillo Rugeles, *Derecho de Familia*, p. 274
[140] Véase en sentido contrario: Domínguez Guillén, María Candelaria y Riquezes Contreras, Oscar: ob. Cit. ("Algunas consideraciones sobre el adulterio como causal de divorcio"), pp. 294 y 295: "sin embargo el reconocimiento del hijo extramatrimonial si ha sido admitido por la jurisprudencia dominante como prueba de adulterio, así como parte de la doctrina, porque lo contrario llevaría al absurdo de considerar que quien reconoce un hijo no tuvo relaciones sexuales, y que fue producto de la reproducción asistida. Consideración esta última que ha sido referida irónicamente por algunas decisiones judiciales."
[141] Cit. José Rafael Mendoza, El Derecho de Familia visto por un Juez, pp. 113 y 114

> pareciera más simple el comprender que el ejercicio por un padre de ese derecho-deber al reconocer un hijo adulterino no puede servir de base a una sentencia, sanción de condena como lo es entre nosotros la que declara el vínculo conyugal, circunstancia ésta que obvió la Reforma del año 1982. El ejercicio de un deber no sólo de rango constitucional como se dijera, sino de carácter moral y de la más elemental solidaridad humana, no puede un juez con recto criterio apreciarlo en contra del reconociente, puesto que además de con ello ejercería una sanción, coartaría la libertad de cumplir con la obligación atentando contra las previsiones del constituyente y haciendo nugatorias las intenciones del legislador.

Es por ello, que es imposible considerar el acta de reconocimiento voluntario expreso del hijo extramatrimonial, como prueba directa y fehaciente del adulterio como causal de divorcio, toda vez que, la naturaleza de tal acto es de un acto jurídico peculiar y declarativo de filiación tal como lo expresa el artículo 221 del Código Civil venezolano, pero no como una confesión. Si ello fuese así, estaríamos ante una evidente y flagrante violación al derecho humano que tiene toda persona de conocer la identidad de los padres, y a obtener documentos públicos, que comprueben su identidad biológica.

El derecho a la identidad, se enerva como una necesidad social y garantista de los derechos ciudadanos, es por ello, que la Constitución venezolana en su artículo 56, establece:

> Toda persona tiene derecho a un nombre propio, al apellido del padre y al de la madre, y a conocer la identidad de los mismos. El Estado garantizará el derecho a investigar la maternidad y la paternidad.
>
> Toda persona tiene derecho a ser inscrita gratuitamente en el registro civil después de su nacimiento y a obtener documentos públicos que comprueben su identidad biológica, de conformidad con la ley. Éstos no contendrán mención alguna que califique la filiación.

El artículo constitucional antes referido, fue objeto de interpretación por la Sala Constitucional del Tribunal Supremo de Justicia de Venezuela, en sentencia[142] de fecha 14 de agosto de 2008, Expediente N° 05-0062, con ponencia de la Magistrada Luisa Estela Morales Lamuño, señalando:

> consagra el derecho a la identidad de los ciudadanos, derecho el cual se considera inherente a la persona humana y del cual no se puede prescindir, lo cual genera paralelamente una obligación al Estado, consistente en el deber de asegurar una identidad legal, la cual debería coincidir con la identidad biológica, todo ello con la finalidad de otorgar a todo

---

[142] Disponible en: http://historico.tsj.gob.ve/decisiones/scon/agosto/1443-140808-05-0062.htm

ciudadano un elemento diferenciador con respecto a los integrantes de una sociedad, el cual se interrelaciona y se desarrolla con el derecho al libre desenvolvimiento de la personalidad.

Derecho éste, el cual no se agota en su relación con los demás ciudadanos, sino que aún se internaliza más en el desarrollo y conocimiento de cada hombre, constituyéndose en un presupuesto indispensable del aseguramiento del derecho a la vida, sin el cual no puede concebirse al hombre. Así pues, la identidad personal es ser uno mismo, representado con sus propios caracteres y sus propias acciones, constituyendo la misma verdad de la persona.

(…) En consecuencia, se advierte que el artículo 56 del Texto Constitucional tiene como finalidad de propender el conocimiento y certificación de la verdad biológica independientemente del estado civil de los ascendientes, por cuanto el enclaustramiento o reserva del origen es lo que se tiende a evitar y lo que se trata de dilucidar con esta prueba médica (ADN).

Cabe destacar, que el Maestro López Herrera,[143] sobre este particular, señala: "En el estado actual de la legislación venezolana, el reconocimiento voluntario del hijo extramatrimonial es un acto jurídico (reconocimiento expreso) o una situación jurídica (reconocimiento tácito), de naturaleza muy peculiar, toda vez que de uno o de otra resulta un vínculo legal de filiación extramatrimonial. Cuando el reconocimiento es expreso, consiste en una declaración espontánea de maternidad o de paternidad extramatrimonial.

Es por este motivo, que el reconocimiento de un hijo concebido y nacido fuera del matrimonio, surge de una declaración voluntaria del padre o de una conducta, en la que afirma que el niño que se presenta ante el registro civil es su hijo, más no afirma que tuvo relaciones sexuales con la madre o el padre de ese niño, no deriva de su procreación por determinada mujer o por un hombre específico, sino de una declaración de maternidad o de paternidad. A ciencia cierta es sólo un reconocimiento, que genera evidentemente la credibilidad de que el presentante es el progenitor; pero no en vano, podríamos obviar que han sido innumerables los casos de hombres que presentan a un recién nacido con plena conciencia de que no es su progenitor, no correspondiéndose con la verdad biológica.

También tendríamos que incluir, que, gracias a los agigantados pasos de la ciencia, que hoy día, es posible traer al mundo a niños y niñas producto de técnicas de reproducción

---

[143] Cit. Francisco López Herrera, *Derecho de Familia*, p. 399

asistida, siendo utilizadas con muchísima frecuencia la inseminación artificial o concepción in vitro.

En este sentido, de conformidad con lo preceptuado los artículos 209, 217 y 218 del Código Civil venezolano, que establecen:

Artículo 209: "La filiación paterna de los hijos concebidos y nacidos fuera del matrimonio se establece legalmente por declaración voluntaria del padre, o después de su muerte, por sus ascendientes, en los términos previstos en el artículo 230".
Artículo 217: "El reconocimiento del hijo por sus padres, para que tenga efectos legales, debe constar:

1°. En la partida de nacimiento o en acta especial inscrita posteriormente en los libros del Registro Civil de nacimientos"
2°. En la partida de matrimonio de los padres..."
Artículo 218: "El reconocimiento puede también resultar de una declaración o afirmación incidental en un acto realizado con otro objeto, siempre que conste por documento público o auténtico y la declaración haya sido hecha de un modo claro e inequívoco."

En este sentido, también el artículo 21 de la Ley Para Protección de las Familias, la Maternidad y la Paternidad,[144] garantiza ese derecho, estableciendo:

> Cuando la madre y el padre del niño o niña no estén unidos por vínculo matrimonial o unión estable de hecho, que cumpla con los requisitos establecidos en la ley, y la madre acuda a realizar la presentación ante el Registro Civil, deberá indicar nombre y apellido del padre, así como su domicilio y cualquier otro dato que contribuya a la identificación del mismo. El funcionario o funcionaria deberá informar a la madre que, en caso de declaración dolosa sobre la identidad del presunto padre, incurrirá en uno de los delitos contra la fe pública previsto en el Código Penal. En los casos que el embarazo haya sido producto de violación o incesto, debidamente denunciado ante la autoridad competente, la madre podrá negarse a identificar al progenitor, quedando inscrito el niño o niña ante el Registro Civil con los apellidos de la madre. Con base al derecho a la igualdad y no discriminación y al principio del interés superior de niños, niñas y adolescentes, tal circunstancia en ningún caso será incluida en el texto del acta correspondiente.

Por último, no hay cabida a la confesión en materia de divorcio fundado en la causal de adulterio, en virtud de que en materia matrimonial y su disolución, se encuentran investidas con el carácter de orden público, y, en consecuencia, resulta imposible la confesión (espontánea o provocada) a los fines demostrativos de la causal invocada.

---

[144] Gaceta Oficial de la República Bolivariana de Venezuela N° 38.773, de fecha 30 de septiembre de 2007

2. CAUSAL Ley 25 de 1992: Artículo 6°, numeral 2°: El grave e injustificado incumplimiento por parte de alguno de los cónyuges de los deberes que la ley les impone como tales y como padres; Código Civil venezolano: Artículo 185, ordinal 2: El abandono voluntario

2.1 Definición

De conformidad a lo preceptuado en el numeral 2° del artículo 6° de la Ley 25 de 1992, se establece "el grave e injustificado incumplimiento por parte de alguno de los cónyuges de los deberes que la ley les impone como tales y como padres". En este sentido, el Código Civil colombiano, en sus artículos 113 y 176 disponen:

Artículo 113: "El matrimonio es un contrato solemne por el cual un hombre y una mujer se unen con el fin de vivir juntos, de procrear y de auxiliarse mutuamente."

Artículo 176: Modificado, Decreto 2820 de 1974. Art. 9° "Los cónyuges están obligados a guardarse fe, a socorrerse y ayudarse mutuamente, en todas las circunstancias de la vida."

La Corte Suprema de Justicia de Colombia,[145] en sentencia de fecha 31 de enero de 1985, estableció:

> Cuando un cónyuge abandona al otro, se rompen cuando menos los deberes de cohabitación, socorro y ayuda, incumplimiento que si es grave e injustificado, da pie al cónyuge inocente para demandar la separación de cuerpos, invocando como causal la 2° del artículo del Código Civil, que bajo el epígrafe especial de "incumplimiento de los deberes del marido o de padre y de esposa o de madre", involucra o comprende todos los comportamientos omisivos de los casados en relación con esos deberes de cohabitación, socorro y ayuda.

Sostiene Daza Coronado:[146] "La ley califica el incumplimiento como "grave e injustificado", lo que quiere decir que no todo abandono es relevante frente al divorcio. Dice la Corte Suprema de Justicia:

> Cuando la ausencia del hogar conyugal tiene justificación en la conducta del demandante, no hay lugar para decretar la separación". Son elementos constitutivos del abandono, la gravedad y el hecho de que sea injustificado. Esto lleva a excluir de los hechos en estudio todas aquellas situaciones en que el abandono de los deberes de los cónyuges, de padre o de madre, obedezca a circunstancias no imputables al otro; por esto

---

[145] Cit. MARCO GERARDO MONROY CABRA, *Derecho de Familia, Infancia y Adolescencia*, p. 307
[146] Cit. SANDRA MILENA DAZA CORONADO, *Derecho de Familia: apuntes sobre la estructura básica de las relaciones jurídico-familiares en Colombia*, p. 147

mismo, se afirma que el abandono se halla estructurado sobre el concepto de divorcio sanción. El incumplimiento, para que sea injustificado, "debe depender, como lo tiene aclarado la jurisprudencia, de la culpa del cónyuge que ha dejado de atender sus deberes, lo cual, a su vez, evidencia que dicha causal no se configurará si la violación de las obligaciones conyugales obedece a fuerza mayor o a caso fortuito". Del mismo modo, la Corte indica cuándo será justificado el incumplimiento: Cuando la falta en que haya incurrido uno de los cónyuges sea consecuencia o resultado de la culpa del otro; no podría éste apoyarse en aquella falta de su consorte para impetrar la separación, porque ello equivaldría a aprovecharse de su propia conducta ilícita, que fue determinante de la del primero, contrariando, entonces sí, el espíritu de la citada norma del artículo 156 del C.C.

En criterio de Parra Benítez[147], la causal segunda viene a fortalecer a la casual primera (Las relaciones sexuales extramatrimoniales de uno de los cónyuges), por cuanto el ordenamiento jurídico colombiano defiende el deber de fidelidad entre los casados.

En Colombia, el deber de cohabitación, tiene su apoyo en el artículo 11 del Decreto 2810 de 1974, el cual subrogó el artículo 178 del Código Civil, donde se dispone:

> salvo causa justificada, los cónyuges tienen la obligación de vivir juntos y cada uno de ellos tiene el derecho a ser recibido en la casa del otro.

Tal y como lo sostiene Torrado,[148] con respecto al deber de cohabitación:

> Tanto la jurisprudencia, como la doctrina, coinciden en que el deber de cohabitación debe corresponder a una manifestación real, sincera y genuina de manejo de la vida en común, y que no son admisibles las meras apariencias, en cuanto que ella exige un comportamiento normal en las relaciones de familia originadas en el matrimonio. Y también se advierte que no está sometido al libre albedrío de los consortes alterar o incumplir tan explícitos mandatos. Por lo tanto, el alejamiento unilateralmente adoptado por uno de los esposos, constituye violación grave de uno de los principales deberes que nacen por causa del matrimonio. Inclusive, respecto a la posibilidad de que ese alejamiento sea convenido entre los dos esposos, se tiene dicho que esa clase de pactos no son admisibles en el Derecho Matrimonial, en razón al carácter de orden público que tienen las normas que lo gobiernan, lo que supone que, debido a su obligatorio cumplimiento, no

---

[147] Cit. JORGE PARRA BENÍTEZ, *Derecho de Familia*, p. 251
[148] Cit. HELÍ ABEL TORRADO, *Matrimonio y Divorcio*, pp. 339 y 340

pueden los particulares, a través de meros acuerdos entre ellos, pasar por encima de esos preceptos.

El abandono voluntario, se conceptúa como el incumplimiento grave, intencional o injustificado, por parte de uno de los cónyuges, a los deberes[149] inherentes al matrimonio, comprendidos en los artículos 137 y 139 del Código Civil venezolano, como lo son la cohabitación, la asistencia y socorro.

De acuerdo al criterio sostenido por Bocaranda Espinosa:[150]

> al referirse el Código actual al "abandono voluntario", está dando a entender, en primer lugar, que se trata, fundamentalmente, de un abandono psicológico, moral, espiritual. En segundo lugar, que propiamente no es el hogar lo que se abandona, sino al otro cónyuge. En función de estos supuestos, puede definirse el abandono voluntario como el incumplimiento de los deberes de cohabitación, asistencia y socorro que supone el matrimonio.

Cabe destacar, que el abandono voluntario no significa necesariamente que el cónyuge abandone o se retire del hogar, recordemos que la norma no trata el punto "abandono del hogar" sino "abandono voluntario", y éste, podría perfectamente materializarse con el simple hecho de que el cónyuge culpable incumpla con sus obligaciones, establecidos en los artículos 137 y 139 del Código Civil.

El abandono puede o no incluir el desplazamiento efectivo del cónyuge culpable fuera del hogar común, aquí estamos en presencia de una de las formas y/o maneras por medio de las cuales alguno de los esposos puede exteriorizar el incumplimiento de las obligaciones que le corresponde; es preciso dejar claro, que no existen dos causales autónomas de abandono, una física y la otra moral o efectiva, ya que el abandono voluntario queda constituido por el incumplimiento en sí de las obligaciones y no por la forma como se las incumpla.

Para mayor abundamiento, consideramos oportuno tener claros cuáles serían esos deberes matrimoniales violados, mediante los cuales estaría incurso (en alguno o en varios de ellos) el cónyuge culpable. Dichos deberes se encuentran comprendidos en los artículos 137 y 139 del Código Civil:

Artículo 137: "Con el matrimonio el marido y la mujer adquieren los mismos derechos y asumen los mismos deberes. Del matrimonio deriva la obligación de los cónyuges de vivir juntos, guardarse fidelidad y socorrerse mutuamente.

---

[149] Cit. JUAN JOSÉ BOCARANDA E., *Guía Informática de Derecho de Familia*, p. 610: "Mientras algunas causales recaen única y exclusivamente sobre determinado deber matrimonial –como es el caso del adulterio-, otras como el abandono voluntario, puede hacerse sentir simultáneamente sobre varios deberes, como los de convivencia, asistencia y socorro. De la convivencia porque cesa la vida en común, y, por lo tanto, se incumple también el débito conyugal. De la asistencia porque un cónyuge deja de prestar al otro los cuidados, el afecto y la consideración que implica la relación matrimonial, y del socorro, porque se pierde la oportunidad para contribuir personalmente a la satisfacción de las necesidades del otro cónyuge y del hogar en general."

[150] Ibid., p. 612

La mujer casada podrá usar el apellido del marido. Este derecho subsiste aún después de la disolución del matrimonio por causa de muerte, mientras no contraiga nuevas nupcias.

La negativa de la mujer casada a usar el apellido del marido no se considerará, en ningún caso, como falta a los deberes que la Ley impone por efecto del matrimonio."

Artículo 139: "El marido y la mujer están obligados a contribuir en la medida de los recursos de cada uno, al cuidado y mantenimiento del hogar común, y a las cargas y demás gastos matrimoniales.

En esta misma forma ambos cónyuges deben asistirse recíprocamente en la satisfacción de sus necesidades. Esta obligación cesa para con el cónyuge que se separe del hogar sin justa causa.

El cónyuge que dejare de cumplir, sin causa justificada, con estas obligaciones, podrá ser obligado judicialmente a ello, a solicitud del otro."

El primero de ellos es el deber de cohabitación, entendido éste como el medio idóneo para la verdadera manifestación matrimonial, la cual se ve patentada en la mutuo comprensión y ayuda, y la procreación, las cuales indubitablemente serían inalcanzables sin la vida en común de los cónyuges.

El matrimonio, sin duda alguna, necesita de la convivencia, la cual garantiza una comunidad de vida estable y prospera; la vida en común es garantía de estabilidad matrimonial y de armonía familiar. En ella se ven identificados muchos de los valores familiares, del ejemplo hacía los hijos, el cual se ve materializado en la exteriorización del buen comportamiento y la transmisión de valores; el matrimonio necesita de la vida en común[151], porque además es el fiel reflejo del proyecto de pareja previsto, su violación genera un quiebre indudable del matrimonio, generando en consecuencia, la disolución del vínculo conyugal.

El débito conyugal tiene un origen bíblico, cuya falta es establecida como pecado por el Derecho Canónico cuando no existan causas graves que impidan su prestación, es una obligación recíproca de prestarse a las relaciones sexuales dentro del matrimonio, como extensión del deber de cohabitación, y para servir al fin primordial del matrimonio que es la procreación.[152]

El débito conyugal no sólo es un derecho[153], es también una clara e inequívoca expresión de amor, es por este motivo, no es simplemente hacer el amor, unir sus

---

[151] Cit. ISABEL GRISANTI AVELEDO DE LUIGUI, *Lecciones de Derecho de Familia*, p. 189: "Es el deber que tienen el marido y la mujer de convivencia habitual en la misma casa. Es básico en las relaciones conyugales, ya que es supuesto necesario para lograr la plena comunidad de vida, que es sustancia del matrimonio."
[152] Disponible: Débito conyugal | La guía de Derecho http://derecho.laguia2000.com/derecho-de-familia/debito-conyugal#ixzz3qlG4myzh
[153] Véase en sentido contrario: CARLOS LUIS CARRILLO ARTILES, "El abandono voluntario como causal de desvinculación matrimonial en Venezuela. Inmersión crítica a cierta visión doctrinal", *Studia Iuris Civiles, Libro Homenaje a Gert F. Kummerow Aigster*, Tribunal Suprema de Justicia, 2004, Colección Libros Homenaje Nº 16, p. 130: "Ejemplo paradigmático de uno de esos requerimientos sin fundamento alguno para ser exigido intraconyugalmente, es el caso del llamado débito conyugal, débito carnal o débito popular, defendido en la actualidad por un sector de la doctrina civilista de evidente influencia canonista, el cual aun cuando no existe, no se contempla ni se deriva de ninguna normativa de derecho positivo. (…) por cuanto esa pretendida obligación de efectuar actos carnales carece totalmente de fundamentación legal en nuestro derecho positivo, ya que ni en el artículo 137 ni en el 139 del Código Civil vigente, preceptos que enuncian las

cuerpos, sino que dicho acto sexual trasciende notablemente en sus almas y sus vidas. La exigibilidad del débito conyugal no puede devenir en forma abusiva, ni más allá de las prácticas sexuales consideradas normales o naturales, la imposición de prácticas sexuales a la pareja que la degraden física o psicológicamente o afecten su salud, es absolutamente alejada del buen concepto de débito conyugal.

En Colombia, de acuerdo con el criterio de Torrado,[154] la falta de débito conyugal no puede ser desconocida como uno de los:

> deberes más corrientes dentro de la relación de pareja, por lo que su incumplimiento podría precipitar válidamente una acción de divorcio, en cuanto que ese hecho puede llegar a encajar en alguno de los motivos consagrados en el numeral 2° del artículo 154 del mismo estatuto, tal y como fue modificado en su texto por el artículo 6° de la Ley 25 de 1992.

Ese deber de cohabitación podría ser suspendido,[155] a razón de la interrupción de cohabitar y a la suspensión del débito conyugal. En el primero de los casos, podría generarse a consecuencia de sentencia firme o decreto judicial de separación (art. 188 CC); o bien si se ha iniciado o se encuentra en marcha un proceso de nulidad de matrimonio, de separación de cuerpos o de divorcio; también en el caso que el juez competente autorice la separación temporal[156] del hogar, tal y como lo dispone el artículo 138 del Código Civil:

---

obligaciones o deberes conyugales, se desprende o engendra la posibilidad jurídica de exigir dicho comportamiento, así como tampoco podría deducirse o inferirse que tal conducta sea de imperativo cumplimiento por cónyuge alguno."
[154] Cit. HELÍ ABEL TORRADO, *Matrimonio y Divorcio*, p. 340
[155] Cit. MARÍA CANDELARIA DOMÍNGUEZ GUILLÉN, *Manual de Derecho de Familia*, p. 95: "La cohabitación u obligación de vivir juntos referida expresamente por el artículo 137 CC tiene que ver como su nombre lo indica en convivir o cohabitar en el mismo techo. Sin embargo, no obstante, el carácter de orden público de tales derechos, pudieran los cónyuges no habitar temporalmente bajo el mismo techo sin que medie incumplimiento alguno de los deberes conyugales ni configurarse la causal de abandono."
[156] Sala Constitucional del Tribunal Supremo de Justicia, sentencia de fecha 23/07/2009, Sentencia N° 1039, Magistrada ponente Carmen Zuleta de Merchán: "De esta forma, el régimen autorizatorio contemplado en el artículo 138 del Código Civil cumple el fin para el cual verdaderamente se estableció sin invadir la esfera privada del cónyuge solicitante y sin cuestionar el libre desarrollo de su personalidad: dejar constancia de que no se abandonó el hogar y fijar de manera formal los parámetros de la separación temporal, de cara a evitar que el o cónyuge demande el divorcio con base en la causal de «abandono voluntario», estipulada en el ordinal 2° del artículo 185 del Código Civil.
Concebida la autorización de esta manera, los motivos de la separación temporal de la residencia común ni siquiera tienen por qué exponerse ante el juez, pues ello es un aspecto que responde al libre desarrollo de la personalidad del individuo, y como tal sólo corresponde ser valorado por el o la cónyuge solicitante. A los efectos de la autorización únicamente cabría exigir como requisito fundamental la temporalidad de la separación de la residencia común.
En ese sentido, las relaciones conyugales se establecen para convivir constantemente, al menos para el legislador esa es la forma ideal (pero no la única) de establecer y mantener vínculos afectivos. Siendo ello así, y como quiera que al Estado le interesa preservar la cohesión familiar, ya que, tal como se señaló en el fallo N° 1644/2001, la institución de la familia está vinculada con principios que inspiran el ordenamiento jurídico, constatar la temporalidad de la separación de la residencia común es un asunto de orden público, y tiene que ser una característica siempre presente en estas autorizaciones; sin embargo no se trata de que el Juez valore o cuestione el margen de esa temporalidad, basta con que verifique que la separación temporal no conlleve a una ruptura prolongada de la vida en común, de conformidad con lo dispuesto en el artículo 185-A del Código Civil.
Desde la perspectiva constitucional, la actividad autorizatoria para separarse temporalmente de la residencia común no es un acto potestativo, como mal lo afirmó el Juzgado Superior Primero en lo Civil, Mercantil y del Tránsito de la Circunscripción Judicial del Área Metropolitana de Caracas. La autorización del Juez se contrae estrictamente a dejar constancia, de manera formal, del término de la separación temporal, lo cual conlleva a hacer constar que no se trata de un abandono voluntario (en un caso) o de una ruptura prolongada de la vida en común (en el otro); sin embargo, a diferencia

El Juez de Primera Instancia en lo Civil podrá, por justa causa plenamente comprobada, autorizar a cualquiera de los cónyuges a separarse temporalmente de la residencia común.

En el segundo de los casos, es decir, la suspensión del débito conyugal, es el derecho que tiene el cónyuge inocente de negarse a mantener relaciones sexuales, sin que ello amerite la separación del hogar, cuando así estén dadas las condiciones que justifiquen la negativa (maltrato, problemas de salud, abuso, etc.).

En cuanto al deber de fidelidad,[157] debemos señalar que es uno de los más importantes de la vida matrimonial, casi siempre ubicado en el plano de la obligación de no mantener relaciones sexuales con terceras personas, lo cual ocasionaría el adulterio, pero, no obstante, en él emergen también los más elementales y adecuados niveles de respeto y consideración. En este sentido, Domínguez Guillén[158] afirma, lo siguiente:

> Otras manifestaciones contrarias a la fidelidad conyugal y el respeto mutuo que no encuadren técnicamente en el adulterio también podrán subsumirse en la injuria como causal de divorcio. Por lo que ha de concluirse que la fidelidad constituye un sentimiento de respeto y entrega exclusiva al cónyuge que se proyecta en el ámbito físico y moral. Algunos distinguen la fidelidad física (que se quebranta con el adulterio) de la moral que igualmente viola la fidelidad conyugal, diferenciando así entre infidelidad social o moral, que no llega al adulterio (y puede constituir "injuria") y la infidelidad objetiva o material que si la configura. El deber de fidelidad además de recíproco y permanente es "incompensable" pues se afirma que la infidelidad de un cónyuge no autoriza la del otro, pues en materia familiar no procede la excepción de incumplimiento.

---

de lo sostenido hasta esta oportunidad por la Sala en el fallo N° 5135/2005, del otorgamiento de esta autorización sí es menester notificar al otro cónyuge.
(…) visto que el objetivo de la autorización de separarse temporalmente de la residencia común es hacer constar que no se trata de un abandono voluntario de la residencia o de una ruptura prolongada de la vida en común, ello exige que se ponga en conocimiento al otro cónyuge de que la autorización ha sido acordada, ya que lo contrario propiciaría o agudizaría conflictos familiares que repercutirían en la actividad judicial al interponerse demandas de divorcio con base en apreciaciones erradas.
En definitiva, esta reinterpretación de la norma en referencia no cercena la libertad del o la cónyuge de decidir separarse temporalmente de la residencia común; ni se le permite al Juez inmiscuirse en el libre desarrollo de la personalidad del individuo al valorar los motivos por los cuales el o la solicitante adoptó la decisión. El trámite es estrictamente objetivo y nada invasivo de la esfera individual del o la solicitante."
[157] Cit. HELÍ ABEL TORRADO, *Matrimonio y Divorcio*, p. 341: "La fidelidad es otro de los deberes principales del contrato matrimonial. Como en otro aparte de esta obra lo dijimos, ella debe ser absoluta y permanente, es decir, el compromiso de guardarse fe se viola o incumple con cualquier clase de manifestaciones por fuera del vínculo matrimonial, tanto la más grave de todas, como el trato carnal con otra persona diferente a su cónyuge, como los escarceos amorosos, las practicas lascivas o inclinaciones exageradas al deseo sexual, los propósitos libidinosos o lujuriosos, los manoseos, limitaciones todas que se aplican sin importar el tiempo y las circunstancias. Sólo que -como también ya lo anotamos-, a la hora de ejercer la respectiva acción judicial habrá de tenerse mucho cuidado en hacer que los hechos concretos y las circunstancias particulares se adecúen a la causal primera (Las relaciones sexuales extramatrimoniales de uno de los cónyuges); a la segunda
[158] Cit. MARÍA CANDELARIA DOMÍNGUEZ GUILLÉN, *Manual de Derecho de Familia*, p. 96.

Por último, el deber de socorro[159] implica que los cónyuges deben contribuir en la medida de sus posibilidades, al cuidado y mantenimiento del hogar común, así como a las cargas y demás gastos que se generen con ocasión de la vida matrimonial, es por ello, que el deber de socorro tiene un altísimo contenido económico y/o patrimonial, ya que en él se encuentran inmersos todas las erogaciones, cargas y necesidades propias del hogar común.

La Sala de Casación Civil de la Corte Suprema de Justicia de Colombia,[160] en sentencia de fecha 13 de junio de 1985, dictaminó:

> el deber de socorro para el cónyuge y la prole no se traduce exclusivamente en dinero o alimentación sino también en apoyo moral y afectivo para el normal desenvolvimiento de la vida familiar; llamada a propiciar un clima apto para el florecimiento de valores espirituales y morales entre quienes la integran.

El Maestro López Herrera[161], realiza una enunciación -bastante interesante- de casos específicos de abandono voluntario, destacando los siguientes:

1. El alejamiento del hogar definitivo e inexcusable, por parte de uno de los esposos.
2. La expulsión injustificada del hogar, del cual haya sido víctima uno de los cónyuges, así como la obstaculización del regreso del esposo expulsado.
3. El hecho de que uno de los cónyuges se desentienda por completo del otro.
4. La negativa injustificada del débito conyugal, aunque los esposos continúen viviendo juntos.
5. Que alguno de los cónyuges se abstenga injustificadamente de contribuir a la satisfacción de las necesidades del hogar, en la medida de sus recursos y ganancias.
6. La negativa injustificada del marido o de la mujer, de atender al cónyuge gravemente enfermo.
7. El abandono moral o material por uno de los esposos respecto del otro.
8. La negativa de la mujer a cumplir con los deberes hogareños elementales.

1.1 Condiciones

A los fines de la materialización de la segunda causal de divorcio prevista en la causal 2° del artículo 6° de la Ley de 1992, así como en la causal 2° del artículo 185 del Código Civil venezolano, es menester que se manifiesten las siguientes condiciones:

1- Debe ser grave: En el sentido de que el mismo debe ser realizado por alguno de los cónyuges de manera determinante, contundente, firme y categórica; en este

---

[159] Cit. JUAN JOSÉ BOCARANDA E., *Guía Informática de Derecho de Familia*, p. 393: "Es el deber de asistencia o socorro que los cónyuges deben cumplir recíprocamente, desde el punto de vista material, económico, patrimonial. Este deber de socorro se manifiesta primordialmente, en el suministro de alimentos (en sentido amplio), pero no incide directamente sobre el concepto de obligación alimentaria propiamente dicha. De lo contrario, sólo operaría cuando los cónyuges se encontrasen al borde de la inanición por causa de la penuria o la necesidad."
[160] Cit. HELÍ ABEL TORRADO, *Matrimonio y Divorcio*, p. 340
[161] Cit. FRANCISCO LÓPEZ HERRERA, *Derecho de Familia*, p. 196.

caso, estarían excluidos episodios pasajeros, esporádicos, discontinuos, discusiones casuales o disgustos sin relevancia de los esposos. De acuerdo al criterio de López Herrera:[162]

> Cabe observar, en cuanto concierne a la gravedad necesaria del abandono, que la tolerancia por parte del cónyuge inocente en los actos constitutivos de aquél, puede –según los casos y las circunstancias- ser un elemento que debe tomarse en cuenta a los efectos de determinar si existe o no causal de divorcio, puesto que no es usual que se tolere lo que deba considerarse como abandono realmente grave.

2- Debe ser intencional: Sin lugar a dudas, una de las tipologías del ser humano, es precisamente la voluntad,[163] manifestada en la posibilidad de orientar o no una conducta en determinado sentido, hacer o no hacer lo que quiera. Es decir, el ser humano verifica cada uno de sus actos obedeciendo exclusivamente a su voluntad.[164]

Tal y como lo sostienen Lagomarsino y Uriarte[165]:

> El abandono es voluntario cuando no resulta determinado por causas atendibles o ajenas a la intención del que lo comete, no es forzado por las circunstancias, o aparece injustificado y carente de una razonable y suficiente motivación. (…) Reviste el abandono el sentido malicioso cuando es ejecutado con la intención de sustraerse uno de los esposos al cumplimiento de los deberes matrimoniales. No importa el deseo de eludir cualquiera de las obligaciones recíprocas que la ley impone a los cónyuges, sino las que integran los deberes de cohabitación y asistencia. Este elemento constitutivo de la causal comprende tanto el obrar doloso como la conducta culposa, por sí suficiente para su calificación.

Una vez asumido el compromiso matrimonial, los cónyuges condicionan sus conductas[166] al fiel y cabal cumplimiento de las obligaciones inherentes al matrimonio, por supuesto, con el ánimo voluntario de acatarlas y asumirlas. En

---

[162] Ibid., p. 193.
[163] Cit. Isabel Grisanti Aveledo de Luigui, *Lecciones de Derecho de Familia*, p. 271: "De la voluntariedad como condición del abandono para que constituya causal de divorcio no debe deducirse la necesidad, para quien alega dicha causal, de comprobar, además de su elemento material, el abandono mismo, su voluntariedad o intencionalidad. En efecto, las acciones humanas son en principio voluntarias; el hombre normal procede con libre determinación. De manera que, en ausencia de causa que hubiere podido excluir la voluntariedad del acto y que debe ser demostrada, en caso de haberla, por quien la alega, el acto debe presumirse voluntario. Además, la prueba de la intencionalidad del abandono es, por regla general, imposible porque se refiere a motivaciones que corresponden al fuero interno del cónyuge demandado."
[164] Cit. Nerio Perera Planas, *Causas de Divorcio*, pp. 202 y 203
[165] Cit. Carlos A. Lagomarsino R y Jorge A. Uriarte, *Separación Personal y Divorcio*, pp. 199, 200 y 201
[166] Cit. María Candelaria Domínguez Guillén, *Manual de Derecho de Familia*, p. 167: "De manera que dentro de la causal de "abandono voluntario" se incluyen múltiples conductas de inercia, dejadez e indiferencia, material o moral que se traducen en el quebrantamiento de los deberes primarios que sustentan el vínculo matrimonial."

este sentido, emergen los deberes propios de la institución matrimonial, los cuales deben acatarse de manera recíproca, y de no hacerse, porque el cónyuge culpable manifiestamente ha realizado actos de forma consciente, con el propósito preciso y determinado de infringir dichos deberes, estaríamos ante un escenario de flagrante incumplimiento voluntario, y, en consecuencia, se estaría materializando la causal de divorcio fundada en abandono voluntario.

3- Debe ser injustificado: En el sentido de que no exista causa que justifique[167] el incumplimiento grave y consciente de las obligaciones derivadas del matrimonio.[168]

Siguiendo las enseñanzas de López Herrera,[169] encontramos, que, aunque el acto constitutivo de abandono sea grave y sea voluntario, no es injustificado en las siguientes situaciones:

1. Si se debe a que el cónyuge abandonado incurrió previamente en falta grave de los deberes matrimoniales para con el otro cónyuge o lo amenazó para obligarlo a cometer el abandono.
2. Cuando exista autorización judicial para que el cónyuge se separe temporalmente del hogar o se deba a circunstancias que expongan en peligro su vida o su salud.
3. En el caso de que se esté tramitando a través del órgano jurisdiccional competente un juicio de nulidad del matrimonio, divorcio o separación de cuerpos.
4. Por generarse el abandono producto de acuerdos previamente acordados por ambos esposos.
5. Si el deber conyugal cuyo incumplimiento se alega, se encontraba suspendido por cualquier motivo diferente de los anteriormente señalados.

2.2 Pruebas

Tal y como lo sostienen Lagomarsino y Uriarte,[170] se presume que quien ha efectuado el abandono de forma voluntaria y maliciosa, el cónyuge culpable deberá en consecuencia demostrar que existieron circunstancias que justifican el retiro del hogar. En consecuencia:

> Producido éste, la doctrina judicial presume iuris tantum la voluntariedad y maliciosidad del abandono, y de no mediar prueba alguna que permita hacer caer esa presunción priva el hecho objetivo del alejamiento. Mientras que a quien demanda les es suficiente con acreditar el hecho material del abandono,

---

[167] Cit. NERIO PERERA PLANAS, *Causas de Divorcio*, p. 207: "partiendo del criterio sostenido por nuestro régimen legal de divorcio sanción, hay que acoger el principio general de derecho en virtud del cual no se puede aplicar sanciones sino a quien se halle en culpa. Por ello, siendo el divorcio una sanción, el abandono voluntario que lo motiva, deberá ser injustificado, para que así, configurada la culpabilidad del cónyuge que abandonó, se le pueda sancionar. Entonces el abandono, fuera de voluntario, debe ser injusto, no apoyado en una justa causa."
[168] Cit. ISABEL GRISANTI AVELEDO DE LUIGUI, *Lecciones de Derecho de Familia*, p. 271
[169] Cit. FRANCISCO LÓPEZ HERRERA, *Derecho de Familia*, p. 195.
[170] Cit. CARLOS A. LAGOMARSINO R y JORGE A. URIARTE, *Separación Personal y Divorcio*, p. 205.

al cónyuge que incurre en el egreso le corresponde probar que
tuvo causa legítima y valedera para adoptar esa actitud.

Señala Castillo Rugeles,[171] que en relación a la carga de la prueba, que de conformidad a lo dispuesto en el artículo 177 del Código de Procedimiento Civil colombiano "incumbe a las partes probar el supuesto de hecho de las normas que consagran el efecto jurídico que persiguen". En consecuencia:

> Este precepto en el caso de incumplimiento en que incurra uno de los cónyuges frente al otro, resulta plenamente aplicado con la demostración del hecho respectivo, "cuya justificación debe ser acreditada por la parte demandada, porque en tal evento la carga probatoria se revierte. Obviamente que tratándose de la causal en que se apoya el incumplimiento de los deberes de esposa, no se pueda sostener... que su invocación envuelva una negación indefinida y por lo tanto indemostrable, ya que como se palpa en la causa petendi, el alegado quebranto de los deberes de esposa atribuido a la demandada se configura por unos hechos que siendo negativos continúen la afirmación de un acto o hecho opuesto, por ello susceptibles de ser probados..." Así pues, si la afirmación del abandono de los deberes que se expongan como fundamento de una demanda de divorcio, no tiene el carácter de una negación indefinida, el cónyuge demandante no podrá exonerarse de probar los supuestos de hechos en que se fundan la demanda, no siendo suficiente la sola afirmación de los hechos que invoca. Lo dicho es válido aún en la hipótesis de que se le enrostre al consorte demandado en forma genérica, el abandono del hogar porque, tal negativa, como dice la Corte, "es de mera forma gramatical, que se convierte en la afirmación de hechos contrarios, los cuales sí pueden y deben justificarse para el éxito de la pretensión.

En cuanto al ámbito probatorio en el derecho colombiano, afirma la Sala de Casación Civil de la Corte Suprema de Justicia de Colombia,[172] en sentencia de fecha 13 de mayo de 1988:

> Las causas de justificación del incumplimiento las debe alegar y probar el demandado por la vía de las excepciones." Y en sentencia de fecha 16 de mayo de 1983: "El abandono le corresponde probarlo a quien lo invoca y la justa causa a quien la alega." Y agrega en sentencia de fecha 26 de abril de 1982: "Conviene reiterar, afirma la jurisprudencia, que la omisión o

---

[171] Cit. JORGE ANTONIO CASTILLO RUGELES, *Derecho de Familia*, p. 279
[172] Cit. SANDRA MILENA DAZA CORONADO, *Derecho de Familia: apuntes sobre la estructura básica de las relaciones jurídico-familiares en Colombia*, p. 149 y 150

el incumplimiento de cualquiera d ellos deberes por parte de uno de los cónyuges da lugar a que el otro alegue causal segunda, como quiera que la Ley no exige, para su estructura, que el cónyuge culpable los quebrante todos. De suerte que, si se ajusta cumplir con los deberes de fidelidad y ayuda mutua, pero se abstiene de cumplir con el de cohabitación, tal comportamiento lo hace incurso en la causal mencionada; lo propio ocurre cuando cumple con el de cohabitación y ayuda mutua, pero quebranta el de fidelidad; o satisface éste y el de cohabitación, pero infringe el de ayuda mutua. En todas estas hipótesis, concluye la Corte, se configura la causal que se estudia.

En la jurisprudencia venezolana, entramos la siguiente decisión:

> (...) este Sentenciador observa que el demandante en su escrito libelar narra los hechos demostrativos de la causal demandada, no precisando cuales fueron las desavenencias que en forma inesperada se suscitaron en el seno familiar que no fueron subsanadas, tal modo de narrar los hechos constitutivos de la causal de abandono, resulta genérica e imprecisa, por cuanto la parte actora no hace precisión en su demanda de los hechos que configuran la causal de abandono, limitándose a narrar hechos de manera vaga, abstracta y genérica, sin determinar las circunstancias de tiempo y modo en que ocurrió tal abandono, toda vez que para que los hechos que constituyen el abandono voluntario configuren una causal suficiente para declarar con lugar la acción vincular, se deben cumplir tres condiciones, a saber: que sea grave, intencional e injustificado. La gravedad debe constituir una actitud definitiva que adopte el cónyuge culpable de abandono no una actitud pasajera y causal de disgusto o pleitos normales y comunes entre cónyuges, deber ser intencional, vale decir, voluntario, no producto de circunstancias que hayan obligado al cónyuge culpable de abandono a tomar tal actitud, e injustificado en el sentido de que dicho cónyuge no tenía justificación para incumplir sus obligaciones conyugales. De la narración genérica, abstracta e imprecisa realizada por la parte actora de los hechos que en su criterio configuran la causal de abandono voluntario de los deberes conyugales por parte de la ciudadana (...), no puede este Tribunal determinar si efectivamente, tales hechos son graves e injustificados, por lo que es forzoso concluir que no se encuentra configurada la causal de abandono voluntario suficiente para declarar la disolución del vínculo matrimonial y así se decide.

Del mismo modo, en la prueba testimonial, la testigo promovida tendientes a demostrar los hechos constitutivos del abandono voluntario demandado, no compareció a rendir su declaración, razón suficiente para no otorgarle valor probatorio, ya que la separación de los cónyuges no es siempre prueba suficiente del abandono voluntario."[173]

Es por ello, que cuando el abandono es producto de una apariencia externa, material,[174] como lo constituye el hecho de no habitar el hogar común, la prueba de dicha circunstancia no sería suficiente para la comprobación de la causal de abandono voluntario. Por esta razón, se hace necesario que el cónyuge inocente incorpore en el proceso las pruebas conducentes a la demostración de que no fue él quien dio causa y/o origen al abandono. En el caso de que el abandono sea meramente voluntario y no se traduzca en un abandono material del hogar, corresponderá al cónyuge demandado demostrar, mediante el acervo probatorio respectivo, que él no dio motivo al hecho, demostrando en consecuencia, el fiel y cabal cumplimiento de las obligaciones inherentes al matrimonio.

En este sentido, Bocaranda Espinosa[175] citando al Dr. Esteban Agudo Freites señala: "la prueba de la voluntariedad del abandono resulta fácilmente presumible de la prueba del abandono mismo y de la ausencia de un motivo verosímil que lo justifique." Agrega Bocaranda, que el ámbito probatorio respecto al abandono voluntario, sería el siguiente:

1. Al cónyuge demandante corresponde alegar y comprobar el incumplimiento grave e intencional de los deberes matrimoniales del otro cónyuge y que no dio causa al abandono. Este es el aspecto fáctico.
2. Comprobados los hechos, se presume la voluntariedad del cónyuge demandado. Este es el aspecto anímico del abandono.
3. Si el cónyuge demandado probare la no voluntariedad, la demanda sería declarada sin lugar.
4. Quedaría a criterio del juzgador la calificación de los hechos, con el fin de concluir si los mismos conforman o no la causal de abandono voluntario.

    3. **CAUSAL Ley 25 de 1992: Artículo 6°, numeral 3°:** Los ultrajes, el trato cruel y los maltratamientos de obra; **Código Civil venezolano: Artículo 185, ordinal 3:** Los excesos, sevicia e injurias graves que hagan imposible la vida en común.

3.1 Definición

---

[173] Juzgado Segundo de Primera Instancia en lo Civil, Mercantil, Bancario y Agrario de la Circunscripción Judicial del Estado Carabobo, sentencia de fecha 13/07/2004, Expediente No. 47.700, disponible en: http://carabobo.tsj.gob.ve/decisiones/2004/julio/722-13-47.700-79D-130704.html

[174] Véase en sentido contrario: Mendoza, José Rafael: ob. Cit. (El Derecho de Familia visto por un Juez), p. 117: "cabe agregar que si bien es cierto como lo dice la Casación, que los actos del hombre se presumen voluntarios, la verdad es que en materia de divorcio esa presunción se reputa contradicho de pleno derecho en virtud del Art. 546 del Código de Procedimiento Civil. Por consiguiente, al actor corresponde acreditar tanto el hecho material del abandono como la voluntariedad en el mismo, extremo que se puede comprobar con el cumplimiento de todas sus obligaciones conyugales."

[175] Cit. JUAN JOSÉ BOCARANDA E., *Guía Informática de Derecho de Familia*, p. 616.

Con relación a los ultrajes, el trato cruel y los maltratamientos de obra,[176] Monroy Cabra[177] ha sostenido que la Ley 25 de 1992 simplificó la causal, por cuanto la Ley 1° de 1976, establecía que las injurias o los maltratamientos de obra pusieran en peligro la vida, la salud o la integridad personal de uno de los cónyuges o de sus descendientes, o que hicieran imposible la paz y el sosiego domésticos. Plantea el citado autor, que:

> Nuestro sistema no contempla la compensación de culpas e injurias y, por ende, la ofensa inferida por uno de los cónyuges no justifica la del otro ni puede decretarse el divorcio por injurias recíprocas, puesto que el divorcio puede ser impetrado por el cónyuge que no haya dado lugar a los hechos que lo motivan. La redacción de la causal en la Ley 25 de 1992 no exige que los ultrajes o el trato cruel pongan en peligro la salud, la integridad física o la vida de uno de los cónyuges o de sus descendientes. La Corte ha dicho que en el análisis de esta causal deben tenerse en cuenta "las circunstancias de educación, ambiente social y costumbre de los cónyuges". (C.S de J., Sent. 7 de mayo de 1979, "G.J.", t. CLIX, p. 121).

Ciertamente, resulta absolutamente inconcebible que una relación matrimonial se encuentre investida de malos tratos,[178] de vejaciones, agresiones de toda índole; es por ello, que se hace indubitable que se materialice la casual de divorcio, en aras de la debida protección de la integridad física y psicológica del cónyuge inocente. En este sentido, señala Daza Coronado:[179]

---

[176] Cit. MARÍA CRISTINA ESCUDERO ALZATE, *Procedimiento de Familia y del Menor*, p. 368: "Sólo es necesario aquí, demostrar los ultrajes o cualquiera de los otros dos comportamientos para que exista como causal válida de divorcio.
 a) El ultraje. Es el término que, por ser genérico, hace a la causal genérica y comprende hechos, escritos, palabras, señas, actitudes, poses y todo lo que hiere la justa sensibilidad del otro cónyuge, que vulnere su honor, buen nombre, dignidad y le cause vejamen; caben aquí todas las hipótesis, siempre que conduzcan al fin señalado. Desde luego que el fallador debe tener en cuenta la posición social de los cónyuges para delimitar esos ultrajes.
 b) Trato cruel. Es el sufrimiento moral o psíquico, es causar con el comportamiento la crueldad, que la doctrina como como sevicia, que es todo vejamen realizado con violencia, con el ánimo de hacer sufrir moralmente. Los elementos axiológicos son: el ánimo de hacer sufrir al cónyuge inocente y la crueldad en la realización del acto. Sin que sea necesario que haya pluralidad; el trato cruel es más que todo de índole moral, de la misma manera que los maltratamientos de obra son esencialmente físicos.
 c) Maltratamientos de obra. Son las agresiones físicas, lesiones personales, agresiones corporales; se refiere especialmente al sufrimiento físico."
[177] Cit. MARCO GERARDO MONROY CABRA, *Derecho de Familia, Infancia y Adolescencia*, p. 308
[178] Cit. AUGUSTO CÉSAR BELLUSCIO, *Divorcio*, p. 294: "Sin embargo, prevalece la idea de que no es así, sino que los malos tratamientos pueden ser tanto materiales como morales. Así, para LLERENA eran los hechos o las palabras despreciativas de la mujer o deprimentes de su autoridad moral, comprendidos el desprecio por ella o todo acto que tendiese a ridiculizarla; PRAYONES entendía que los malos tratamientos del inc. 6 son los que, sin ser materiales, se caracterizan por cierta perversa finura que producen más bien un daño moral, reiterado y frecuente, que hace que la vida conyugal sea intolerable; RÉBORA consideraba que esta causal, al estar ubicada después de la sevicia y de las injurias graves, queda limitada implícitamente a acciones distintas de las constitutivas de cualquiera de las otras dos causas: en su concepto, los malos tratamientos interfieren la vida matrimonial cuando faltan en ésta los elementos morales supuestos por la comunidad y se cae en la preterición de disposiciones solícitas o en violación de abstenciones implícitas que la vida del hogar hace exigibles, y pueden consistir en acciones torpes o sutiles, ásperas o refinadas."
[179] Cit. SANDRA MILENA DAZA CORONADO, *Derecho de Familia: apuntes sobre la estructura básica de las relaciones jurídico-familiares en Colombia*, pp. 150 y 151

La causal en estudio contempla, como se deduce de su texto, conductas diferentes e independientes, por lo que la configuración de cualquiera de ellas se tipifica. Sobre este aspecto, la Corte Suprema, refiriéndose al numeral cinco del derogado artículo 154 del Código Civil, indica lo siguiente:

> No es correcta la interpretación del artículo del artículo 154 del C.C. entenderlo en el sentido de que, para producir el efectivo jurídico allí previsto, se necesite que concurran ultrajes, trato cruel y maltratamientos materiales, (...) puede que el marido nunca haya agraviado a la mujer sino de palabra maltrato físico; o, a la inversa, que sin pronunciar palabra alguna ofensiva injuriosa, llegue al hogar, y por disgustarle algo, silenciosa pero torpemente maltrate de obra a la mujer. Cualquiera de esas actitudes bastaría para hacer imposible la paz y el sosiego domésticos, lo que justificaría el divorcio.

Los excesos,[180] en materia de divorcio, son actos de violencia o de crueldad ejercidos por uno de los cónyuges en perjuicio del otro, tendentes a ocasionar un daño a la salud, o la integridad o la vida del cónyuge inocente. Estos actos, están orientados en superar al mal trato ordinario, es decir, catalogados en una dimensión dañosa extraordinaria.

Los excesos deben ser producto de una actitud anómala e injusta del cónyuge, ésta se manifestar reiteradamente hacía el otro en múltiples episodios o en un solo incidente, claro está, que dicho acontecimiento sea de tal magnitud, que evidencie el firme propósito de generar impresionante crueldad, acción ésta violentamente calculada en detrimento de la relación matrimonial, haciéndose imposible la vida en común.

La sevicia, al contrario, no lleva consigo el animus de afectar directamente la salud o la vida de una persona, es una intención dañosa, manifestada en el maltrato excesivo y la crueldad desmesurada, habitual y constante, que hace imposible la vida en común.

La injuria[181], constituye el agravio, la ofensa, el ultraje inferidos mediante expresión proferida por un cónyuge en deshonra, desprestigio o menosprecio del otro cónyuge.[182] La injuria[183] se puede materializar por cualquier forma (escrita, verbal, etc.) y se realiza

---

[180] Cit. NERIO PERERA PLANAS, *Causas de Divorcio*, p. 278: "Los excesos en mi opinión, viene a constituir una conducta general violatoria de los deberes del matrimonio y que no configuran por sí, ninguna de las causales de divorcio, como, por ejemplo, el adulterio y el abandono. En tal tipo podrían incluirse los excesos de severidad en la conducta de un cónyuge para con el otro; la práctica desmedida de la vida sexual requerida en forma poco cortés o las prácticas sexuales contra natura no consentidas; los celos, sin motivo ni aparente causa, manifestados en forma explosiva, etc."

[181] LUIS SANOJO, *Instituciones de Derecho Civil Venezolano*, Tomo Primero, Madrid, Ediciones Alonso, 1971, p. 179: "Son injurias todas las palabras, hechos o escritos ultrajantes con que uno de los cónyuges atenta al honor o a la consideración debida al otro o que manifiestan contra él sentimiento de odio, de aversión o desprecio."

[182] Cit. ISABEL GRISANTI AVELEDO DE LUIGUI, *Lecciones de Derecho de Familia*, p. 272.

[183] MARTA STILERMAN y MARÍA TERESA DE LEÓN, *Divorcio Casuales Objetivas*, Buenos Aires, Editorial Universidad, 1994, p. 62: "El concepto de injurias así integrado surge como una figura amplia y difícil de delinear, pues se aparta cada vez más de las pautas objetivas para relativizarse y adquirir contornos propios respecto de cada persona que incurre en ellas y de que cada persona que las sufre.
Más allá de los malos tratos físicos, ahora comprendidos en esta causal, los que conservan características de objetividad, las injurias -en el sentido de causal de divorcio- son de por sí un concepto subjetivo y relativo, condicionado por los conocimientos que de los aspectos débiles de uno de los cónyuges tiene el otro, y necesariamente moldeado por ellos."

con la intención de generar un vejamen, deben ser graves, a los fines de que causen en el cónyuge humillación y desagrado. De acuerdo al criterio sostenido por Valenti:[184]

> Dentro de la latitud del concepto que envuelven las injurias graves, éstas deben merituarse con arreglo a la posición social y educación de los cónyuges, estudiando el conflicto matrimonial que da origen a la acción, pero sin descuidar el panorama de la vida conyugal en su conjunto, pues de otra manera se corre el riesgo de admitir una desavenencia conyugal pasajera como causal suficiente para decretar el divorcio de los esposos.

Bocaranda Espinosa,[185] arguye basándose en la doctrina que aborda el tema, que conceptualmente la injuria a los efectos del divorcio, se torna en base a dos cuestiones fundamentales:

1. Que para la configuración de la causal de "injuria grave" no se requiere la perpetración del delito de injuria de un cónyuge contra el otro.
2. Que el concepto de injuria penal es más restringido que el de injuria como causal de divorcio.

Señala también Bocaranda, que algunos hechos constitutivos de injuria, en base a la doctrina y jurisprudencia, serían los siguientes:

- Las ofensas directas, de palabra o escrito.
- Los hechos de menosprecio públicamente aceptados.
- Los hechos de burla o sorna de los que se haga objeto al cónyuge en presencia de otras personas.
- El negarse a celebrar matrimonio religioso, cuando el mismo ha sido prometido
- El negarse a satisfacer el débito conyugal en forma injustificada.
- Las calumnias o falsas imputaciones.
- Las imputaciones ofensivas hechas con animus injuriando dentro del juicio.
- La promoción de acción de divorcio carente de fundamento.
- El atentado contra la vida o la integridad física del cónyuge.
- El presentarse alguno de los cónyuges como soltero.
- Los actos de infidelidad, cuando haya el cuadro fáctico completo de adulterio.

La convivencia matrimonial pone a los cónyuges en la necesidad de compartir gran parte de las cosas de la vida y esto brinda a cada uno de ellos un conocimiento del otro que debe ser, indudablemente, un condicionante del concepto de injurias, en el sentido de que permite al injuriante realizar el mayor daño con el menor esfuerzo, y generalmente sin trascendencia alguna al ámbito externo.
En calidad de ejemplo bastaría referirse al cónyuge que -siendo socialmente una persona participativa- permaneciera en silencio frente a cualquier intento de comunicación verbal realizado por su consorte".
[184] JOSÉ VALENTI, *Las injurias graves como causal de Divorcio*, Buenos Aires, Ediciones Depalma, 1970, p.14
[185] Cit. JUAN JOSÉ BOCARANDA E., *Guía Informática de Derecho de Familia*, pp. 620, 621 y 622.

- Exponer a uno de los cónyuges a ser objeto d burla por parte de los demás.
- Asistir a determinados lugares que, por sí, debido a las circunstancias, se consideran poco honrosos.
- La condenación por delitos que no constituyan la causal autónoma de "condenación a presidio".
- La condenación de uno de los cónyuges por la realización de hechos indignos y delictivos.
- El trato grosero y ultrajante.
- El hecho de salir con otra persona según las circunstancias y aún contra del consentimiento del otro cónyuge.
- El ocultar hechos graves ocurridos antes de contraer matrimonio.
- La conducta infamante de uno de los cónyuges, que redunde en contra de la respetabilidad o buen nombre del otro.

3.2 Características

1. Gravedad: sin lugar a dudas, un hecho determinante en cuanto a la causal de divorcio fundada en excesos, sevicia e injurias graves, lo es la gravedad que reviste tal circunstancia, la cual debe ser de tal magnitud, que haga imposible la vida en común.

    Esta situación, constriñe al juzgador a evaluar y apreciar la conducta asumida por el esposo infractor, a los fines de poder calificar procedente la casual, y como bien lo señalan Lagosarmino y Uriarte[186] "Este standard jurídico obliga objetivamente al magistrado a apreciar dentro de ese marco la conducta de los esposos que debe calificar. Sin embargo, la determinación de la incidencia de la ofensa depende de elementos subjetivos que, en sustancia, reenvían a la posibilidad de la tolerabilidad o intolerabilidad de la vida en común."

    Destaca Belluscio[187] que reviste gravedad en la injuria que excede en "la medida en que los cónyuges se deben recíprocamente tolerancia, es decir, la que por su intensidad y trascendencia hace imposible al cónyuge ofendido el mantenimiento de la convivencia."

    En este sentido, los excesos, sevicia o injurias graves, deben revestir una entidad tal, que generen precisamente una lesión psicológica, quebrantando al matrimonio, y, en consecuencia, ocasionando un daño al cónyuge inocente, representando un atentado a su estabilidad emocional.

2. Carácter no perentorio: La doctrina francesa clasifica a las causales de divorcio, distinguiéndose en perentorias y no perentorias, entre las primeras, destacan el adulterio y la condenación a presidio, en los cuales el juzgador no puede más que declarar el divorcio. En relación a las causales no perentorias, dentro de las cuales

---
[186] Cit. CARLOS A. LAGOMARSINO R y JORGE A. URIARTE, *Separación Personal y Divorcio*, p. 176
[187] Cit. AUGUSTO CÉSAR BELLUSCIO, *Divorcio*, p. 236

se encuentran comprendidas los excesos, sevicia e injurias graves, el juez debe considerar o no la procedencia del divorcio.

En este sentido, la doctrina francesa se ha inclinado en señalar que los excesos deben incluirse, con independencia de la sevicia y la injuria grave, como caso específico de la causal de divorcio perentoria. Es por ello, que, según esta posición, al ser debidamente manifestado el exceso, probado en el juicio respectivo, el juez deberá sentenciar el divorcio tal y como estuviese en presencia de un caso de condenación de presidio (donde se consigna la sentencia de condena respectiva), ante esta situación, el juzgador debe decretar la disolución matrimonial, sin tomar en cuenta ninguna otra circunstancia que pudiese alterar la decisión.

Ante esa posición doctrinal, disiente Perera Planas[188] al señalar, lo siguiente:

> La idea resulta tremendista. No la comparto y me apoyo simplemente en mí ya expresada opinión, anotada al tiempo de analizar las diferencias entre excesos y sevicia, considerando aquéllos como el género y a ésta como la especie de un mismo tipo de conducta. Ambos conjuntos de hechos, inclusive, los hechos constitutivos de la injuria grave propiamente dicha, deben incluirse entre las causales facultativas, no perentorias, pues en todo caso, corresponde al Juez la soberana apreciación de los hechos y no existe argumentación jurídica suficiente y legítima que justifique el argumento contrario. Y es que al Juez no solamente le toca constatar la realización efectiva de los hechos denunciados, sino también graduar apreciativamente la gravedad de esos hechos. Y en todo caso, aun cuando en nuestro derecho se admitiera la existencia de causales perentorias que, en definitiva, la condenación a presidio tiene tales características, serían la sevicia y los hechos que la constituyen más considerables como causal perentoria de divorcio que los mismos excesos, desde que aquélla señala directamente a una actitud anormal, patológica y mucho más peligrosa en todo caso, para la seguridad personal y moral del cónyuge ofendido, que el exceso aún en estimación grave.

3. Intencionalidad: Es necesario que el cónyuge culpable actúe con toda la intención[189] de perjudicar al otro, de causarle una lesión, con absoluta conciencia de que con dicha actitud viola de manera indubitable los deberes matrimoniales de mutuo respeto, protección, convivencia y afecto, infringiéndole en consecuencia, el daño previsto con su acción.

Tal y como acertadamente lo afirma Vidal Taquini:[190]

---

[188] Cit. NERIO PERERA PLANAS, *Causas de Divorcio*, p. 292
[189] Ibid., p. 292: "la conducta considerada sea intencional, ejecutada con la franca determinación de perjudicar al otro cónyuge, aunque el perjuicio, mayor o menor, no llegara a producirse."
[190] CARLOS H. VIDAL TAQUINI, *Matrimonio Civil*, Buenos Aires, Ediciones Astrea, 1991, pp. 382 y 383.

La intencionalidad o animus injuriando ha sido requerido para la existencia de las injurias graves, pero más allá del propósito deliberado de ofender, la causal se configura por ese conocimiento que el cónyuge tiene de su conducta anti matrimonial o de un tercero que él consiente, la cual debe tener un mínimo de importancia en los hechos denunciados como injuriosos, para que puedan ser tenidos como determinantes de la alteración de la paz conyugal, aunque fuese uno solo si reviste la extrema gravedad con entidad suficiente para configurar la causal, por lo cual la pluralidad no resulta esencial.

Evidentemente el juzgador deberá tomar en consideración el nivel cultural y de educación que existe entre los esposos, para de esta manera poder determinar de forma clara y precisa si se reúnen los supuestos de hecho constitutivos de la causal. No todo incidente[191] en la vida matrimonial puede considerarse como exceso, sevicia o injuria grave, en el plano real las relaciones de pareja son difíciles y complejas, y, por ende, podrían escenificarse episodios de reacción inesperada por parte de alguno de los cónyuges, por supuesto, sin alterar los límites normales del respeto mutuo, la consideración y la comprensión.

4. Carácter personal: En este sentido, los hechos constitutivos de excesos, sevicia e injurias graves deben ser perpetrados exclusivamente por el cónyuge de forma personal, sin intervención de familiares o terceros. Ahora bien, si otra persona, bien sea familiar o tercero, realiza actos en contra del cónyuge, de cuya intencionalidad manifiesta enerva la casual prevista en el ordinal tercero del artículo 185 del Código Civil, y esa actitud es aceptada y admitida por el cónyuge en perjuicio del otro, participando éste en el hecho generador, lo convierte en autor personal de los hechos, y ante esta situación estaríamos en presencia de la materialización de la causal de divorcio.

5. Suficiencia de un solo hecho: Por tratarse esta causal, en situaciones que evidentemente maltratan y/o lesionan a la estructura matrimonial, por cuanto las mismas evidencian un inequívoco irrespeto al cónyuge víctima de tal circunstancia, que, a simple vista, podría tenerse el criterio que para su materialización se hace menester la asiduidad de los hechos. Sin embargo, cabe destacar, que no es necesaria la reiteración de la conducta injuriosa, calumniosa y excesiva. En este sentido, por tratarse de una situación abundantemente concebida, podría perfectamente ser

---

[191] Cit. LUIS SANOJO, *Instituciones de Derecho Civil Venezolano*, p. 179: "Tanto respecto de los excesos como respecto de las injurias corresponde al buen juicio de los tribunales decidir si los hechos alegados merecen una u otra calificación. Deben ante todo tener en cuenta el interés de los cónyuges, que exige por una parte que no se les separe por querellas leves y pasajeras, y por otra que no se les fuerce a prolongar una comunidad de vida insoportable, p, y el interés de la sociedad que exige que al propio tiempo que se mantenga cuanto sea posible tal comunidad entre los cónyuges y que se ponga término a las disensiones y escándalos domésticos. Tomarán por cuenta la edad, la posición social y la educación de los cónyuges, las circunstancias en que se cometieron los hechos alegados y las provocaciones que pueden imputarse al cónyuge que pide el divorcio. Aquí no caben reglas; pero puede establecerse que no son motivos suficientes para el divorcio los actos impacientes, las palabras duras que puedan atribuirse a una situación extraña del cónyuge y que sean poco comunes en su modo de proceder."

generada a través de un simple hecho voluntario o intencional, siendo éste de tal magnitud, que generaría el efecto calificativo de la causal.
En criterio de Grisanti Aveledo:[192]

> Se ha planteado la discusión acerca de si, para que se admita la gravedad de tales hechos, es necesaria su reiteración, su repetición. En realidad, la ley no exige la habitualidad por lo que un solo acto de exceso, de sevicia o de injuria, puede hacer imposible la vida en común y constituir, por tal razón, causal de divorcio.

Es por ello, que bastaría un proceder insultante, una actitud hiriente o un modo de actuar ajeno a la respetabilidad debida en el matrimonio, no revistiendo tal significación el incidente aislado y carente de toda la trascendencia exigida por la ley para que se materialice el divorcio, he de allí precisamente el carácter facultativo o relativo que se le atribuye a la causal, ya que requiere la valoración del hecho denunciado para acreditarla.[193]

3.3 Pruebas

Por ser esta causal de divorcio tan amplia en cuanto a su materialización, se hace menester un claro y preciso cumulo probatorio tendiente a calificar el hecho de excesivo, injurioso o de sevicia. Es por ello, que destaca la prueba testifical[194] como la más contundente a los fines demostrativos de la causal, más, sin embargo, como lo señala Bocaranda Espinosa[195] en el caso de la injuria, pueden ser válidos los documentos privados (cartas, misivas, correos electrónicos, mensajes de texto, etc.), inclusive hasta el propio escrito libelar puede constituir prueba por sí sola.

Cabe destacar, el criterio sostenido la sentencia dictada por la Corte Constitucional de la República de Colombia[196], en fecha 1° de febrero de 2013, sentencia T-044/13, con ponencia del Magistrado Gabriel Eduardo Mendoza Martelo, donde se estableció:

> (...) Teniendo en cuenta que la prevalencia de las garantías de la actora y sus hijas menores de edad deben priorizarse, se estima que en el caso sub examine hay lugar a revocar la providencia proferida por el Tribunal, habida cuenta de que la causal específica de procedencia de la acción de tutela invocada sí se configuró, toda vez que la impertinencia, inutilidad y extralimitación en la petición de las pruebas no fue analizada objetivamente, pues para esta Sala los medios probatorios en discusión

---

[192] Cit. ISABEL GRISANTI AVELEDO DE LUIGUI, *Lecciones de Derecho de Familia*, p. 273.
[193] Cit. CARLOS A. LAGOMARSINO R y JORGE A. URIARTE, *Separación Personal*, p. 178.
[194] La jurisprudencia de la Sala Constitucional del Tribunal Supremo de Justicia, en sentencia de fecha 27 de noviembre 2006, Expediente Nro. 06-0249, con ponencia del Magistrado Dr. Pedro Rafael Rondón Haaz, indica que el juez es soberano en la apreciación de la prueba testimonial, la cual puede depender de la confianza que le produzca la declaración de determinado testigo.
[195] Cit. JUAN JOSÉ BOCARANDA E., *Guía Informática de Derecho de Familia*, p. 627.
[196] Disponible en: http://www.corteconstitucional.gov.co/relatoria/2013/T-044-13.htm

resultan, a todas luces, conducentes, pertinentes y útiles para acreditar la ocurrencia de los hechos fundantes de la causal de divorcio invocada, los ultrajes, el trato cruel y los maltratamientos de obra, si con ellos peligra la salud, la integridad corporal o la vida de uno de los cónyuges, o de sus descendientes, o se hace imposibles la paz y el sosiego doméstico. No sobra reiterar, que por las específicas particularidades del caso en estudio y, sobre todo porque el ámbito de ocurrencia de los hechos relacionados con la problemática jurídica planteada, se enmarca dentro de la privacidad del hogar, esta Sala considera que los fundamentos fácticos alegados por la accionante como constitutivos de la causal de divorcio invocada son difíciles de acreditar a través de otros elementos distintos a los solicitados.

(…) TERCERO. ORDENAR al Juzgado Primero de Familia de Bogotá que, con las precisiones, aclaraciones, limitaciones y complementaciones que estime necesarias, decrete y tenga como pruebas dentro del proceso de divorcio promovido por la señora Sandra Edith Pedraza Sánchez en contra del señor Wilson Camargo Guio: (i) la grabación mecánica original de las conversaciones sostenidas entre las partes el 19 y 29 de agosto de 2011 y (ii) la inspección judicial, con intervención de peritos expertos en materia de informática y sistemas, a la cuenta de correo electrónico del señor Gonzalo Camargo Guio, identificada como gonzalo.camargo@ericsson.com, a fin de obtener única y exclusivamente los mensajes enviados a la cuenta sandra.pedraza@oracle.com, los días cuatro de octubre de 2010, dieciocho de febrero, once de marzo, dieciocho de marzo, seis de abril, veintiocho de junio y ocho de julio de 2011, los cuales guardan relación con los hechos de la demanda.(…)

Ahora bien, el juzgador debe desarrollar muy bien lo relativo a los principios de la libre convicción razonada y la sana crítica, debe objetivamente apreciar dentro de ese marco la conducta de los cónyuges para así poderla calificar.[197] En este sentido, la determinación

---

[197] Tribunal Superior Segundo del Circuito Judicial del Tribunal de Protección de Niños, Niñas y Adolescentes de la Circunscripción Judicial del Área Metropolitana de Caracas y Nacional de Adopción Internacional, sentencia de fecha 12/04/2011, Expediente AP51-R-2011-003747, disponible en: http://caracas.tsj.gob.ve/DECISIONES/2011/ABRIL/2455-12-AP51-R-2011-003747-PJ0572011000056.HTML: "Se trata de una causal de divorcio igualmente de carácter facultativo, puesto que no todo acto de exceso, de sevicia o de injuria grave puede servir de fundamento a una demanda de divorcio; tal y como lo indica el numeral 3° del artículo 185 del Código Civil, es indispensable para ello, que se trate de un hecho de tal naturaleza que haga imposible la vida en común, quedará en la libre apreciación del juez la determinación de si un acto alegado como tal cumple o no ese requisito. En orden a lo anterior, para que el exceso, la sevicia o la injuria configuren la causal de divorcio, es preciso que reúna las características de ser graves, intencionales e injustificadas; cuando se habla de

de la incidencia de la ofensa dependerá de los elementos objetivos, que determinarán la tolerabilidad o intolerabilidad de la vida en común.

Tal y como lo señalan Planiol & Ripert,[198] el tribunal que conoce de la causa debe haber comprobado la existencia de los diversos elementos que configuran los excesos, la sevicia y la injuria, incumbiéndole la prueba de estos hechos al demandante. En consecuencia:

> Con todo, el carácter intencional de los excesos y sevicias puede establecerse por presunción y lo mismo las injurias propiamente dichas; en cuanto a los hechos injuriosos, su carácter intencional debe de ser probado, a menos que constituyan por sí mismos una falta a los deberes conyugales.

4. CAUSAL Ley 25 de 1992: Artículo 6°, numeral sexto: Toda conducta de uno de los cónyuges tendientes a corromper o pervertir al otro, a un descendiente, o a personas que estén a su cuidado y convivan bajo el mismo techo; Código Civil venezolano: Artículo 185, cuarta causal: El conato de uno de los cónyuges para corromper o prostituir al otro cónyuge, o a sus hijos, así como la connivencia en su corrupción o prostitución.

4.1 Concepto

Como se puede observar, la causal séptima del artículo 5° de la Ley 25 de 1992, así como la casual cuarta del artículo 185 del Código Civil venezolano, es bastante amplia, compleja y delicada. La ley colombiana plantea como causal de divorcio la conducta de uno de los cónyuges tendientes a corromper o pervertir al otro, a un descendiente, o a personas que estén a su cuidado y convivan bajo el mismo techo; y el Código Civil venezolano, en primer lugar, señala el conato de uno de los cónyuges para corromper o prostituir al otro cónyuge, o a sus hijos. En este caso, estaríamos en presencia del acto deliberado de uno de los cónyuges con la intención manifiesta de depravar o pervertir a uno u otros de aquéllos; o de exponerlos a la explotación sexual.

Cuando la norma colombiana hace referencia a la conducta del cónyuge, es haciendo énfasis en actos deliberados y conscientes del cónyuge infractor, los cuales son conducentes a ocasionar la corrupción del ofendido. La norma va mucho más allá, por

---

grave debe ser de tal naturaleza que implique un incumplimiento trascendental de las obligaciones que impone a los esposos el vínculo conyugal; al referirnos que debe ser intencional, debe existir la intención de violar sus deberes matrimoniales, de parte del cónyuge aparentemente culpable; finalmente, estos actos deben ser injustificados, es decir, ni hay excesos, sevicia ni injuria cuando el acto que así se pretende calificar ha sido llevado a cabo por uno de los cónyuges en ejercicio de un legítimo derecho, en cumplimiento de un deber moral o legal, o en virtud de obediencia legítima y debida. En tales circunstancias, la actuación del presunto incumplidor es plenamente justificable y no puede dar lugar a una demanda de divorcio.
Es de resaltar, tal y como se mencionó supra, que al demandar el divorcio con base en la causal 3° del artículo 185 del Código Civil, es preciso que la parte actora determine en su libelo y luego compruebe oportunamente los hechos o actos constitutivos de los excesos, de la sevicia o de las injurias graves, y en el presente caso no se logró tal objetivo mediante las pruebas documentales y testimoniales evacuadas, que demostraran la causal 3° imputada a la ciudadana (…)."
[198] MARCELO PLANIOL Y JORGE RIPERT, *Tratado Práctico de Derecho Civil Francés*, La Habana, Tomo Segundo, La Familia, Editorial Cultural, 1939, pp. 401 y 402.

cuanto también alude a que el acto corruptivo o de perversión sea realizado a un descendiente, o a personas que estén a su cuidado y convivan bajo el mismo techo.

En el caso venezolano, encontramos al conato, entendiéndose el mismo como el inicio de una acción que no llega a realizarse plenamente; es decir, es un intento que no llega a materializarse. Es por ello, que el conato supone la exteriorización de un esfuerzo dirigido a la realización del acto en cuestión, creando un cuadro de circunstancias que facilitan la corrupción o la prostitución; la realización de determinados hechos dirigidos con esa finalidad; la búsqueda más o menos activa de los beneficiarios de la prostitución, o el suministro de medios o condiciones favorables para la corrupción.[199]

Tal y como lo afirma Vázquez de Pulgar:[200]

> Nuestro legislador al hablar de conato de corrupción y prostitución de los hijos, quiso recalcar la necesidad de que haya un comienzo, un intento (latín conatus. intento) de corrupción, no obstante, la simple propuesta hecha por uno de los cónyuges a los hijos. El conato o intento de prostitución comprende un comienzo de ejecución manifestado por actos exteriores que trasciendan fácilmente al público aun cuando estos actos por circunstancias ajenas a la voluntad del cónyuge corruptor, no logren el objeto propuesto.

Cuando nos referimos al término "corromper" destacamos el hecho de alterar y trastocar la forma de una cosa. Es por esta razón, que acertadamente corromper es en sentido jurídico una conducta dirigida a depravar o a causar daño inmoral en el otro cónyuge, víctima de la acción o del delito. Perera Planas,[201] amplía extraordinariamente la dimensión crítica del espectro, al señalar:

> No creo que la corrupción a que alude la norma, sea la exclusivamente sexual. En efecto, corromper puede ser también la simple alteración a mi interés, puede ser la simple aceptación de una conducta indecorosa, insociable, bochornosa. Tratándose de niños, las raterías, el empadillamiento, las perturbaciones sistemáticas del buen orden social en las manifestaciones a la altura de los sujetos activos de la perturbación. Corromper así lo creo, es aceptar una conducta dada que pueda producir una alteración en la concepción moral de la armonía social, sin que, necesariamente, deba referirse a lo sexual. Y esa así, si tomamos en cuenta que el concepto viene referido a la corrupción de hijos, víctimas específicas de la conducta bochornosa que se sanciona con el divorcio.

---

[199] Cit. NERIO PERERA PLANAS, *Causas de Divorcio*, p. 629.
[200] *Código Civil de Venezuela, artículos 184 al 185-A*, Caracas: Ediciones de la Biblioteca de la Universidad Central de Venezuela, 1998, p. 190
[201] Cit. NERIO PERERA PLANAS, *Causas de Divorcio*, p. 344.

En lo referente a la prostitución, ésta se entiende como el acto de participar en actividades sexuales a cambio de dinero, pudiendo ser ejercida desde todas las orientaciones sexuales. La prostitución es un acto deleznable, indecoroso e inmoral, inconcebible en el matrimonio y censurado por la sociedad, indicativo de una profunda crisis personal y de valores, trascendiendo mucho más allá del plano de la fidelidad que debe existir en la pareja matrimonial.

La connivencia equivale a un acuerdo o consentimiento, o que haya una tolerancia sobre un hecho determinado; en este caso nos señala la norma la connivencia en la corrupción o prostitución, bien a un cónyuge o a sus hijos. Tal y como lo señala el Maestro López Herrera:[202]

> La connivencia en la corrupción o prostitución del otro cónyuge o de los hijos, es la tolerancia o la complicidad de uno de los esposos en la depravación o perversión de su consorte o de sus hijos, o en su exposición a la explotación sexual, llevada a cabo por una tercera persona.

Si el cónyuge actúa de esta manera, no solo se constituiría en una causal de divorcio, si no en aberrante aptitud desligada de los más elementales valores éticos y morales, en donde se denigra a la persona humana y se le causa un gravamen irreparable, más aún, cuando se trata de niños o adolescentes.

Por esa razón, el legislador venezolano previó la extinción[203] de la patria potestad; es por ello, que la Ley Orgánica para la Protección de Niños, Niñas y Adolescentes, en el artículo 351, parágrafo segundo, establece:

> si el divorcio es declarado con lugar, con fundamento en las causales 4° y 6° del artículo 185 del Código Civil, se declarará extinguida la Patria Potestad al o la cónyuge que haya incurrido en ellas, sin que por ello cese la Obligación de Manutención. En este supuesto la Patria Potestad la ejercerá exclusivamente el otro padre o madre. Si éste se encuentra impedido o impedida para ejercerla o está afectado por privación o extinción de la misma, el juez o jueza abrirá la Tutela y, de ser el caso dispondrá la colocación familiar.

Destaca Domínguez Guillén[204] que, la expresión utilizada por la Ley Orgánica para la Protección de Niños, Niñas y Adolescentes, en el parágrafo segundo del artículo 351, el cual señala que la patria potestad queda extinguida a consecuencia de la declaratoria con lugar de las causal 4° y 6° del artículo 185 del Código Civil, debe entenderse simplemente

---

[202] Cit. FRANCISCO LÓPEZ HERRERA, *Derecho de Familia*, pp. 208 y 209.
[203] LOURDES WILLS RIVERA, *Estudio Analítico La Patria Potestad en la LOPNNA*, Facultad de Ciencias Jurídicas y Políticas, Universidad Central de Venezuela, Serie Trabajos de Ascenso, N° 14, Caracas, 2010, p. 229: "La reforma de la LOPNA realizada en 2007, mantuvo la estructura de la norma bajo análisis y la regulación de los supuestos allí contenidos, no obstante, la modificó en un aspecto ciertamente sustancial. Ya el divorcio o separación fundada en la causal 4° o en la 6° del mencionado artículo 185 del Código Civil, no comporta la privación de la patria potestad sino su extinción, lo cual elimina para el progenitor que ha incurrido en ella, la posibilidad de readquirirla en el futuro."
[204] Cit. MARÍA CANDELARIA DOMÍNGUEZ GUILLÉN, *Manual de Derecho de Familia*, p. 177.

como una privación "porque lo contrario dado el carácter definitivo e irreversible de la extinción, constituiría una pena perpetua (duraría toda la minoridad) proscrita por la Constitución, y por tal susceptible de ser desaplicada por vía de control difuso de la constitucionalidad.

4.2 Características

Para la materialización de esta causal, es indispensable que el acto que se imputa a alguno de los cónyuges sea grave, intencional y directo.

1. Debe tratarse de un acto grave: Sin lugar a dudas, este hecho abominable reviste de una gran gravedad, no es cualquier situación la que estaría presentando como causal de divorcio. En este sentido, López Herrera,[205] señala lo siguiente:

    > En cuanto a los hijos, cabe decir que la enseñanza a ellos por el padre o por la madre, del vocabulario bajo o de costumbres más o menos criticables pero que en modo alguno implican depravación, deja mucho que desear, pero jamás puede dar lugar a una demanda de divorcio por parte del otro esposo. En este sentido, la medida de la gravedad de los actos relativos a los hijos, constitutivos de esta causal de divorcio, es la misma que se requeriría para privar al padre o a la madre, si fuere el caso, del ejercicio de la patria potestad sobre sus hijos.

2. Debe tratarse de un acto intencional y directo: Debe presentarse el acto de tal entidad, que sea llevado a cabo por el cónyuge con la inequívoca intención de corromper o prostituir a su cónyuge o a sus hijos, de una u otra manera, en su corrupción o prostitución por parte de terceros. Tal y como lo señala Perera Planas:[206]

    > En la presente causal, la intencionalidad de los hechos viene conformada en otra estructura. El impacto de la conducta culpable se produce sobre una persona diferente al esposo y a pesar de ello, por la naturaleza misma del vínculo que une a la víctima efectiva de los hechos con el esposo lesionado, el legislador permite a éste accionar el divorcio, con independencia de que la conducta imputable se haya adoptado con la específica intención de lograr el divorcio.

En relación al aspecto probatorio en el derecho colombiano, apunta Suárez Franco,[207] lo siguiente:

> La causal, en su preconstitución no es fácil, porque comprende la prueba de varias cosas: en primer término,

---

[205] Cit. Francisco López Herrera, *Derecho de Familia*, p. 208.
[206] Cit. Nerio Perera Planas, *Causas de Divorcio*, p. 350.
[207] Cit. Roberto Suárez Franco, *Derecho de Familia*, p. 210

debe probarse la acción corruptora del actor, es decir, el hecho o hechos ejecutados a plena conciencia, o en estados de embriaguez o alucinación ocasionados por su propia voluntad. En segundo lugar, debe demostrarse que esos hechos iban enderezados directamente hacia la corrupción de la víctima, lo que en ciertos casos se demuestra con la prueba de los mismos hechos constitutivos de la causal; y, en tercer lugar, la tendencia a corromper a la víctima, y esto, muchas veces, se puede tomar en apreciaciones subjetivas del juzgador, puesto que será muy difícil determinar en un momento dado la intención dolosa. La prueba testimonial y la documental, si se llegaren a producir, serán las comunes idóneas para preconstituir los hechos objeto de la causal.

5. CAUSAL Código Civil venezolano: Artículo 185, causal quinta: La condenación a presidio

5.1 Contenido

La causal de divorcio por condenación a presidio,[208] está condicionada al hecho de que uno de los cónyuges haya cometido un delito, que, dada su gravedad, conduzca a un proceso penal, concluyendo éste en la condena correspondiente.

Sin lugar a dudas, una persona que es privada de su libertad por ocasión a un hecho cuya característica reviste la condenación a presidio,[209] deshonra a su cónyuge y no puede cumplir los deberes[210] que impone la institución matrimonial, tales como el deber de cohabitación, de asistencia y socorro, así como las demás obligaciones inherentes que impone la vida conyugal.

Además de ello, en el caso de la disolución del vínculo matrimonial por dicha causal, acarrea la extinción de la patria potestad del progenitor, tal y como lo dispone el artículo 351 de la Ley Orgánica para la Protección de Niños, Niñas y Adolescentes. Sobre este particular, Wills Rivera[211] destaca:

---

[208] Cit. MARÍA CANDELARIA DOMÍNGUEZ GUILLÉN, *Manual de Derecho de Familia*, p. 178: "Se aclara que la norma alude a "presidio" por lo que la pena de "prisión" no propicia, la presente causal, aun cuando las particulares circunstancias del caso concreto pudieran hacer subsumible la situación en otra causal de divorcio".
[209] ABDÓN SÁNCHEZ NOGUERA, *Manual de Procedimientos Especiales Contenciosos*, Caracas, Ediciones Paredes, 2001, p. 447: "El ordinal 5° del artículo 185 del Código Civil consagra como causal de divorcio la "condenación a presidio". No puede considerarse como causal ninguna otra condena que no sea la de presidio, pues ésta es la única que señala la norma como tal."
[210] ROBERTO DE RUGGIERO, *Instituciones de Derecho Civil*, Tomo II, Volumen 2°, Madrid, Editorial Reus, 1944, p. 187: "Esta causa de separación difiere por su fundamento de las restantes, porque sólo de modo indirecto puede hablarse aquí de culpa y de incumplimiento de los deberes conyugales; su verdadera justificación radica en el sentimiento del honor y de la dignidad que el otro cónyuge defiende, haciendo cesar la comunidad de vida y de intereses con el delincuente."
[211] Cit. LOURDES WILLS RIVERA, *Estudio Analítico La Patria Potestad en la LOPNNA*, p. 229

En tal sentido, la Ley Orgánica de Protección al Niño y al Adolescente asume la regulación existente, que prevé como consecuencia la privación de la patria potestad al progenitor que ha incurrido en alguna de las causales señaladas, con prescindencia de la relativa a la condenación a presidio, tal vez por considerar que la imposición de la pena referida comporta como pena accesoria precisamente la privación de la patria potestad. Por tanto, es obvio que cuando se demandaba el divorcio con base a dicha causal, ya el progenitor estaba privado de la patria potestad sobre sus hijos menores de edad con base en la decisión del tribunal penal.

5.2 Requisitos

A los fines de la materialización de la casual, es menester que se reúnan una serie de requisitos, los cuales son: sentencia definitivamente firme, que dicha sentencia sea posterior a la celebración del matrimonio, y en último lugar, que dicha decisión judicial sea emanada de un tribunal penal venezolano.

1. Sentencia definitivamente firme: En virtud de ello, hasta tanto un Tribunal penal no se haya pronunciado con respecto a la condena de presidio, no se materializa la causal de divorcio, en consecuencia, es indubitable la necesidad de que exista un pronunciamiento judicial definitivamente firme.
Resulta por lo demás interesante, la hipótesis de que, a pesar de la condenación a presidio, medie a beneficio del condenado una medida de amnistía o indulto, en este particular, debemos señalar que ya el fallo generador de la disolución del vínculo matrimonial ha dictado, y, además, dichas medidas no extinguen la condena en sí misma, sino que sólo hace cesar su ejecución. En este sentido, Grisanti Aveledo de Luigui[212], hace una cita del criterio sostenido por el Doctor Urbaneja Achelpol (Comentarios a la Sección 10 a, Título IV, Libro I del Código Civil de 1904):

> La acción de divorcio, fundada en la causal 5°, no podría ser rechazada por el cónyuge condenado a presidio, con motivo de la conmutación o de la amnistía que le hubieren concedido las autoridades respectivas, pues, la sentencia de condena condenación a presidio, hecha firme, es la prueba de la condena, efectuada estante matrimonio, lo que es suficiente a establecer el derecho fundamental de la acción del divorcio para el otro cónyuge, y porque ambos son actos posteriores a la condenación misma.

2. Sentencia posterior al matrimonio: Sin lugar a dudas, sólo debe prosperar dicha casual en relación a una sentencia firme dictada con posterioridad a la celebración al matrimonio, porque una vez constituida la unión matrimonial, emergerán los deberes conyugales, haciéndose posible su transgresión por parte de uno de los esposos o

---

[212] Cit. Isabel Grisanti Aveledo de Luigui, *Lecciones de Derecho de Familia*, p. 274.

ambos, y no antes de la celebración del matrimonio. Si se contrajo nupcias cumpliendo el cónyuge condena de presidio, se convalidaría los efectos de la causal haciendo imposible el divorcio con fundamento en ella.

Ahora bien, en el caso excepcional de que la sentencia sea con anterioridad al matrimonio y el cónyuge desconocía tal situación, tal y como lo señala Domínguez Guillén:[213]

> hay quien señala que procedería la presente causal, pero lo cierto es que tal supuesto por constituir una omisión dolosa o reticencia sustancial de uno de los cónyuges, aunque previa al matrimonio por proyectarse gravemente en la vigencia de éste, es subsumible en la causal de "injuria". Se aclara que distinto supuesto que hace improcedente la causal es la celebración del matrimonio habiéndose cometido previamente el delito que posteriormente propiciará la pena de presidio.

3. Sentencia dictada por tribunales venezolanos: En nuestro país, no pueden surtir efectos la sentencia criminal dictada por un tribunal en el extranjero, y, en consecuencia, sólo las sentencias dictadas por tribunales penales venezolanos, cuya decisión implique la condena a presidio, puede dar cabida a la causal de divorcio.

En este sentido, ni siquiera pudiese plantearse la posibilidad de exequátur de la decisión, por cuanto de conformidad a lo previsto en el artículo 53, ordinal primero, de la Ley de Derecho Internacional Privado, las sentencias extranjeras tendrán efecto en Venezuela siempre que hayan sido dictadas en materia civil o mercantil o, en general, en materia de relaciones jurídicas privadas.

1.4 Pruebas

En relación con esta causal, la prueba demostrativa de la misma no será otra que la copia debidamente certificada de la sentencia definitivamente firme, emanada de tribunal penal venezolano, en donde se le impone la condena a presidio al cónyuge respectivo.

En este sentido, a diferencia de las demás causales de divorcio previstas en el artículo 185 del Código Civil, el juez no tiene facultad de apreciación de los hechos[214] a los fines de conceder el divorcio.[215] Es por ello, que esta es una causal perentoria y no facultativa. Tal y como lo establece Mazeaud:[216]

---

[213] Cit. MARÍA CANDELARIA DOMÍNGUEZ GUILLÉN, *Manual de Derecho de Familia*, p. 179.
[214] Véase en sentido contrario: Cit. NERIO PERERA PLANAS, *Causas de Divorcio*, pp. 370 y 371: "Si se demanda el divorcio con fundamento de esta causal, al demandado le es lícito oponer las pruebas legales pertinentes tendientes a demostrar que el divorcio no debe ser decretado y a ello contribuirá la presentación de los hechos, alegatos o documentos que demuestren, por ejemplo la propia participación del cónyuge demandante en los hechos delictivos por los cuales fue condenado el demandado a presidio; el origen político de la condenación; el hecho indiscutible de que, después de producida la sentencia condenatoria a presidio, su cónyuge realizó actos que efectivamente permitan pensar que no pretende escoger la vía del divorcio con base de tal causal.
No hay que olvidar que el tipo sanciona con divorcio la conducta que, en definitiva, por la condenatoria, impide el cumplimiento de las obligaciones matrimoniales, sometiendo de paso, al grupo familiar a la infamia que deriva de la condenación."
[215] Cit. MARÍA CANDELARIA DOMÍNGUEZ GUILLÉN, *Manual de Derecho de Familia*, p. 179.
[216] Cit. HENRY Y JEAN MAZEAUD, *Lecciones de Derecho Civil*, pp. 412 y 413.

son causas perentorias cuando constituyan una culpa ofensiva para el otro cónyuge. No es necesario ningún otro requisito. En particular, el juez no tiene que averiguar, como debe hacerlo a propósito de las causas facultativas, si la culpa constituye una violación grave de las obligaciones nacidas del matrimonio y si torna intolerable el mantenimiento del vínculo conyugal. Sea cual sea su influjo sobre el vínculo conyugal, una causa perentoria lleva consigo el divorcio; la causa perentoria se opone a la causa facultativa en que, cuando está demostrada la culpa, esa culpa se presume, de manera irrefragable, de gravedad tal, que se opone al mantenimiento del vínculo conyugal.

Es por ello que, el artículo 760 del Código de Procedimiento Civil, establece:

> Si en los juicios de divorcio o de separación de cuerpos, fundados en la causal quinta del artículo 185 del Código Civil, se presentare copia auténtica de la sentencia firme de condenación a presidio, el Juez declarará que no hay lugar a pruebas por ser el punto de mero derecho, y procederá a sentenciar la causa en el lapso legal.

Siguiendo el criterio de Henríquez La Roche,[217] el punto es de mero derecho cuando el hecho está suficientemente probado o lo admiten las partes, tal y como lo establece el ordinal primero del artículo 389 del Código de Procedimiento Civil, quedando a juicio del tribunal la aplicación del derecho. Es decir, la constatación de que el hecho controvertido se subsume al supuesto normativo de la causal 5° del artículo 185 del Código Civil.

6. CAUSAL Ley 25 de 1992: Artículo 6°, numeral cuarta: La embriaguez habitual de uno de los cónyuges Artículo 6°, numeral quinta: El uso habitual de sustancias alucinógenas o estupefacientes, salvo prescripción médica. Código Civil venezolano: Artículo 185, causal sexta: La adicción alcohólica u otras formas graves de fármaco dependencia que hagan imposible la vida en común.

6.1 La adicción alcohólica

En primer lugar, debemos destacar que la adicción es referida al consumo de alcohol u otras formas de fármaco dependencias, implica que el cónyuge sea un reiterado consumidor de este tipo de sustancias, y producto de este vicio, se vaya deteriorando la relación matrimonial, dirimiendo un mal ejemplo a su familia, muy especialmente a los niños o adolescentes.

---

[217] RICARDO HENRÍQUEZ LA ROCHE, *Código de Procedimiento Civil*, Tomo V, Maracaibo, Centro de Estudios Jurídicos del Estado Zulia, 1998, p. 357.

La adicción[218] alcohólica consiste en un consumo excesivo de alcohol de forma prolongada con dependencia del mismo, lo que afecta de manera significativa la salud física, mental, social y familiar del adicto. A los fines de la materialización de la adicción alcohólica como causal de divorcio, es fundamental que concurran dos condiciones; la primera referida a que dicha adicción sea grave, y la segunda a que sea de tal magnitud que haga imposible la vida en común.

El alcoholismo[219] es un padecimiento que genera una fuerte necesidad de ingerir alcohol, de forma que existe una dependencia física del mismo, siendo manifestada a través de varios síntomas de abstinencia cuando no es posible su ingesta. El alcohólico pierde control sobre los límites de su consumo, los cuales se incrementan a medida que se desarrolla tolerancia a esta droga. Es considerada como una enfermedad incurable, progresiva y mortal.

Tal y como lo señala Castillo Rugeles:[220]

> La embriaguez, como casual de divorcio, se halla calificada por la habitualidad, lo que corresponde determinarlo al juez dentro del poder discrecional de que dispone. Afirma la Corte a este respecto, que "se requiere que la beodez sea crónica, lo cual se traduce, a contrario sensu, que un acto aislado de alcoholismo de uno de los cónyuges, no configuraría la mencionada causal". En esta causal, el legislador no exige que se despendan ciertas y determinadas consecuencias como si

---

[218] Cit. NERIO PERERA PLANAS, *Causas de Divorcio*, p. 380: "Adicción, de adicto, implica una afición, apego a alguna cosa, y en el caso concreto de la causal, a las bebidas alcohólicas. Entonces, cuando uno de los esposos se apega al consumo de bebidas alcohólicas, al grado que imposible a la vida en común, se configura la causal en estudio."

[219] Tribunal de Juicio de Niños, Niñas y Adolescentes de la Circunscripción Judicial del Estado Anzoátegui, sentencia de fecha 18/12/2013, Asunto BP02-V-2011-000471, disponible en: http://anzoategui.tsj.gob.ve/DECISIONES/2013/DICIEMBRE/2429-18-BP02-V-2011-000471-.HTML: "El alcoholismo ocurre cuando una persona muestra signos de adicción física al alcohol y continúa bebiendo, a pesar de los problemas con la salud física, mental y las responsabilidades sociales, familiares o laborales. No existe una causa común conocida del abuso del alcohol y del alcoholismo. La razón por la cual algunas personas beben de manera responsable y nunca pierden control de sus vidas mientras que otras son incapaces de controlar la bebida no está clara.

Señalado lo anterior se debe tener en cuenta que la causal bajo estudio, configura la dependencia del individuo de las sustancias alcohólicas, y demás drogas capaces de producir fármaco-dependencia con las mismas o peores consecuencias que el alcohol. No se trata de la ocurrencia de un eventual disfrute alcohólico por parte de uno de los cónyuges, sino de una adicción que amenace de manera concreta al hogar y sobre todo que haga imposible la vida en común entre los esposos. Y en este sentido, se requiere para que se estructure la causal referida, que existan varias características:

- Que el consumo sea habitual.
- Que las dosis revistan cierta importancia relativa, es decir de acuerdo a la bebida o droga que ingiera: si el individuo consume una cerveza diaria no podemos hablar de adicción a los efectos de la causal, pues en este caso, a pesar de que el consumo sea habitual la dosis alcohólica no es importante. En cambio, si se trata de una botella de ron diaria, estaremos hablando de una ingesta alcohólica de connotación, por cuanto se debe tener claro que una copa o trago de licor se define como una botella de cerveza de 12 onzas o un vaso de vino.
- La adicción, además, debe implicar abandono del hogar en el sentido de descuido de los deberes matrimoniales y familiares.
- En todo caso la fundamentación del divorcio en esta causal debe sustentarse, en una argumentación sólida profesionalmente hablando, que permita, además de los hechos probados, que el juez decida las implicaciones de la conducta del demandado. Ahora bien, del caso bajo estudio se observa que la parte accionante no aportó prueba alguna para comprobar esa causal, sino que solo se limitó a señalar que el demandado con su problema de adicción al alcohol tornó la relación cada vez más difícil, sin especificar hechos concretos o las circunstancias de tiempo, modo y lugar que presuntamente imperaban al momento en se produjeron dichos acontecimientos, a fin de ilustrar debidamente al tribunal."

[220] Cit. JORGE ANTONIO CASTILLO RUGELES, *Derecho de Familia*, pp. 287 y 288

ocurría antes de la Ley 25 de 1992, por ejemplo, con la causal tercera, por lo que la Ley presume como perjudiciales los efectos provenientes de la embriaguez consuetudinaria. Sin lugar a dudas la embriaguez conlleva efectos dañinos para la salud del cónyuge afectado, para su descendencia, para la tranquilidad, la paz y el sosiego domésticos y, por regla general, para las finanzas o la economía del hogar.

Por su parte, la Organización Mundial de la Salud[221] (OMS) lo determina como "toda forma de embriaguez que excede el consumo alimenticio tradicional y corriente o que sobrepasa los linderos de costumbres sociales."

Esta enfermedad es sumamente delicada, y se manifiesta en dos tipos:

- Tipo I: es característico en personas adultas, que pueden tener una etapa de grandes ingestas puntuales separadas por tiempos de abstemia pero que sin embargo van siendo más pequeños hasta poder alcanzar una gran dependencia, acompañada progresivamente por el desarrollo de enfermedades hepáticas.
- Tipo II: se desarrolla en personas durante la adolescencia y está asociado a menudo a un historial violento y arresto policial. No se caracteriza por un aumento progresivo del consumo de alcohol. Algunos estudios han determinado una menor expresión de la enzima monoamino oxidasa en este grupo, lo que se ha correlacionado con una menor producción de serotonina (relajación y activación del sistema nervioso simpático) en el sistema nervioso central.

Lagormasino y Uriarte[222], tomando en consideración una ponencia presentada en las Terceras Jornadas Bonaerenses de Derecho Civil, Comercial y Procesal, celebradas en la ciudad de Junín, Provincia de Buenos Aires, en el año 1988, señalan que los requisitos que deben reunir la adicción al alcohol, serían los siguientes:

1- Imposibilidad de abandonar o reducir su uso;
2- Habitualidad en el consumo;
3- Deterioro social y laboral del enfermo;
4- Antigüedad en la adicción como para caracterizarla de permanente;
5- Necesidad del aumento paulatino de la ingesta.

Tal y como lo sostiene Torres-Rivero[223] estamos en presencia de un divorcio remedio, en virtud de la dedicación que configura ese vicio o mal hábito en una intensidad tan seria que inutiliza al cónyuge que la padece, y esto impide que el otro cónyuge pueda hacer vida en común.

---

[221] Consejo Ejecutivo (1991). Organización Mundial de la Salud, ed. PREVENCION Y LUCHA CONTRA EL ALCOHOLISMO Y EL USO INDEBIDO DE DROGAS. Informe del Director General sobre los progresos realizados, disponible en: http://apps.who.int/iris/bitstream/10665/190255/1/EB89_16_spa.pdf
[222] Cit. CARLOS A. LAGOMARSINO R y JORGE A. URIARTE, *Separación Personal*, p. 223.
[223] ARTURO LUIS TORRES-RIVERO, *Mis comentarios y reparos a la reforma del Código Civil en 1982*, volumen I, Caracas, Imprenta Universitaria, UCV, 1984. p. 47.

6.2 El fármaco dependiente

El fármaco-dependiente, es aquella persona que utiliza drogas con fines de intoxicación en forma habitual; en este sentido tenemos como elementos configurativos del fármaco dependiente los siguientes:

1- Debe ser consumidor de sustancias estupefacientes o psicotrópicas.
2- Debe ser consumidor del tipo intensificado o compulsivo, es decir, que necesita consumir las sustancias con gran frecuencia e intensidad.
3- Que dicho fármaco dependiente requiera de un consumo diario, representado en una dosis mínima.

Destaca Medina Pabón,[224] con relación a la adicción a los psicotrópicos, lo siguiente:

> Aparecen en seguida dos causales de divorcio referidas a la adicción a esas sustancias que trastornan el normal funcionamiento de la mente -drogas psicoactivas- que, como dice el Diccionario de la Real Academia, pueden tener efectos estimulantes, deprimentes, narcóticos o alucinantes. Como se trata de un mismo fenómeno, no se entiende bien porqué el legislador de 1976 decidió separar estas causales en lugar de agregar el tema de las drogas al de la embriaguez, pero seguramente se debe a que como nuestra cultura tiene por legítima la ingestión de alcohol, pero ilegitima la de los otros fármacos, se consideró que en el primero de los casos (la embriaguez habitual) solo se valoran los efectos en el comportamiento y en el segundo, además, la ilicitud de la actuación. Al respecto, la Corte Constitucional había eliminado ilicitud de la dosis personal mediante sentencia C-221 de 1994, que luego vuelve a tomar el carácter ilegítimo, por disposición constitucional con el acto legislativo 2 de 2009, pero los efectos de la transgresión no llegan ser penales.

Ambas figuras (alcohol y drogas) han sido censuradas por la sociedad venezolana, y a tal fin se han promulgado diversas leyes, decretos y resoluciones destinadas a combatir este mal, destacando entre ellas la Ley Orgánica sobre Sustancias Estupefacientes y Psicotrópicas.[225]

El referido instrumento legislativo, en su artículo 2, considera como sustancias estupefacientes y psicotrópicas, las siguientes:

---

[224] Cit. Juan Enrique Medina Pabón, *Derecho Civil Derecho de Familia*, p. 294
[225] Gaceta Oficial N° 4636 extraordinaria, de fecha 30 de septiembre de 1993.

1. Las drogas, preparados y especialidades farmacéuticas incluidas en las listas anexas a Leyes Aprobatorias de la "Convención Única de 1961 sobre Estupefacientes" del "Convenio sobre Sustancias Psicotrópicas".
2. Aquellas otras que por Resolución del Ministerio de Sanidad y Asistencia Social, sean consideradas como tales, las cuales se identificarán con el nombre genérico que haya adoptado la Organización Mundial de la Salud, en razón de que su consumo pueda producir un estado de dependencia, estimulación o depresión del sistema nervioso central o que tenga como resultado alucinaciones, trastornos de la función motora, del juicio, del comportamiento, de la percepción o del estado de ánimo, o que su consumo ilícito pueda producir efectos análogos a los de una sustancia de las listas a que se refiere el ordinal 1°.
3. Se adoptan en todas sus partes las definiciones expresadas en las "Leyes aprobatorias de la Convención Única de 1961, sobre Estupefacientes", de fecha 16 de diciembre de 1968 y del "Convenio sobre Sustancias Psicotrópicas", de fecha 20 de enero de 1972.

En este mismo sentido, la Ley Orgánica sobre Sustancias Estupefacientes y Psicotrópicas, en su artículo 82, dispone:

> Se entiende por fármaco-dependiente al consumidor de tipo intensificado, caracterizado por un consumo a nivel mínimo de dosis diaria, generalmente motivado por la necesidad de aliviar tensiones. Es un consumo regular, escalando a patrones de consumo que pueden definirse como dependencia, de manera que se convierta en una actividad de la vida diaria, aun cuando el individuo siga integrado a la comunidad. El consumidor de tipo compulsivo está caracterizado por altos niveles de consumo en frecuencia e intensidad, con dependencias fisiológicas o psicológicas, de manera que el funcionamiento individual y social se reduce al mínimo.

Siguiendo el criterio sostenido por Bocaranda Espinosa,[226] hay que correlacionar lo relativo a los parámetros definidores de la farmacodependencia, con los efectos no solo actuales sino potenciales que la situación abrigue tanto respecto al matrimonio en sí como en cuanto al cónyuge inocente y a los hijos, así como tratar de calibrar hasta qué punto el hecho del consumo frecuente frustra o menoscaba el cumplimiento de los deberes conyugales. En este sentido, Espinosa sostiene lo siguiente:

> En todo caso, y por lo menos in abstracto, consideramos que son "formas graves de farmacodependencia", la del consumo intensificado y el consumo compulsivo, que dando como de menor gravedad el consumo ocasional en cualquiera de sus subformas. No obstante, esto último, creemos que el cónyuge

---

[226] Cit. Juan José Bocaranda E., *Guía Informática de Derecho de Familia*, p. 639

inocente puede plantear la demanda de divorcio, no sobre la base de la causal 6°, sino del consumidor ocasional, puesto que, en todo caso, el hecho incide en contra de la reputación o buen nombre de aquel cónyuge y de la familia en general.

Cabe destacar, que en cuanto a la excepción prevista en el numeral 5° del artículo 6° de la Ley 25 de 1992, se encuentra en absoluta justificación, todo ello a razón de que, a consecuencia del padecimiento de alguna enfermedad, una persona se ve en la imperiosa necesidad de hacer uso habitual de sustancias alucinógenas o estupefacientes, por expresa prescripción médica.

En este sentido, sostiene Medina Pabón,[227] lo siguiente:

> No quedan incluidas en la adicción, las drogas que el medico receta como una forma de terapia neurológica o analgésica, ni en los tratamientos contra la adicción misma, cuando no se puedan suprimir de tajo el fármaco sin lesión física o sicológica del paciente. Tampoco se incluyen, aunque no lo diga la norma, los estimulantes débiles como la cafeína, la nicotina y seguramente la coca sin procesar, aun cuando, desde el punto de vista de la neurología, son sustancias psicoactivas que adicciones no menores que las drogas más fuertes e inciden también en la conducta. Ya se incluirán las "ciber adicciones" y se excluirá la marihuana, según se nota en el ambiente social".

6.3 Procedencia

A los fines de la procedencia de la causal de divorcio fundada en adicción alcohólica u otras formas graves de fármaco dependencia que hagan imposible la vida en común, es necesario que se reúnan una serie de condiciones:

1. Reiteración de los hechos: Se hace necesario que el cónyuge adicto, tenga reiteración en su conducta, es decir, de forma repetitiva. En este sentido, queda excluido el hecho de embriaguez o drogadicción accidental o sin habérselo propuesto, en consecuencia, debe existir una acreditación en el hábito de forma reiterativa.[228]

---

[227] Cit. JUAN ENRIQUE MEDINA PABÓN, *Derecho Civil Derecho de Familia*, p. 295
[228] JAIME AZULA CAMACHO, *Manual de Derecho Procesal*, p. 212: "La habitualidad hacer relación al consumo crónico de alcohol, es decir, el permanente y reiterado, sin considerar la periodicidad con que ocurra. El hábito, de donde proviene el vocablo habitualidad, significa dependencia o satisfacción de una necesidad. En pocas palabras, cuando constituye un vicio. En estricto sentido, por embriaguez habitual se entiende el consumo de alcohol que produce determinados efectos físicos y psíquicos, es decir, embriaguez, y que se realiza en forma reiterada o habitual, para satisfacer una necesidad creada por un estado de dependencia, característico del vicio. Son dos los aspectos operantes la causal: los efectos o consecuencias que en la persona produce el produce el consumo de alcohol, a la que se refiere la embriaguez, y la periodicidad con que se produzca, que constituye el hábito."

2. Voluntariedad e intencionalidad: El adicto asume de forma consciente y voluntaria el consumo respectivo, actúa con plena intención de embriagarse o drogarse, incluso conoce a ciencia cierta que dicho consumo es nocivo y perjudicial para su salud, tiene plena conciencia que su vida matrimonial se ve afectada, porque no puede cumplir a cabalidad con los deberes inherentes que impone su unión conyugal, y además de ello, tiene absoluto conocimiento de que su vida matrimonial podría cesar por dicha adicción, sin embargo, persiste voluntariamente e intencionalmente en ello, revistiendo su conducta imputable como fundamento de divorcio.
3. Adicción grave: Como lo señalamos anteriormente, la adicción debe ser grave, con una tendencia irreversible, constituyéndose en un hábito irresistible y permanente, de forma compulsiva e incontrolable.
4. Que se haga imposible la vida en común: Producto de la adicción, el cónyuge culpable asume una conducta absolutamente deleznable y vergonzosa, perturbadora y desconsiderada, pudiendo llegar incluso a poner en grave peligro a todos los integrantes de la familia.

Las personas adictas al alcohol y a las drogas, por lo general, escenifican episodios de gran irritabilidad, que pudieran conducir a situaciones de absoluta violencia física y verbal. Tal y como lo señala Vidal Taquini:[229]

> Los alcohólicos y drogadictos crónicos se distinguen por su irritabilidad que da paso a crisis violentas de enojo, en especial cuando se les recrimina o se intenta reducirles o retirarles el alcohol o la droga; son agresivos con tendencia a castigar y lesionar a sus familiares y otras personas; son proclives a cometer delitos contra la honestidad y la propiedad a propósito de la falta de sustancia nociva para obtenerla; caen en la indolencia, abandonando su ropa personal, caracterizándose por su suciedad; y como todos sufren un descenso global de las funciones psíquicas, particularmente de la memoria y del juicio crítico, padeciendo delirios, amnesia, etc., más allá de que cada droga produce efectos particulares.

Ante este escenario, se torna intolerable la vida en común, constituyéndose en un verdadero tormento para el cónyuge inocente el poder realizar todas las actividades propias del matrimonio. En este sentido, el cónyuge adicto, producto de la adicción en la que se encuentra inmerso, le es imposible cumplir fiel y cabalmente con todas y cada una de las obligaciones inherentes a la institución matrimonial, poniendo en riesgo

---

[229] Cit. CARLOS H. VIDAL TAQUINI, *Matrimonio Civil*, p. 413.

manifiesto la integridad física y psíquica del otro cónyuge y de sus propios hijos, haciéndose en consecuencia, imposible la vida en común.

6.4 Extinción y privación de la patria potestad

La Ley Orgánica sobre Sustancias Estupefacientes y Psicotrópicas, establece en su artículo 86, que el padre y la madre en sus casos, serán privados de la patria potestad: 1° Cuando por consumo habitual de las sustancias a que se refiere la ley, pudieran comprometer la salud, la seguridad o la moralidad de los hijos. 2° Cuando los utilicen para cualquiera de los delitos previstos en la ley 3° Cuando la notoriedad de las conductas delictivas previstas en esta ley trascienda al hogar o influya en la formación de los hijos. 4° Cuando consintieren que sus hijos consuman cualquiera de las sustancias a que se refiere la ley salvo que demuestren lo contrario. Tampoco podrán obtener el cargo de tutor ordinario o interino ni de protutor o curador, ni ser miembro del consejo de tutela y se considerarán inhábiles para desempeñarlos y serán removidos de sus cargos, aquellas personas que se encuentren involucradas en las acciones u omisiones descritas en el artículo.

En virtud de la contundencia de dicha causal, al cónyuge culpable le será impuesta una severa sanción, como lo es la extinción de la patria potestad, es por ello que la Ley Orgánica para la Protección de Niños, Niñas y Adolescentes, en el artículo 351, parágrafo segundo, establece:

> si el divorcio es declarado con lugar, con fundamento en las causales 4° y 6° del artículo 185 del Código Civil, se declarará extinguida la Patria Potestad al o la cónyuge que haya incurrido en ellas, sin que por ello cese la Obligación de Manutención. En este supuesto la Patria Potestad la ejercerá exclusivamente el otro padre o madre. Si éste se encuentra impedido o impedida para ejercerla o está afectado por privación o extinción de la misma, el juez o jueza abrirá la Tutela y, de ser el caso dispondrá la colocación familiar.

Sobre este particular, compartimos plenamente el criterio sostenido por Domínguez Guillén[230], relacionado al hecho del carácter definitivo de la extinción de la patria potestad. Ciertamente una persona adicta al alcohol o a las drogas puede rehabilitarse si efectivamente se somete al tratamiento correspondiente, pudiendo en consecuencia, asumir plenamente todas las facultades y atribuciones que genera el ejercicio de la patria potestad. En este sentido, Domínguez Guillén claramente señala:

> La causal en comentarios al igual que la cuarta (4°) del artículo 185 CC –a nuestro criterio según lo explicamos anteriormente- genera la privación (y no la extinción) de la

---

[230] Cit. María Candelaria Domínguez Guillén, *Manual de Derecho de Familia*, p. 182.

patria potestad de los hijos comunes, no obstante, la expresión "extinguida" utilizada por el parágrafo segundo del artículo 351 de la LOPNNA. La "extinción" es definitiva como la muerte o la mayoridad, en tanto que la "privación" es temporal porque puede operar la rehabilitación siguiendo el procedimiento de la ley. En el caso que nos ocupa con mayor razón, considerando que se trata de afecciones susceptibles de rehabilitación médica. Por lo que reiteramos pretender la "extinción" de la patria potestad dado su carácter definitivo, constituiría una sanción perpetua prohibida por la Constitución.

6.5 Pruebas

Esta causal de divorcio es facultativa, y, en consecuencia, corresponde al juez apreciar los hechos alegados por la parte actora para de esta manera determinar si efectivamente se está en presencia de una adicción alcohólica u otras formas graves de fármaco dependencia que hagan imposible la vida en común.

Sostiene Suárez Franco:[231]

> Desde un punto de vista estrictamente jurídico y de la prueba, la embriaguez y el alcoholismo difieren fundamentalmente; mientras que para la embriaguez basta que probar el hecho que la constituye y su habitualidad, lo que se puede lograr con prueba testimonial, el alcoholismo requiere además de esto el dictamen pericial con que se pruebe la enfermedad.

En este sentido, consideramos que entre las pruebas que deben ser aportadas a los fines demostrativos de la casual, destaca como la más idónea la prueba testifical, a los fines de determinar si ciertamente el cónyuge adicto ha tornado imposible la vida en común. No basta con señalar y demostrar mediante experticia la adicción propiamente dicha, ya que realmente lo que el legislador estableció fue que esa habitualidad en la bebida conduzca a la imposibilidad de la vida comunitaria, haciéndola intolerable e insoportable para el cónyuge inocente. Esa posición, también es sostenida por Escudero Alzate,[232] al afirmar:

> En cuanto al aspecto probatorio la causal se acredita con cualquiera de los medios ordinarios de prueba, sin que sea necesario un dictamen pericial, es suficiente establecer la habitualidad en la bebida, que se demuestra con testimonios, sin que requiera prueba científica, pues se trata de probar la embriaguez habitual, periódica y continua. Y no el alcoholismo.

---

[231] Cit. Roberto Suárez Franco, *Derecho de Familia*, p. 207
[232] Cit. María Cristina Escudero Alzate, *Procedimiento de Familia y del Menor*, p. 347

Así lo considera el Maestro López Herrera,[233] quien destaca que a pesar de que un extenso sector de la jurisprudencia venezolana, considera que la embriaguez consuetudinaria para ser estimada como causal de divorcio, tiene que ser de tal naturaleza que trascienda a un estado patológico del individuo, es por ello que consideran pertinente y fundamental la experticia, y López Herrera lo desecha al considerarlo "exagerado y erróneo", acertadamente considera que se confunde la prueba de la embriaguez como casual del divorcio civil, con la ebriedad como circunstancia penal. Señala también el citado autor, lo siguiente:

> La intención del legislador es clara: se trata de que para el cónyuge inocente resulte absolutamente intolerable la vida del esposo adicto al alcohol, a los estupefacientes o a fármacos que producen adicción, porque ello constituye un estado de injuria permanente y un completo abandono. Por eso estimamos que las referidas situaciones pueden demostrarse a través de cualquier medio idóneo en materia de acción de divorcio, sin que sea normalmente indispensable entrar en indagaciones de carácter médico, psiquiátrico o psicológico.

7. CAUSAL Ley 25 de 1992: Artículo 6°, numeral séptimo: Toda enfermedad o anormalidad grave e incurable, física o síquica, de uno de los cónyuges, que ponga en peligro la salud mental o física del otro cónyuge e imposibilite la comunidad matrimonial; Código Civil venezolano: Causal séptima: La interdicción por causa de perturbaciones psiquiátricas graves que imposibiliten la vida en común.

7.1 Introducción

En Colombia, la Ley 25 de 1992, abre el camino a la disolución del vínculo por concepto de toda enfermedad o anormalidad grave e incurable, física o síquica, de uno de los cónyuges, que ponga en peligro la salud mental o física del otro cónyuge e imposibilite la comunidad matrimonial. Tal y como lo sostiene Suárez Franco:[234]

> Mas no basta la simple anormalidad o enfermedad psíquica o física para que se configure la causal; es menester que se den dos circunstancias más: que sean graves o incurables, y que con ello se ponga en peligro la salud mental o física del otro cónyuge; indudablemente que la gravedad y lo incurable de una enfermedad son cuestiones que no puede resolver el juez directamente sin tener que valerse de los dictámenes médicos para determinar en cada caso si la enfermedad o anormalidad reviste tales caracteres que inexorablemente son causa grave de pena o para el rompimiento del vínculo.

---

[233] Cit. Francisco López Herrera, Derecho de Familia, pp. 213 y 214.
[234] Cit. Roberto Suárez Franco, Derecho de Familia, p. 207

Esta causal es sumamente delicada, en razón del carácter de sentido de humanidad y solidaridad que debe privar ante la calamidad de salud que padezca un ser humano. Mucho más aún cuando se aborda una problemática de salud a consecuencia de una terrible enfermedad, que posiblemente conduzca de forma inexorable al fallecimiento de quien la padece. Obviamente, que el cónyuge debe ser objeto de los cuidados necesarios en el tratamiento de su enfermedad, teniendo como primer apoyo a su pareja, quien se encuentra en la obligación de dispensar todas las atenciones que reviste la situación.

A simple vista, desde un punto objetivo, pareciese un contra sentido que el hecho de haber contraído una terrible enfermedad grave e incurable, el padeciente pueda también ser objeto de una acción de divorcio, con la argumentación de que ponga en peligro la salud mental o física del otro cónyuge e imposibilite la comunidad matrimonial.

Es comprensible, que ciertas y determinadas enfermedades graves e incurables, física o psíquica, como a manera de ejemplo, lo pueden ser: el sida (síndrome de inmunodeficiencia adquirida), el cáncer terminal, la demencia, etc., pueden efectivamente ser un impedimento para el normal desenvolvimiento de la vida matrimonial.

En decisión dictada por la Corte Constitucional de Colombia,[235] Sentencia C-246/02, de fecha 9 de abril de 2002, con ponencia del Magistrado Manuel José Cepeda Espinosa, se estableció:

> Las obligaciones existentes entre los esposos no se extienden al punto de exigir la convivencia cuando la salud está en peligro y, además, la vida en comunidad es imposible. La obligación de socorro y ayuda que emana del matrimonio impone a los cónyuges auxiliar, acompañar y apoyar al cónyuge gravemente enfermo o discapacitado. Pero tal obligación tiene límites constitucionales: a nadie le es exigible jurídicamente sacrificios tan gravosos que pongan en peligro la existencia del propio ser, así como tampoco el exponer a riesgo la propia salud o renunciar a la decisión autónoma de optar por convivir armónicamente en una familia. Los límites constitucionales de la obligación conyugal de socorro y ayuda también tienen un fundamento constitucional en el deber de cuidar de la salud propia, en el derecho a la salud y en el derecho al libre desarrollo de la personalidad. Esta obligación debe ser interpretada, entonces, de conformidad con la Constitución. Además, ello supone el establecimiento de restricciones objetivas y razonables al mencionado deber de solidaridad. De ordinario, el deber consiste en la exigencia de una conducta que implica el sacrificio de algún interés del actor, o que contraría la tendencia que busca un objeto gratificante. Pero tal sacrificio está al alcance del ciudadano normal, es decir, no se requiere de condiciones humanas excepcionales para cumplir los

---

[235] Disponible en: http://www.corteconstitucional.gov.co/relatoria/2002/c-246-02.htm

deberes que posibilitan la convivencia. Desde una perspectiva constitucional al cónyuge no se le puede exigir una actitud heroica ni que asuma la postura del mártir. Por ello, una ponderación entre los deberes, y entre éstos y los derechos contrapuestos, es ineludible.

(...) cuando en la causal de divorcio que se alega, como sucede con la causal sexta, en este proceso demandada, no se presenta culpa alguna de los cónyuges divorciados, el legislador guarda silencio sobre la materia. Se tiene, pues, que, en virtud de ese vacío y a diferencia de lo que sucede cuando hay un cónyuge culpable, la obligación de socorro y ayuda termina abruptamente como consecuencia del divorcio. Y ello ocurre precisa y sorprendentemente cuando la necesidad de cuidado del cónyuge enfermo o discapacitado aumenta para respetar su dignidad y preservar su autonomía reducida por sus propias circunstancias, sin que, por otra parte, exista normatividad relativa a la seguridad social que regule la materia.

El hecho de que la persona gravemente afectada de una enfermedad o discapacidad incurable quede expósita luego del divorcio, sin que el otro cónyuge deba prestarle alimentos, atenta contra la autonomía del cónyuge enfermo, así como contra el principio de dignidad humana. Es claro para la Corte, entonces, que se hace necesario condicionar la constitucionalidad de la causal acusada en el sentido de que el cónyuge divorciado que tenga enfermedad o anormalidad grave e incurable, física o psíquica, que carezca de medios para subsistir autónoma y dignamente, tiene derecho a que el otro cónyuge le suministre los alimentos respectivos, sin que ello excluya la realización voluntaria de prestaciones personales de éste en beneficio del cónyuge enfermo o anormal.

Como se anotó, la legislación civil no prevé específicamente esta posibilidad habida cuenta de que cuando se invoca esta causal no hay propiamente un cónyuge culpable y otro inocente. No obstante, en las normas vigentes sobre alimentos se encuentran criterios pertinentes que pueden ser aplicados por analogía por el juez competente en cada caso. Estos criterios se refieren a diversos aspectos dentro de los cuales cabe destacar los siguientes. Primero, el criterio de necesidad. Si el cónyuge enfermo o anormal no necesita los alimentos para subsistir de manera digna y autónoma, no tiene derecho a exigirlos. En el mismo sentido, si éste necesita tales alimentos para dicho fin, tendrá derecho a ellos en una cuantía razonable a la luz del propósito de asegurarle una vida digna con un grado de autonomía compatible con las limitaciones derivadas de su enfermedad o anormalidad. Segundo, el criterio de capacidad. El monto de los alimentos ha de guardar relación con la capacidad económica del alimentante. Así, el alimentante no puede ser obligado a pagar una suma desproporcionada dada su condición socio-económica y sus ingresos, sin perjuicio de que la cuantía de los alimentos evolucione con los cambios en la capacidad económica del alimentante. Tercero, el criterio de permanencia. Dados los avances de la medicina y de la ciencia en general, la situación del alimentado puede cambiar de tal manera que las condiciones que le hacían imposible subsistir digna y autónomamente sin los alimentos disminuyan – caso en el cual la cuantía de los alimentos podría bajar – o terminen por desaparecer – caso en el cual el alimentante no tendrá que seguir pagando alimentos que han dejado de ser necesarios para la subsistencia digna y autónoma del hasta entonces alimentado.

Naturalmente, los cónyuges divorciados pueden definir de mutuo acuerdo si se dan las condiciones anteriormente mencionadas, cuál ha de ser el monto de los alimentos y de qué manera se hará el seguimiento a la evolución de la situación de cada uno. En caso de que no se llegue a un acuerdo, se podrá acudir a la justicia por las vías procesales que ofrece el ordenamiento jurídico en materia de alimentos.

En 1982, el legislador venezolano consideró factible a incorporación de una nueva causal de divorcio, el rompimiento del vínculo matrimonial, pero a diferencia de Colombia, la causal de divorcio se limita a consecuencia de la interdicción por causa de perturbaciones psiquiátricas graves que imposibiliten la vida en común.[236] En este caso, el Juez no decretará el divorcio sin antes procurar la manutención y el tratamiento médico del enfermo.

Con dicha incorporación, el legislador buscaba un equilibrio de la vida conyugal, evitando en consecuencia, que la demencia o cualquier otro tipo de enfermedad mental afectasen el normal desenvolvimiento de la pareja matrimonial. Es por ello, que la inclusión de la interdicción judicial por perturbaciones psiquiátricas como causal de divorcio en el Código Civil venezolano, constituye una clara muestra de la modalidad del divorcio solución, pues en tal caso la disolución del vínculo matrimonial se genera, no por un incumplimiento injustificado de los derechos conyugales por parte del cónyuge entredicho, a quien en forma alguna puede sancionársele por su condición de salud

---

[236] Cit. MARÍA CANDELARIA DOMÍNGUEZ GUILLÉN, *Manual de Derecho de Familia*, p. 182: "La norma agrega que "imposibiliten la vida en común", lo que pareciera denotar o dar a entender que pudieran existir supuestos que no harían imposible o al menos difícil la vida en común, y para algunos pudiera ser apreciado por el Juez. Sin embargo, creemos que aun cuando la causal sea calificada de "facultativa", la gravedad de la causa implícita en el régimen, que es la única que propicia el mismo, haría imposible la convivencia natural del matrimonio".

mental, pero ante tal situación que evidentemente impide la vida en común de los cónyuges, la única solución posible concebida por el legislador fue la declaratoria de procedencia de la disolución del vínculo conyugal, no bajo la figura de divorcio como sanción,[237] sino como remedio.

Al incorporarse esta causal en el artículo 185 del Código Civil, se generó inmediatamente la crítica a su concepción, considerándose absolutamente alejada de los más elementales principios de humanidad y de violación a los deberes que se les imponen a los cónyuges en razón del matrimonio. Sin embargo, otro sector de la doctrina patria, considera oportuna y pertinente dicha causal, basándose para ello en la imposibilidad del cónyuge padeciente de la enfermedad mental de cumplir a cabalidad con todas y cada una de las obligaciones inherentes a la institución matrimonial.

7.2 Procedencia de la causal

A los fines de la procedencia de la causal prevista en el ordinal 7° del artículo 185 del Código Civil, se hace necesario que en forma previa haya sido declarada la interdicción del cónyuge, por parte del juez competente en materia de familia.

Tal y como lo señala Hung Vaillant,[238] podemos describir a la interdicción como una decisión judicial, mediante la cual y previo el cumplimiento de los requisitos legales necesarios, se procede a privar de capacidad negocial a una persona mayor de edad; fundamentándose en la existencia de un defecto psíquico o mental grave que elimina o afecta la facultad de atender por sí mismo el cuidado de su propia persona o de sus propios intereses.

De acuerdo a los criterios de Grimaldi de Caldera y Bilbao de Romer:[239]

> la alteración de las facultades mentales es una de las causales más necesarias de incapacidad que existen: el ser privado de razón, total o parcialmente, no se encuentra en condiciones de realizar obra de voluntad consciente, obra jurídica los actos jurídicos no podrían emanar más que de un cerebro lúcido, apto para apreciar su significación y calcular su alcance, y los actos ilícitos mismos no podrían comprometer la responsabilidad de aquél que los ha realizado inconscientemente sin haberlos querido; a decir verdad quien los realizó no es su autor, en el sentido filosófico y jurídico de la palabra.

En este sentido, el artículo 393 del Código Civil, expresamente señala:

---

[237] Cit. ARTURO LUIS TORRES-RIVERO, *Mis comentarios y reparos a la reforma del Código Civil en 1982*, p. 43: "un divorcio por <<La interdicción por causa de perturbaciones psiquiátricas graves...>> es algo que no le es imputable al cónyuge entredicho, o sea, que no es por culpa de él; por lo tanto, no es un divorcio sanción, cuyo fundamento es castigar al cónyuge faltante, ofensor, agresor o agraviante, por la falta, ofensa, agresión o agravio, al otro cónyuge, faltado, ofendido, agredido o agraviado, que es quien s ele confiere la posibilidad de hacerlo valer"
[238] FRANCISCO HUNG VAILLANT, *Derecho Civil I*, Cuarta Edición, Caracas: Vadell Hermanos Editores, 2009, p. 325
[239] ELVIRA GRIMALDI DE CALDERA y GRACIELA BILBAO DE ROMER, "El enfermo mental en nuestro ordenamiento jurídico", disponible en: http://servicio.bc.uc.edu.ve/derecho/revista/52/52-3.pdf

El mayor de edad y el menor emancipado que se encuentre en estado habitual de defecto intelectual que los haga incapaces de proveer a sus propios intereses, serán sometidos a interdicción, aunque tengan intervalos lúcidos.

Del referido artículo 393 del Código Civil se deducen los requisitos concurrentes que precisa la causa que propicia la interdicción, materializados en el defecto intelectual, grave, habitual y actual. Cuando se señala un "defecto intelectual", estamos en presencia de una persona que se encuentra en una condición de minusvalía intelectual, afectada por una enfermedad que lastimosamente lo ubica en un plano de discapacidad mental.

Al abordarse el punto referente a lo "grave",[240] tenemos que dicho padecimiento es de tal magnitud, que compromete a la voluntad y al discernimiento del afectado, razón por la cual, el afectado se encuentra impedido de proveer sus propios intereses, en consecuencia, necesita de las atenciones y cuidados necesarios para tal fin.

Al exigirse el carácter de "habitual", se requiere precisamente que dicha enfermedad mental no sea producto de la temporalidad, es decir, que la misma retorne a su estado normal o natural en un trascurso breve de tiempo, por el contrario, es una enfermedad que estará presente en el sujeto de forma permanente.

Por último, al establecerse el requisito "actual", en este sentido, Domínguez Guillén[241] afirma:

> esto es subsistir al tiempo que se pretende la incapacitación y al momento del pronunciamiento porque si un defecto fue grave y subsistió prolongadamente en el tiempo, pero ha desaparecido, pierde sentido la incapacitación que se presenta como una protección al futuro, sin perjuicio de la impugnación de los actos realizados dada la incapacidad natural. No exige la ley venezolana que la afección sea notoria ni curable.

También consideramos oportuno, traer a colación el criterio sostenido por los juristas argentinos Lagomarsino y Uriarte,[242] quienes consideran acertadamente que, en virtud de la alteración mental, deben sostenerse las siguientes exigencias:

1. Gravedad: La perturbación mental debe comportar un trastorno crónico y casi global de las facultades mentales del sujeto. En virtud de ello, debemos estar en presencia de padecimientos generales y persistentes de las funciones intelectuales o volitivas del sujeto, que impiden la adaptación lógica de quien las padece a las normas del medio ambiente. En este sentido, la descripción es indicativa de la

---

[240] Nerio Perera Planas, *Análisis del Nuevo Código Civil*, Maracay, Editorial del Instituto de Estudios Jurídicos "Carlos Alberto Taylhardat", Colegio de Abogados del Estado Aragua, 1983, p. 118: "Sin embargo, cuando el artículo habla de perturbaciones psiquiátricas añade el calificativo de "graves" ¿Quiere con ello decir que, ante la presencia de una interdicción por defecto intelectual habitual que no conforme el adjetivo, no servirá de base para el divorcio? La respuesta viene dada en seguida por la propia norma. La gravedad se refiere a la circunstancia de que el defecto intelectual, la perturbación psiquiátrica debe hacer imposible la vida en común, que es tanto como dejar en manos del Juez la apreciación de tal gravedad, el impacto anímico que produce en el cónyuge la dolencia del otro esposo."
[241] María Candelaria Domínguez Guillén, *Derecho Civil I Personas*, Caracas: Ediciones Paredes, 2011, p. 435
[242] Cit. Carlos A. Lagomarsino R y Jorge A. Uriarte, *Separación Personal*, p. 215 y 216

gravedad, lo cual descartaría cualquier tipo de cuadro de origen psicógeno, asociado o no a problemas orgánicos o lesiones cerebrales que no produzcan los efectos señalados.

2. Permanencia: Además de la gravedad del cuadro psiquiátrico del padeciente, se requiere que sea permanente. Por lo general se ha tomado este requisito bajo la concepción de enfermedad incurable, pero ciertamente podría darse el caso de que por la gravedad que reviste la enfermedad mental, que durante un largo lapso de tiempo el afectado no recobre la sanidad mental o su recuperación sea incalculable, si lo tomamos dentro de un plano estricto y riguroso podríamos afirmar que la intención per se dé la permanencia, se materializa en el hecho de que la enfermedad mental es irreversible y que no hay posibilidad alguna de retornar a la normalidad. Pero tal y como lo conciben los citados autores, la comprensión de este requisito debe "centrarse en el nexo causal entre la alteración mental y el cese de la vida en común, interpretándose que es la situación del enfermo la que constituye la causa que impide la convivencia".

3. Impedir la vida en común: Aquí precisamente radica el espíritu y razón del legislador al concebir la norma, pareciese a simple vista, que lo que se trata es de evitar un conflicto familiar, que debido a la gravedad y permanencia de la enfermedad mental el cónyuge padeciente no pueda cumplir en modo alguno con todas y cada una de las obligaciones y deberes que imponen la institución matrimonial, poniendo inclusive en peligro la integridad personal de la pareja y de los propios hijos, tornándose así imposible la vida en común.

A los efectos de la declaratoria de la interdicción,[243] se hace necesaria la intervención del aparato jurisdiccional, debiéndose realizar la correspondiente tramitación del procedimiento judicial que declare la interdicción del afectado por la enfermedad mental. En este sentido, de conformidad con el artículo 735 del Código de Procedimiento Civil, será competente el juez que ejerza jurisdicción especial en materia de familia en el domicilio de la persona cuya interdicción se solicita.

De acuerdo a lo previsto en el artículo 395 del Código Civil, pueden promover la interdicción: el cónyuge, cualquier pariente del incapaz, el Síndico Procurador Municipal y cualquier persona a quien le interese. El Juez puede promoverla de oficio.

El procedimiento a seguir se encuentra comprendido en los artículos 733 al 739 del Código de Procedimiento Civil y en el artículo 396 del Código Civil, y el mismo consta de dos fases: sumaria y plenaria.

La fase sumaria es precisamente la etapa inicial, mediante la cual el tribunal competente declarará la apertura del procedimiento y procederá a realizar la averiguación sumaria de los hechos objeto del caso, nombrando en consecuencia, por lo menos dos facultativos para que examinen al notado de demencia y emitan juicio, y practicará lo dispuesto en el artículo 396 del Código Civil (el cual ordena a interrogar a la persona de cuya

---

[243] EDILIA DE FREITAS DE GOUVEIA, "Comentarios sobre el procedimiento de interdicción". *Temas de Derecho Civil: Libro homenaje a Andrés Aguilar Mawdsley*, Caracas, Tribunal Supremo de Justicia, 2004. Colección Libros homenaje N° 14, Vol. I, p. 385-417

interdicción se trate y oír a cuatro de sus parientes inmediatos, y en defecto de éstos, a amigos de su familia) y lo demás que juzgue necesario para formar concepto.

El interrogatorio al notado de demencia resulta una de las piezas claves del procedimiento, siendo considerado éste por gran parte de la doctrina como un medio de prueba directo, legal, autónomo e imperativo. Aquí jugará un papel muy especial las máximas de experiencias y el principio de inmediación, debiendo en consecuencia el juzgador, con extraordinaria precisión, analizar todos los aspectos constitutivos del enfermo mental (físico, congruencia de palabra, actitudes de manía, paranoia, etc.), en fin, el juez tiene que tener el absoluto dominio de los elementos esenciales de la conducta y forma de proceder de un ciudadano promedio, que convive y se desarrolla dentro de los parámetros de la sociedad.

A pesar de que la legislación venezolana no hace mención alguna de la forma mediante la cual se deba realizar el interrogatorio, solo se cuenta con la referencia de artículo 738 del Código de Procedimiento Civil, según el cual las actas del interrogatorio deben expresar las preguntas y respuestas dadas, en el caso del demente, las preguntas no se deben formular bajo el mismo esquema del interrogatorio de testigos. Es por ello, que lo más conveniente en estos casos, es que el interrogatorio se realice bajo la modalidad de "conversación" libre pero dirigida.

Siguiendo el criterio sostenido por Domínguez Guillén,[244] resulta más que obvio que la experticia médica constituye la prueba fundamental y determinante en el proceso de incapacitación porque es tal profesional quien cuenta con las herramientas determinantes para dictaminar el estado mental de un individuo.[245]

De conformidad con lo establecido en el artículo 734 del Código de Procedimiento Civil, si de la averiguación sumaria resultaren datos suficientes de la demencia imputada, el Juez ordenará seguir formalmente el proceso por los trámites del juicio ordinario; decretará la interdicción provisional y nombrará tutor interino, con arreglo a lo dispuesto en el Código Civil.

En la fase plenaria, siguiendo el mismo artículo 734 del Código de Procedimiento Civil, por el hecho mismo de haberse decretado la interdicción provisional, quedará la causa abierta a pruebas, instruyéndose las que promuevan el indiciado de demencia o su tutor interino y la otra parte, si la hubiere, y las que el Juez promueva de oficio. Incluso, en cualquier estado del proceso el juzgador podrá admitir y aun acordar de oficio la

---

[244] Cit. María Candelaria Domínguez Guillén, *Derecho Civil I Personas*, p. 439
[245] María Candelaria Domínguez Guillén, *Ensayos sobre capacidad y otros temas de Derecho Civil*, Colección Nuevos Autores, N° 1, Tribunal Supremo de Justicia, Caracas, 2001, p. 347: "La experticia médica se presenta como la prueba determinante de la enfermedad mental, pero en el supuesto excepcional de que la misma no sea posible, la pretendida incapacidad deberá derivarse de otros elementos probatorios del procedimiento. No puede el juez –a nuestro criterio- extraer una suerte de presunción en contra de quien se niega a practicarse el examen médico, porque tal posibilidad no está prevista dentro de este procedimiento de incapacitación, y las consecuencias del mismo son absolutamente graves dentro de la esfera de la capacidad de obrar."
Véase también de la misma autora: "El procedimiento de incapacitación", *Revista de la Facultad de Ciencias Jurídicas y Políticas*, N° 122, Caracas, Universidad Central de Venezuela, 2001, pp. 259-401. "La incapacitación en el Derecho Venezolano". *Revista de Derecho de Familia y de las Personas*. La Ley, Argentina, Año VII, N° 2, marzo 2015, pp. 143-168.

evacuación de cualquiera otra prueba, cuando considere que puede contribuir a precisar la verdadera condición del indiciado de demencia.

Una vez concluido los lapsos probatorios y de informes, el juez procederá a dictar la correspondiente sentencia, mediante la cual decretará la interdicción o revocará la decretada provisionalmente. De acuerdo a lo previsto en el artículo 734 del Código de Procedimiento Civil, en caso de la declaratoria de no haber lugar a la interdicción no impedirá que pueda abrirse nuevo procedimiento, si se presentar en nuevos hechos, tal y como lo plantea Perera Planas:[246] "el sindicado de demencia ofrezca nueva sintomatología o cuando se presentaren nuevos datos."

Por último, de acuerdo a lo preceptuado en los artículos 736 y 737 del Código de Procedimiento Civil, la sentencia dictada por el tribunal tiene consulta obligatoria con el superior, si la alzada declara sin lugar la solicitud de interdicción, no habría impedimento alguno para la apertura de un nuevo juicio de interdicción, en virtud del avenimiento de nuevos hechos o circunstancias que así lo ameriten.

7.3 Juicio de divorcio

En virtud de que el entredicho por su falta de discernimiento no puede ejercer por sí acción de divorcio, por ser personalísima y no admitirse respecto de tales acciones la representación legal.[247]

A los fines de la admisibilidad de la demanda con fundamento en el ordinal 7° del artículo 185 del Código Civil, resulta un requisito sine qua non la existencia de una sentencia definitivamente firme,[248] mediante la cual haya sido declarada la interdicción del cónyuge demandado. No basta con que el demandante alegue la existencia de perturbaciones psiquiátricas en la persona de su cónyuge, sino que el mismo debe haber sido declarado entredicho, en virtud de que durante el decurso de la acción de divorcio no va a demostrase la procedencia de la interdicción, por el contrario, es menester que la misma haya sido declarada previamente conforme al procedimiento antes señalado.

En este sentido, nos acogemos al criterio sostenido por Perera Planas,[249] quien señala que, a los fines de determinar la perturbación psiquiátrica grave determinada por facultativos en un informe, no bastan para la conformación de la causal. Ciertamente se amerita la declaratoria judicial de interdicción del cónyuge demandado a los fines de su admisibilidad, pero no es menos cierto, que una cosa sea la existencia de dicha interdicción, que en opinión del profesional de la medicina reviste seria gravedad; y otra que en el campo del derecho "a los ojos del Juez y ante las evidencias judiciales, impida

---

[246] Cit. NERIO PERERA PLANAS, *Causas de Divorcio*, p. 399
[247] Cit. MARÍA CANDELARIA DOMÍNGUEZ GUILLÉN, *Ensayos sobre capacidad y otros temas de Derecho Civil*, p. 523 y 526.
[248] Véase en sentido contrario: Cit. MARÍA CANDELARIA DOMÍNGUEZ GUILLÉN, *Manual de Derecho de Familia*, pp. 183 y 184, "La existencia del carácter de definidamente firme de la sentencia[248] – a diferencia de la interdicción legal que sí lo precisa- podría resultar exagerada especialmente ante la posibilidad de casación, dada la naturaleza de "remedio" de la presente causal. El sentido de la ley es simplemente relevar al cónyuge del entredicho judicial del vínculo matrimonial, si la incapacidad ha sido declarada por sentencia y no bajo el alegato de una incapacidad natural, carente de control judicial".
[249] Cit. NERIO PERERA PLANAS, *Análisis del Nuevo Código Civil*, p.119

la vida en común. Que no es otra cosa que la consideración del aspecto subjetivo de la percusión de la dolencia de uno de los cónyuges en el ánimo del otro."[250]

7.4 Críticas y defensas de la causal

Esta causal ha sido duramente criticada por algunos autores, quienes la han calificado de inhumana y antagónica, pues se plantea que viola el deber de asistencia mutua que debe existir entre los cónyuges. Así mismo se aduce que la misma carece de técnica legislativa, siendo la misma confusa y deficiente.

En efecto, con la celebración del matrimonio se generan inmediatamente todo un conjunto de deberes y derechos entre los cónyuges, siendo éstos de naturaleza legal, de orden público y recíproco.

En el caso que nos ocupa, entran en discusión un deber fundamental, como lo es el de asistencia[251], consagrado en el artículo 137 del Código Civil. Siguiendo las enseñanzas del Maestro López Herrera,[252] ese deber está constituido por el conjunto de cuidados, tanto físicos como morales, que deben prodigarse los esposos durante toda la vida matrimonial, tanto en épocas de normalidad y/o felicidad como en momentos de desgracia o de enfermedad, y aquí entran en relevancia aspectos como las manifestaciones de afecto, preocupación y mutua consideración, el respeto a la dignidad, etc.

Precisamente, López Herrera[253] es manifiestamente crítico en lo referente a la causal in comento, señalando:

> que ciertamente no se compadece con el deber conyugal de asistencia que recae sobre el cónyuge sano, únicamente puede explicarse en base a la idea del divorcio remedio. En todo caso, la norma que la reconoce en el CC venezolano vigente, es bastante deficiente y confusa, desde el punto de vista legislativa.

Aquí encontramos un evidente choque, una gran contradicción, que invade las esferas de lo afectivo, del amor y compenetración que debe existir en la pareja matrimonial, del más claro e inequívoco concepto de humanidad, y de los más elementales deberes del matrimonio, como lo constituye el cuidado y la atención que debe ser debidamente

---

[250] Véase en sentido contrario: Cit. María Candelaria Domínguez Guillén, *Manual de Derecho de Familia*, p. 182 y 183, "La norma agrega que *"imposibiliten la vida en común"*, lo que pareciera denotar o dar a entender que pudieran existir supuestos que no harían imposible o al menos difícil la vida en común, y para algunos ello pudiera ser apreciado por el Juez. Sin embargo, creemos que aun cuando la causal sea calificada de "facultativa", la gravedad de la causa implícita en el régimen, que es la única circunstancia que propicia el mismo, haría imposible la convivencia natural del matrimonio. Es decir, la interpretación relativa a que podrán existir afecciones mentales "graves" que, no obstante generar la interdicción podrían ser "soportables" por el otro cónyuge, contraría el sentido de la causal, que se orienta a permitirle al cónyuge del entredicho liberarse del vínculo matrimonial, dada la gravedad de la circunstancia y la obvia imposibilidad de cumplir los mínimos deberes conyugales".
[251] Cit. Juan José Bocaranda E., *Guía Informática de Derecho de Familia*, p. 393: "El deber de asistencia es la concreción de la affectio mutua, que se manifiesta en las atenciones, cuidados, preocupación, y desvelos del uno para con el otro, en toda circunstancia. Se puede sintetizar en el apoyo moral que deben como "cónyuges" (de "cum" y "jugum"), es decir, como pareja que avanza bajo el "yugo" de una misma y exigente responsabilidad."
[252] Cit. Francisco López Herrera, Derecho de Familia, p. 457
[253] Ibid., p. 214

dispensada a la esposa o esposo que se encuentre en una situación de calamidad, y nos preguntamos ¿En caso de perturbación mental del cónyuge no requerirá de los cuidados del otro? La respuesta es clara e indubitable, si requiere de las atenciones necesarias, por encontrarse impedido por la afectación mental que padece, de allí que se enerva el deber de asistencia para procurar los inmediatos cuidados al padeciente del cuadro psiquiátrico. Más, sin embargo, contrasta también ese deber de asistencia, con la obligación en el cumplimiento de las obligaciones matrimoniales, que lastimosamente el insano mental no podrá asumir debido a la enfermedad que lo embarga. Y allí precisamente radica una de las claras defensas de la causal de divorcio a través de la interdicción por causa de perturbaciones psiquiátricas graves que imposibiliten la vida en común.[254]

Ahora bien, ante ese escenario ¿Qué es lo más factible? ¿Mantener el vínculo matrimonial?, a lo largo de las historias de parejas matrimoniales, hemos evidenciado que muchas personas en el transcurso de la relación conyugal han padecido enfermedades psiquiátricas graves, tales como esquizofrenia, psicosis maniaco – depresiva, depresiones graves recurrentes, trastornos paranoides, síndromes cerebro – orgánicos y otras psicosis, y, sin embargo, no se ha acudido al divorcio para poner fin a la vida matrimonial. No es menos cierto, que dichas enfermedades generan una notable afectación en el desarrollo de la vida matrimonial, trayendo como consecuencia una angustiante situación en el cuadro familiar, que repercute visiblemente en el esquema óptimo y esperado de la relación conyugal.

En total y absoluto rechazo a la causal de divorcio a través de la interdicción por causa de perturbaciones psiquiátricas graves que imposibiliten la vida en común, se encuentra Torres-Rivero,[255] quien de forma clara y determinante sostiene:

> Además, en lo ético, la causal es censurable. Por cuanto el matrimonio es una comunidad de vida, no puede ser únicamente para lo favorable, para lo bueno. Ha de ser también para adverso, para lo malo; precisamente, cuando más debe manifestarse, porque es cuando el cónyuge en situaciones penosas o duras o conflictivas más necesita del otro cónyuge. Con la causal de la "La interdicción…" se desvirtúa el fin sublime del matrimonio, ya que del cónyuge entredicho puede deshacerse, o desasirse, el otro cónyuge, y poco importa todo lo demás. Es decir, en esa causal el deber de asistencia recíproca conyugal no tiene la expresión que debiera tener, por cuanto "La interdicción por causa de perturbaciones psiquiátricas

---

[254] RAÚL SOJO BIANCO, *Apuntes de Derecho de Familia y Sucesiones*, Décima Cuarta Edición, Caracas, Mobil-Libros, 2001, p. 225: "ante los lamentables casos de personas que han perdido las facultades mentales por lesiones patológicas o traumáticas, en forma irreversible, cuyos cónyuges se veían obligados a permanecer unidos a ellos en matrimonio, sin posibilidad alguna de rehacer su vida y sin asidero legal para romper el vínculo.
Con mucha frecuencia nos habíamos pronunciado en la Cátedra por una solución a estas situaciones de hecho, siempre respetando los principios morales y asegurando, en todo caso, el cumplimiento de las obligaciones que derivan de la solidaridad, que debe ser norte y guía de las relaciones familiares."
[255] Cit. ARTURO LUIS TORRES-RIVERO, *Mis comentarios y reparos a la reforma del Código Civil en 1982*, p. 43

graves...", es debida a circunstancias ajenas a la voluntad de quien la padece.

Interesante por lo demás es la acotación que realiza Grisanti Aveledo de Luigui,[256] señalando:

> En nuestro criterio la introducción de la causal de divorcio que comentamos es una ruindad. El matrimonio es la unión legal de un hombre y una mujer para establecer entre ellos una plena comunidad de vida. Del matrimonio derivan una serie de deberes recíprocos entre los cónyuges, uno de ellos es precisamente, la obligación de prodigarse en todos los momentos de la vida, todas las atenciones, los cuidados, la ayuda, el apoyo espiritual o físico que uno de los cónyuges pueda y el otro precise. Los esposos deben compartir todo entre ellos: los momentos buenos y los malos tiempos.

Vale la pena destacar los comentarios que expone D' Jesús,[257] quien considera que el legislador no creó un régimen especial para esta casual, surgiendo inconvenientes que en la práctica impiden el desarrollo de la acción, señalando primero que el cónyuge entredicho tiene por tutor a su marido, salvo en los casos en que haya oposición de intereses, en los cuales a solicitud de parte el Tribunal nombraría tutor ad hoc conforme a lo dispuesto en el artículo 398 y siguientes del Código Civil. En este sentido cabe destacar el acertado criterio sostenido por Domínguez Guillén,[258] quien sobre este particular expresa:

> Algunos señalan, que la presente causal entra en contradicción con el artículo 398 del CC que prevé la delación legal a favor del cónyuge del entredicho. Pero en esencia, no existe contradicción alguna porque de intentarse la demanda de divorcio por esta causa, se plantea una causa de inhabilitación relativa de conformidad con los artículos 397 y 339, ord. 6 del CC. Por lo que habrá de seguirse el orden de delación legal subsiguientes a los fines de la designación del tutor del entredicho, y de la continuación del proceso de divorcio. El artículo 187 del CC está en este sentido no obstante su redacción. La presente causal simplemente constituye una opción del cónyuge del entredicho, que mientras no sea procesalmente formalizada dejará en vigencia el régimen delación legal según el cual el cónyuge es el tutor de derecho del entredicho.

También destaca D' Jesús que, el entredicho es un incapaz para actuar en juicio, y en virtud de que los actos conciliatorios son personalísimos, existe para el cónyuge

---

[256] Cit. Isabel Grisanti Aveledo de Luigui, *Lecciones de Derecho de Familia*, pp. 276 y 277
[257] Cit. Antonio D' Jesús M., *Lecciones de Derecho de Familia*, p.85
[258] Cit. María Candelaria Domínguez Guillén, *Manual de Derecho de Familia*, p. 185 y 186

entredicho imposibilidad jurídica de cumplirlos sin que se haya previsto excepción alguna. Resulta más que evidente que el cónyuge padeciente de la enfermedad mental no podrá acudir a los actos conciliatorios previstos tanto en el Código de Procedimiento Civil como en la Ley Orgánica para la Protección de Niños, Niñas y Adolescentes, precisamente por encontrarse incapacitado para ello por la perturbación psiquiátrica que padece.

En nuestro criterio, el legislador ha debido prever un lapso de tiempo de la enfermedad mental, es decir, verificando su gravedad y convivencia del padeciente mental con su cónyuge e hijos, a los fines de que se realice el fiel cumplimiento del deber de asistencia impuesto a los cónyuges con relación al matrimonio, y no simplemente proceder a la disolución del vínculo por la aparición de la perturbación psiquiátrica. Es importante señalar, que el abordaje a una persona que padece una enfermedad mental grave es delicado, y requiere evidentemente de toda la información referida a su realidad personal, así como de la participación activa del grupo familiar en las terapias conducentes a la rehabilitación del enfermo, ese deber de asistencia del cónyuge sano en esas primeras etapas de la enfermedad psiquiátrica puede resultar definitoria para la recuperación del padeciente mental.

En este mismo sentido, consideramos que el legislador ha debido exigir en la causal de divorcio por interdicción por causa de perturbaciones psiquiátricas graves que imposibiliten la vida en común, que el cónyuge sano demuestre ante el juzgado de la causa, que agotó todos los tratamientos psiquiátricos existentes, y que, en virtud de ello, el enfermo mental fue debidamente atendido por los profesionales competentes, con la asistencia y apoyo de su grupo familiar. Es por ello, que coincidimos con el criterio de Bocaranda Espinosa,[259] quien, basándose en criterios de elemental humanidad, señala "no puede el juez limitarse a declarar la disolución del vínculo matrimonial, aun cuando en el curso del proceso haya quedado plenamente comprobada la interdicción, a través de la copia certificada de la sentencia respectiva."

En este sentido Lagomarsino y Uriarte,[260] han señalado en relación a las cuestiones interpretativas de las alteraciones mentales, que la misma debe tener un lapso de duración y no debe haber perdurado la comunidad de vida, citando como ejemplo el artículo 238 del Código Civil francés de 1975 (ley N° 75.617 y de. N° 75-1124) donde se establece una duración de seis años, otros similares requisitos temporales contemplados en México (dos años) artículos 266 y 271 del Código Civil, Portugal (seis años) artículo 1.781 del Código Civil, Suiza (tres años) artículo 141 del Código Civil, Brasil (cinco años) artículo 5, inc. 2°, ley 6515 del 26/12/1977, Puerto Rico (siete años) artículo 96 del Código Civil y Costa Rica (un año) artículo 58 del Código Civil.

---

[259] Cit. JUAN JOSÉ BOCARANDA E., *Guía Informática de Derecho de Familia*, p. 642
[260] Cit. CARLOS A. LAGOMARSINO R y JORGE A. URIARTE, *Separación Personal y Divorcio*, p. 217 y 218: "Nuestra legislación no exige término alguno de duración de la enfermedad mental para la procedencia de la acción de separación personal. Ello ha llevado a proponer la modificación de la norma actual, introduciendo como recaudo para la interposición de la demanda que mediare un lapso mínimo previo de tres años de duración de la enfermedad, o la internación anterior del cónyuge enfermo durante el mismo término.
La intención de la propuesta reside en acotar el ejercicio de la acción a fin de proteger al cónyuge enfermo, y sin que ello importe al sano sobrellevar esa situación de por vida."

Evidentemente, debemos estar conscientes, que la situación del entredicho puede tornase intolerante y peligrosa, escapándose de las manos del núcleo familiar; se podría estar en presencia de un sujeto que lastimosamente producto de su insanidad mental, genere episodios de exacerbada violencia, constituyéndose en una seria amenaza a la vida y a la integridad física del cónyuge sano y del resto de la familia que con él habita, lo cual imposibilitaría sin duda, la vida en común y el normal desenvolvimiento de la vida matrimonial.

7.5 Manutención y tratamiento del enfermo

Por tratarse de una persona que padece una perturbación psiquiátrica grave, el legislador en la referida causal previó que el juzgador no decretará el divorcio sin antes procurar[261] la manutención y el respectivo tratamiento médico, constituyéndose excepcionalmente en una obligación de alimentos entre cónyuges. Cabe destacar, que en criterio de Grisanti Aveledo de Luigui:[262] "más importante que la ayuda material concretada en la <<manutención y el tratamiento médico del enfermo>>, es el apoyo afectivo, la ayuda, la preocupación constante por el bienestar del enfermo que debe darle éste a su cónyuge, antes que nadie".

En este sentido, todos los gastos que ocasionen el tratamiento y la manutención del cónyuge afectado por la enfermedad mental, deberán ser debidamente cubiertos por el cónyuge sano. En caso de que éste no pudiere cubrir dichas expensas, consideramos que se aplicaría el criterio sostenido por Perera Planas[263], quien sobre este particular considera dos hipótesis:

1. Si el cónyuge sano no cuenta con los recursos económicos suficientes, pero el enfermo si los posee, resultaría inoperante instrumentar una orden condenatoria en tal sentido.
2. En el caso de que ninguno de los dos cónyuges posea medios económicos, también carecería de eficacia la previsión.

En nuestro criterio, ante esta circunstancia, el juez estaría en la obligación legal, moral y humanitaria de garantizarle al enfermo mental los cuidados necesarios, en este sentido, el tribunal estaría en la imperiosa necesidad de oficiar a las instituciones públicas competentes, para que se le garantice al padeciente de la enfermedad mental, de la manutención y atención médica necesarias.

La Corte Constitucional por intermedio de la sentencia C-246/02, estableció que si habría cabida a la obligación alimentaria, a pesar de ser una causal de divorcio remedio. Por este motivo, atinadamente la Corte Constitucional colombiana, consideró que el cónyuge que padece de una enfermedad o anormalidad grave e incurable, física o psíquica, que no posea los medios económicos suficientes para enfrentar su enfermedad,

---

[261] Cit. Raúl Sojo Bianco, *Apuntes de Derecho de Familia y Sucesiones* p. 226: "con la única crítica de que nosotros habríamos preferido que se empleara el vocablo "asegurar" en vez de "procurar"
[262] Cit. Isabel Grisanti Aveledo de Luigui, *Lecciones de Derecho de Familia*, p. 277
[263] Cit. Nerio Perera Planas, *Causas de Divorcio*, p. 403

así como para subsistir dignamente, le asiste el derecho a fin de que el otro cónyuge le dispense los alimentos correspondientes.

8. CAUSAL Ley 25 de 1992: Artículo 6°, numeral octavo: La separación de cuerpos, judicial o, de hecho, que haya perdurado por más de dos años.

Adopta el legislador colombiano, la más e inequívoca formula de divorcio como solución; en este sentido, se consagra un mecanismo de disolución del vínculo matrimonial, producto de la separación de cuerpos, bien sea por vía judicial o, de hecho, que haya perdurado por un transcurso de tiempo superior a los dos años.

Es evidente, que al invocarse esta causal,[264] no juega un papel preponderante el hecho provocante de la separación, por cuanto no hay presencia de un cónyuge culpable, simplemente se alega el transcurso del tiempo, sin que se haya producido reconciliación alguna entre los cónyuges.

En cuanto al plazo previsto por la ley, el cual se computa al ser superior a los dos años, es más que justificado, ya que evidentemente al registrase una separación judicial o de hecho superior a ese término, se evidencia un quebrantamiento inevitable de la vida marital, lo cual conduce inexorablemente, a la disolución del vínculo conyugal.

Con relación al plazo de dos años, considera Escudero Alzate,[265] sostiene a los efectos del cómputo del mismo, se debe tomar en cuenta, lo siguiente:

1. Cuando ha habido separación de hecho por el término de dos años, no habría problema alguno, ya que, una vez transcurrido ese tiempo, puede demandarse perfectamente el divorcio.
2. En el caso de sentencia judicial, ocurre exactamente lo mismo, si luego de fallado el proceso de separación de cuerpos y ejecutoriada la sentencia, ha pasado el mismo lapso de los dos años.
3. En el caso de la indefinición del término de los dos años, bien sea en separación judicial o de hecho, pero se han materializado ambas separaciones, sostiene Escudero: "la de hecho por un año, por ejemplo, y luego la judicial, desde la ejecutoria de la sentencia, otro término igual, se hace la acumulación de tiempo para preconstituir el término exigido e instaurar en la demanda; eso es perfectamente válido, para completar, estando separados de cuerpos los dos años; es más, se puede contar el tiempo de la separación judicial, el de hecho y

---

[264] Cit. JUAN ENRIQUE MEDINA PABÓN, *Derecho Civil Derecho de Familia*, pp. 300 y 301: "Siendo obligación principal de los cónyuges convivir permanentemente, es admisible que si en un lapso amplio no se cumplió ese objetivo se debe a una deficiencia seria de la relación y si la teoría del acto jurídico tuviera cabida aquí, estaríamos ante uno de esos eventos en los que se admite la disolución del vínculo cuando se establece de manera fehaciente que las partes no cumplen ni están dispuestas a cumplir (resolución tácita y mutuo disenso), solo que en lugar de resolución hablamos de divorcio.
Aunque no fue aplaudida por buena parte de la doctrina, esta causal era en su momento la más recursiva, cuando no existía el divorcio de común acuerdo, al permitir a esos cónyuges que no se entendían separarse por un tiempo y obtener el divorcio de manera sencilla (originalmente solo se preveía para la separación decretada judicialmente, pero a partir de 1992 se extendió a la separación de hecho). Hoy, cuando ya existe el divorcio convencional, esta causal retoma su propio sentido al permitir regularizar muchas situaciones familiares de extremo conflicto cuando no se dan las demás causales o se dificulta la prueba de estas faltas, facultando cualquiera de los cónyuges para pedir el divorcio demostrando simplemente que no se ha convivido durante el tiempo de ley, situación que por objetiva y pública no debe dar dificultades a la hora de la prueba."
[265] Cit. MARÍA CRISTINA ESCUDERO ALZATE, *Procedimiento de Familia y del Menor*, pp. 387 y 388

aún el de separación administrativa proveniente de los defensores de familia, en los casos de la Ley 23 de 1992, art. 47, literal a), en concordancia con los arts. 48 y 51 ibídem, sin que exceda tal separación administrativa los tres meses".
4. La separación puede ser alegada para el divorcio como abandono e incumplimiento grave e injustificado de los deberes de los cónyuges, es decir, adecuar esa separación fáctica a lo previsto en la causal del numeral segundo del artículo 154; razón por la cual, no se hace necesario instituir la separación de hecho, como causal autónoma. Apunta Escudero: "Es por eso por lo que no hay que reconocer, en ese sentido, mucha importancia a la Ley 25, sobre todo cuando si la separación de hecho se tiene dentro de la causal 2ª., no es menester esperar el término de los dos años, pues basta alegarla inmediatamente se produce el incumplimiento grave e injustificado de deberes por esa separación de facto".

Tal y como lo sostiene Daza Coronado:[266]

> si quien presenta el libelo de divorcio con base en esta causal es el mismo que abandonó el hogar, el otro cónyuge podrá demandar en reconvención, enrostrándole su abandono a fin de que el juez estudie conjuntamente las dos causales, con las consecuencias que ello conlleve para el cónyuge inculpado. En efecto, por el hecho de acudirse a esta causal, el juez no está impedido para adentrarse en el estudio de las consecuencias patrimoniales que conlleva el divorcio, debiendo hacerlo en el evento en que el cónyuge demandado así lo requiera en demanda de reconvención en la que inculpe al demandante del resquebrajamiento de la comunidad matrimonial.

En relación a la prueba de la causal, la misma resulta sumamente sencilla y alejada de cualquier complejidad; simplemente se deberá consignar la acreditación del matrimonio civil y la copia certificada de la sentencia de separación de cuerpos debidamente autenticada.

La separación de cuerpos de hecho, es motivada por una serie de factores distantes a una decisión judicial; dicha separación podría haber sido suscitada producto de un simple acuerdo de voluntad por parte de los cónyuges, o a consecuencia del abandono del hogar o como resultado de una medida preventiva en un juicio como el divorcio. Es por ello que la conducción de la prueba en estos casos se encuentra dirigida exclusivamente a demostrar el hecho que dio origen a la separación, y que, a consecuencia de ello, no ha sido viable la reconciliación entre los cónyuges. Para ello es menester, que durante el proceso de divorcio sean presentados las testimoniales, y de forma muy excepcional, la prueba documental, con las cuales se acredite el hecho de la separación y su permanencia por espacio de más de dos años.[267]

---

[266] Cit. SANDRA MILENA DAZA CORONADO, *Derecho de Familia: apuntes sobre la estructura básica de las relaciones jurídico-familiares en Colombia*, p. 168
[267] Cit. ROBERTO SUÁREZ FRANCO, *Derecho de Familia*, p. 211

En este sentido, la Sala de Casación Civil de la Corte Suprema de Justicia de Colombia, en sentencia de fecha 09 de octubre de 1981,[268] estableció:

> Fuera de que la Ley 1° de 1976 perentoriamente exige, para la procedencia de la separación de cuerpos por mutuo consenso de los cónyuges, "que éstos la soliciten por escrito al juez competente", de todo el contexto del mencionado estatuto se desprende que tal pretensión sólo puede provenir de ellos, sin que otras personas, que no están autorizadas directamente por los mismos cónyuges puedan emitir el consentimiento en representación de éstos. Se trata pues de un acto personalísimo de voluntad de los cónyuges. (...) De suerte que como en el presente caso se pretende la separación de cuerpos, fundado en el mutuo consentimiento de los cónyuges, más uno de ellos no pudo expresar en la demanda su voluntad, por tratarse de un demente en interdicción, ni se espera que lo pueda hacer en la debida oportunidad procesal, se llega a idéntica conclusión de la del a quo, por lo que debe confirmarse el proveído impugnado.

Sobre la causal octava, del artículo 6° de la Ley 25 de 1992, la Corte Constitucional de Colombia,[269] mediante decisión dictada en fecha 02 de noviembre de 2000, con ponencia del Magistrado Álvaro Tafur Galvis, Sentencia C-1495, declaró la exequibilidad de la expresión "de hecho" contenida en el numeral 8° del artículo 154 del Código Civil. Tal y como lo sostiene Torrado[270] la Corte Constitucional:

> estimó que es una causal autónoma y objetiva, pero dejó abierta la posibilidad de mantenerle el carácter subjetivo, para efectos de reclamar prestaciones alimentarias. En dicha sentencia, la Corte abrió las compuertas para que se le diera la posibilidad de elegir una causal objetiva o subjetiva para invocar la disolución del matrimonio, y precisó los efectos patrimoniales propios de la disolución, y precisó los efectos patrimoniales propios de la disolución.

En efecto, en la referida decisión, se estableció:

> Así las cosas, aunque el matrimonio es un contrato, porque resulta esencial el consentimiento de los contratantes para su conformación, el incumplimiento de la obligación personalísima de entrega mutua, definitiva, personal y exclusiva, que los cónyuges hacen de sí mismos, no puede estar sujeta a la coacción de los operadores jurídicos como lo está el

---

[268] Cit. SANDRA MILENA DAZA CORONADO, *Derecho de Familia: apuntes sobre la estructura básica de las relaciones jurídico-familiares en Colombia*, p. 172
[269] Disponible en: http://www.corteconstitucional.gov.co/relatoria/2000/c-1495-00.htm
[270] Cit. HELÍ ABEL TORRADO, *Matrimonio y Divorcio*, p. 360

cumplimiento de las obligaciones de dar, hacer o no hacer. Lo anterior por cuanto respecto del cumplimiento de la obligación de convivir surge el deber ineludible del Estado de respetar la dignidad humana de la pareja, circunstancia que excluye la posibilidad de intervenir para imponer la convivencia, así exista vínculo matrimonial y tengan los cónyuges la obligación y el derecho a la entrega recíproca, incondicional y permanente, porque el matrimonio es la unión de dos seres en procura de su propia realización, no el simple cumplimiento de un compromiso legal, de tal suerte que, el Estado con el pretexto, loable por cierto, de conservar el vínculo matrimonial no puede irrespetar la dignidad de los integrantes de la familia, sean culpables o inocentes, coaccionando una convivencia que no es querida -artículos 1, 2°, 5° y 42° C.P.-.

Ahora bien, si no es posible coaccionar la convivencia, aunque no se discute que quienes contraen matrimonio adquieren la obligación de convivir, tampoco es dable mantener el vínculo cuando las circunstancias denotan un claro resquebrajamiento y ambos, o uno de los cónyuges, así lo pide, de tal suerte que los ordenamientos han previsto causales subjetivas y objetivas, que permiten a los cónyuges acceder a la disolución extrínseca del vínculo cuando, como interpretes del resquebrajamiento de la vida en común, consideren que su restablecimiento resulta imposible.

Las causales subjetivas conducen al llamado divorcio sanción porque el cónyuge inocente invoca la disolución del matrimonio como un castigo para el consorte culpable, mientras que las causales objetivas llevan al divorcio como mejor remedio para las situaciones vividas.

El divorcio sanción es contencioso, porque para acceder a la disolución del vínculo el actor debe probar que el demandado incurrió en la causal prevista en la ley y éste, como sujeto pasivo de la contienda, puede entrar a demostrar, con la plenitud de las formas procesales, que no incurrió en los hechos atribuidos o que no fue el gestor de la conducta. En este caso el juez debe entrar a valorar lo probado y resolver si absuelve al demandado o si decreta la disolución, porque quien persigue una sanción, no puede obtenerla si no logra demostrar que el otro se hizo acreedor a ella.

Por el contrario, las causales objetivas pueden invocarse conjunta o separadamente por los cónyuges sin que el juez esté autorizado para valorar las conductas, porque éstos no solicitan una sanción sino decretar el divorcio para remedir su situación. En este caso la ley respeta el deseo de uno de los cónyuges, o de ambos, de evitar el desgaste emocional y las repercusiones respecto de los hijos, que implican, tanto para el demandante como para el demandado, la declaración de la culpabilidad del otro y el reconocimiento de la inocencia propia.

En consecuencia, la expresión en estudio en cuanto permite a uno de los cónyuges invocar la interrupción de la vida conyugal, por más de dos años, para obtener una sentencia de divorcio, no contraría sino que desarrolla debidamente la Constitución Política, porque los cónyuges que no logran convivir demuestran por este solo hecho el resquebrajamiento del vínculo matrimonial y, si además eligen una causal objetiva para acceder al divorcio, están negando al Estado, estando en el derecho de hacerlo, una intervención innecesaria en su intimidad.

(...) Como la convivencia de la pareja que se une en vínculo matrimonial, no puede ser coaccionada -como se dijo- resulta constitucional que probada la interrupción de la vida en común se declare el divorcio, así el demandado se oponga, porque su condición de cónyuge inocente no le otorga el derecho a disponer de la vida del otro -artículo 5° C.P.-. De tal manera que cuando uno de los cónyuges demuestra la interrupción de la vida en común procede la declaración de divorcio porque un vínculo que objetivamente ha demostrado su inviabilidad, no puede, invocando el artículo 42 de la Constitución Nacional, mantenerse vigente debido a que es precisamente esta disposición la que promueve el respeto, la unidad y armonía de la familia y estas condiciones solo se presentan cuando a la pareja la une el vínculo estable de afecto mutuo. -

Empero, el hecho de que uno de los cónyuges, en ejercicio de su derecho a la intimidad, invoque una causal objetiva para acceder al divorcio, no lo faculta para disponer de los efectos patrimoniales de la disolución, de tal manera que, cuando el demandado lo solicita, el juez debe evaluar la responsabilidad de las partes en el resquebrajamiento de la vida en común, con miras a establecer las consecuencias patrimoniales.

(...) En conclusión, la expresión "o de hecho" contenida en el numeral 8° del artículo 6° de la Ley 25 de 1992, que reformó el artículo 154 del Código Civil, no desconoce los artículos 4° y 6° de la Constitución Política por apartarse de las disposiciones que regulan el incumplimiento en los contratos patrimoniales, porque un contrato en el cual el objeto es la persona misma así lo exige- artículos 1°, 2° y 5° C.P.-, tampoco se quebranta el artículo 42 del ordenamiento constitucional, cuando, ante la evidente ruptura que denota la interrupción de la vida en común, por más de dos años, se faculta a cualquiera de los cónyuges, sin reparar en la mayor o menor participación en el rompimiento, para instaurar la acción de divorcio, porque se vulnerarían los anteriores preceptos constitucionales si, olvidando los derechos inalienables de la persona y su dignidad, se impusieran medidas coactivas para obligar a los cónyuges a mantener, en contra de su voluntad y de la evidencia, un vínculo inexistente.

Tampoco procede la sentencia condicionada invocada por el actor, por cuanto la Corte considera que la expresión en estudio en cuanto permite al demandante invocar el divorcio sin demostrar la culpa del otro ni su inocencia, con miras a mantener en la intimidad las causas de la ruptura y conservar ante los hijos la imagen de los padres es constitucional, con independencia de los hechos o circunstancias que motivaron o prolongaron la interrupción de la vida en común, de tal manera que no resulta necesario condicionar en ningún sentido la decisión.

9. CAUSAL Ley 25 de 1992: Artículo 6°, numeral noveno: El consentimiento de ambos cónyuges manifestado ante juez competente y reconocido por éste mediante sentencia.

La ley 25 de 1992, en su artículo 6°, numeral noveno, adopta la casual de divorcio que materializa el rompimiento del vínculo matrimonial a consecuencia del expreso consentimiento de ambos cónyuges manifestado ante juez competente y reconocido por éste mediante sentencia.[271]

Con esa novedosa causal, Colombia se enrumbaba definitivamente en la ruta del facilitamiento en la disolución del vínculo matrimonial, materializando el divorcio de común acuerdo, cristalizando la posibilidad de ponerle fin a la unión conyugal, que de

---

[271] Ibid., p. 363: "conviene advertir que el mutuo consentimiento entre los cónyuges, como casual de divorcio, como causal de divorcio, había sido autorizado en Colombia a través de la Ley del 20 de junio de 1853, cuando el entonces presidente José María Obando sancionó la Ley de Matrimonio, la cual consagraba las condiciones para la celebración de matrimonios ante los jueces parroquiales de cada distrito, en presencia de dos testigos hábiles; determinaba los deberes y derechos de los cónyuges; trataba de las demandas de nulidad del matrimonio y definía la disolución del vínculo mediante divorcio, bien por delito de uno de los cónyuges o por mutuo consentimiento.
Pero esta ley tuvo una vida fugaz, porque escasos tres años después, desde 1856, empezaron a aparecer propuestas para su reforma, y mediante la Ley del 8 de abril de ese año, aquélla fue derogada. En el texto de esta última Ley se consignaba en igualdad de condiciones tanto el matrimonio celebrado ante un juez, como el celebrado por el rito religioso; se reconocían los efectos civiles del matrimonio católico siempre y cuando se registrara ante un notario, una vez celebrado; y también se legisló sobre la separación de los cónyuges, pero sin desaparecer el vínculo matrimonial, lo que en la práctica era semejante a la tradición de la boda católica. El artículo 4° definía que el matrimonio solo podía disolverse por la muerte de alguno de los contrayentes. Es decir, desapareció la figura del divorcio vincular."

acuerdo a la decisión de los esposos es absolutamente insostenible. Tal y como lo sostiene Medina Pabón:[272]

> Al admitir el divorcio de común acuerdo, en concepto de muchos, se estaba eliminando la última herramienta que tenía la sociedad para indicar a sus miembros que la unión familiar es algo más que un simple acuerdo de convivencia entre una pareja adulta, que no puede ir al compás de los vaivenes de la voluntad, porque sus intereses van mucho más allá que los propios de los individuos; pero aunque se ha incrementado la inestabilidad familiar y, a su lado, la afectación sicológica para los menores, no por ello la desorganización social ha llegado a los niveles catastróficos profetizados, lo que permite intuir la existencia de un mecanismo natural regulador de la estabilidad y convivencia que, luego del desajuste que siempre traen los grandes remezones culturales, hará que la sociedad retome el cauce de lo normal y el principio de selección natural para la continuidad de la vida.

En criterio de Delmas-Marty y Labrusse-Riou,[273] el divorcio solicitado por un esposo y aceptado por el otro:

> no presenta un carácter voluntario ni un carácter gracioso tan claro como el anterior. Aunque está reglamentado a título de divorcio por consentimiento mutuo, se distingue de este claramente: la voluntad de los esposos no consiste tanto en un acuerdo organizado sino en un simple reconocimiento, una doble confesión del fracaso del matrimonio que les ahorra a los esposos la discusión, y al juez, la valoración de los hechos que justifican el divorcio. Pero no implica organización convencional de las secuelas del divorcio que deberán ser en cambio determinadas por el tribunal. Como consecuencia, se asimila a un divorcio simplificado por causa objetiva y a un divorcio contencioso, puesto que subsiste el litigio o por lo menos la ausencia de acuerdo sobre los efectos.

10. CAUSAL Ley 2442 de 2024: Artículo 2: La sola voluntad de cualquiera de los cónyuges

10.1 Introducción

Con la puesta en vigencia de la Ley 2442, se incorpora a la legislación civil colombiana una nueva causal de divorcio, mediante la cual se permite la disolución del

---

[272] Cit. JUAN ENRIQUE MEDINA PABÓN, *Derecho Civil Derecho de Familia*, pp. 302 y 303
[273] MIREILLE DELMAS-MARTY y CATHERINE LABRUSSE-RIOU, *Matrimonio y Divorcio*, Bogotá, Editorial Temis, 1987, pp. 60 y 61

vínculo matrimonial por la sola manifestación de la voluntad de cualquiera de los cónyuges.

Esta novísima causal, fue debidamente incorporada al artículo 154 del Código Civil, por medio del artículo 2 de la Ley 2442, estableciendo "la sola voluntad de cualquiera de los cónyuges". En consecuencia, por intermedio de la causal 10° que materializa el divorcio unilateral, se permite que cualquiera de los esposos pueda interponer en cualquier momento, ante el órgano jurisdiccional competente, la correspondiente demanda de divorcio, la cual deberá ser debidamente acompañada de una propuesta de divorcio, con las respectivas medidas que hayan de regular los efectos procedentes del mismo, pudiendo el cónyuge demandado oponerse a la propuesta de divorcio, formulando una diferente.

10.2 Características

Del divorcio unilateral emergen una serie de características que le son propias, entre las cuales destacan, las siguientes:

1. La voluntad del cónyuge: Cuando hablamos de voluntad, nos referimos a la capacidad que tiene un individuo para tomar decisiones y actuar conforme a ellas. La voluntad es, en consecuencia, la facultad encaminada a dirigir la propia conducta hacia un objetivo, denotando autonomía y determinación.
Filosóficamente, la voluntad ha sido vinculada con la ética, la virtud, la libertad y la autonomía. Así encontramos que, Aristóteles (384-322 a.C) concebía a la voluntad como una elección deliberada, resultante de la interacción entre la razón y el deseo, siendo la capacidad para elegir el medio idóneo para lograr un fin deseado. Descartes (1596-1650), señalaba que la voluntad cuanto más educada o ilustrada, más libre es. Spinoza (1632-1677), destacaba que la voluntad no es una facultad separada del intelecto, sino que es idéntica al esfuerzo del alma por perseverar en su ser. En concepto de Kant (1724-1804), la voluntad es la capacidad de determinarse a actuar conforme a principios, muy especialmente los morales. Para Kant, la voluntad no dependía de causas externas (heteronomía), sino que es capaz de darse a sí misma sus propias leyes (autonomía) por intermedio de la razón.
En Colombia, ya se habían producido pronunciamientos favorables a la adopción del divorcio unilateral, con sustento en la sola voluntad del cónyuge. Prueba de ello, lo constituyen una serie de sentencias emanadas emanada de la Corte Constitucional:

- Sentencia C-660 de 2000[274]: "A los cónyuges no se les puede obligar a mantener el vínculo matrimonial en contra de su voluntad e interés, por las mismas razones por las cuales resulta imposible coaccionarlos para que lo contraigan, aunadas con el imperativo constitucional de propender por la armonía familiar, necesariamente resquebrajada cuando un conflicto en la pareja conduce a uno de sus integrantes, o a ambos, a invocar su disolución." (negrillas nuestras)

---

[274] Disponible en: https://www.corteconstitucional.gov.co/relatoria/2000/c-660-00.htm

- Sentencia C-821 de 2005[275]: "Si no es posible coaccionar a las personas para contraer matrimonio, pues por disposición constitucional y legal éste se constituye y perfecciona por el libre y mutuo consentimiento de los contrayentes, tampoco cabe obligarlas a mantener vigente el vínculo en contra de su voluntad, aun cuando una de las finalidades del matrimonio sea precisamente la convivencia." "Por eso, el quebrantamiento del deber jurídico de fidelidad conyugal en el matrimonio es incompatible con el consentimiento que legitima dicho vínculo, lo que descarta de plano que a través de la ley se pueda patrocinar la continuación de la relación matrimonial, restringiendo irrazonablemente los derechos del cónyuge ofendido, materializados en la posibilidad de solicitar la disolución del matrimonio." (negrillas nuestras)
- Sentencia C-985 de 2010: "No se puede obligar a una persona a mantener un matrimonio en contra de su voluntad, por las mismas razones por las cuales no se le puede forzar a contraerlo." "obligar a una persona a permanecer casada aún en contra de su voluntad restringe de manera drástica sus derechos fundamentales al libre desarrollo de la personalidad, a la intimidad y a la dignidad en su faceta de autodeterminación."
- Sentencia C-096 de 2024[276]: la decisión de unirse en matrimonio con otra persona se adopta en ejercicio del derecho fundamental al derecho al libre desarrollo de la personalidad. Concretamente, ha manifestado que forma parte del contenido de este derecho «la libertad de toda persona de "optar sin coacción alguna al escoger su estado civil" así como al resolver si contrae o no matrimonio o si vive en unión libre o permanece en soltería."

En el divorcio unilateral es imprescindible la autonomía de la voluntad, entendido éste un principio jurídico fundamental referido a la libertad de las personas en la toma de decisiones, actuando conforme a su propia voluntad, dentro de los límites establecidos por la ley.

De Freitas De Goveia,[277] sostiene que:

> El principio de la autonomía de la voluntad tiene como concepción o regla fundamental la libertad de los particulares de autorregularse, manejar sus intereses a su conveniencia. Pues el ordenamiento valora la libertad del sujeto y deja a la autonomía de su voluntad el ejercicio de los derechos subjetivos que le concede.

Sin lugar a dudas, cuando la voluntad es expresada con relación al divorcio unilateral, no hay barreras ni obstáculos que se opongan para tal fin, porque florece en sí misma la voluntad de no sostener el vínculo conyugal, es una decisión libre y autónoma, sin que reine justificación ni motivación alguna, siendo innecesario el consentimiento del otro cónyuge.

---

[275] Disponible en: https://www.corteconstitucional.gov.co/relatoria/2005/c-821-05.htm
[276] Disponible en: https://www.corteconstitucional.gov.co/relatoria/2024/c-096-24.htm
[277] Cit. EDILIA DE FREITAS DE GOUVEIA, p. 45

Ahora bien, la causal 10° es clara e indubitable cuando establece "la sola voluntad de cualquiera de los cónyuges", razón por la cual se excluye de forma contundente al otro esposo en la decisión de ponerle fin a la unión matrimonial. Esa voluntad es exclusiva del cónyuge que considera como opción válida la invocación del divorcio unilateral.

La manifestación de voluntad se verá plasmada ante la correspondiente solicitud de divorcio ante el tribunal de familia, debidamente representado por un abogado en ejercicio con el respectivo instrumento poder especial para tal fin.

En relación a la capacidad que debe tener el cónyuge para manifestar su voluntad, es decir, la actitud que tiene un individuo, para poder desempeñar una determinada acción o cometido. El Código Civil, en su artículo 1503, consagra la presunción de capacidad, al disponer: "Toda persona es legalmente capaz, excepto aquéllas que la ley declara incapaces."

En el caso de la manifestación de voluntad para disolver el vínculo conyugal, estamos en presencia de una capacidad procesal, referida ésta a la aptitud legal del cónyuge, a los fines de poder iniciar y llevar a cabo el proceso de divorcio unilateral ante un juez de familia. Si uno de los cónyuges es menor de edad o tiene alguna limitación legal, se requerirá de un representante legal para actuar en su nombre.

Domínguez Guillén,[278] en relación a la capacidad procesal, sostiene:

> La capacidad procesal implica la posibilidad de realizar actos procesales válidos por voluntad propia, esto es diversas actuaciones ante el órgano administrativo o jurisdiccional en cualquiera de sus instancias, como interponer demandas, escritos, ejercer recursos, etc. Esta se diferencia de la capacidad de ser parte, que se asocia a la capacidad de goce (capacidad de goce procesal) y la tiene toda persona, pues los incapaces de obrar pueden ser obviamente parte en juicio pero deben subsanar su incapacidad de obrar con los mecanismos de ley, toda vez que su incapacidad de ejercicio se extiende a las actuaciones procesales.

Advierte Gómez Rincón[279] que, en relación a la manifestación de voluntad emanada de los niños y adolescentes para que proceda el divorcio:

> Hay que señalar que estos no pueden contraer matrimonio con posterioridad a la entrada en vigencia de la Ley 2447 de 2025, que eliminó todas las formas de uniones tempranas en las cuales uno o ambos contrayentes o compañeros permanentes sean menores

---

[278] MARÍA CANDELARIA DOMÍNGUEZ GUILLÉN (2024), *Manual de Derecho Civil I. Personas*, segunda edición revisada, actualizada y ampliada al 2017, Caracas, Revista Venezolana de Legislación y Jurisprudencia, 2024, pp. 281 y 282

[279] Cit. ANTONIO JOSÉ GÓMEZ RINCÓN, p. 101

de 18 años, estableciendo que solo tienen capacidad para contraer matrimonio los mayores de 18 años (Art. 3).

2. Ausencia de consentimiento del otro cónyuge: La imposición de la voluntad del cónyuge a los fines de tramitar la acción de divorcio unilateral es clara y contundente, reconociendo el derecho individual de cada esposo de poner punto y final a la unión matrimonial; en consecuencia, hace fenecer la posibilidad de que su cónyuge puede dar consentimiento y/o autorización a la consumación del divorcio, no hay vuelta atrás en la decisión adoptada: si se cumplen los requisitos exigidos por la ley, procederá *per se* el divorcio.
3. Sin plazo mínimo de matrimonio: A los efectos de la presentación de la demanda de divorcio, no se exige la consumación de un tiempo específico contado a partir de la celebración del matrimonio, motivo por el cual, el divorcio por la sola voluntad de cualquiera de los cónyuges puede ser presentada en cualquier momento.
4. Ausencia de pruebas: A los fines de la materialización de la causal de divorcio unilateral, se prescinde de la presentación de medios probatorios que demuestren el rompimiento del vínculo conyugal.

    Ahora bien, a pesar de que no es requerida la probática de la causal, se deben presentar en la demanda: el registro civil de matrimonio, los documentos de identidad de ambas partes y la propuesta que contemple aspectos como la liquidación de bienes, la custodia de hijos y la solicitud de alimentos.
5. Simplicidad en la tramitación: Una de las aristas más resaltantes del divorcio unilateral es la simplicidad en su tramitación, al imperar la voluntad de disolver el vínculo y al no existir los medios probatorios, se hace mucho más expedito el trámite procesal.
6. Protección a la dignidad del cónyuge: La protección de la dignidad humana, es un principio fundado en el hecho de reconocer y respetar el valor inherente de cada individuo, garantizando que se le trate con respeto, sin importar su raza, género, origen étnico, religión, orientación sexual u otras características. La dignidad humana también implica el derecho a la autonomía, la libertad y la igualdad de oportunidades.

    La Corte Constitucional, en Sentencia C-111/22[280], señaló:

    > En virtud de la dignidad humana, el principio del libre desarrollo de la personalidad y la inalienabilidad de los derechos de las personas no es posible obligar a los cónyuges a mantener el contrato matrimonial en contra de su voluntad e intereses, porque, de un lado, el matrimonio exige el libre consentimiento de los contrayentes y, del otro, la protección de la familia impone garantizar que exista una armonía familiar. De manera que, mantener el vínculo, aun cuando hay

---

[280] Disponible en: https://www.corteconstitucional.gov.co/relatoria/2022/c-111-22.htm

conflictos en la pareja que conlleven a solicitar la disolución del matrimonio, implica desconocer ese estándar de protección.

Vargas y Salas[281] sostienen que, las dimensiones de la dignidad humana desarrolladas por la jurisprudencia, guardan relación con tres aspectos fundamentales de la persona natural: 1) la autonomía individual, conceptualizada como la posibilidad que ostenta cada individuo de crear un proyecto de vida y actuar conforme esa decisión; 2), unas condiciones materiales ineludibles para desarrollar el proyecto de vida, y 3) la intangibilidad del cuerpo y del espíritu, que se entiende como la integridad corporal y espiritual que resulta necesaria para la ejecución del proyecto de vida.

En el caso del divorcio unilateral, la dignidad está orientada a garantizar plenamente la protección de los derechos y el respeto a la integridad del cónyuge solicitante de la disolución matrimonial, tanto en el ámbito legal como en el emocional y social. En este sentido, el proceso de divorcio debe desarrollarse con sentido de justicia y equidad, centrándose en la voluntad del cónyuge para poner fin al matrimonio, respetando la libertad personal y evitando la prolongación de la perturbación derivada del vínculo conyugal.

10.3 Críticas y defensas

El divorcio unilateral genera una serie de discusiones que se encausan bajo la óptica de los que aprueban y desaprueban esta forma de disolver el vínculo conyugal.[282] Quienes sostienen que el divorcio unilateral trae consigo una serie de beneficios, se fundamentan en que es una herramienta conducente a combatir los conflictos matrimoniales, muy especialmente los atinentes a los derivados de la violencia doméstica, facilitando de forma más expedita el divorcio, sin necesidad de maximizar las consecuencias traumáticas generadas por la agresión.

Refiere Gómez Rincón,[283] que:

> En las legislaciones donde se consagra el divorcio unilateral este derecho a divorciarse tiene una materialización y concreción mayor, liberándose las amarras para obtener la disolución del matrimonio, no permitiéndose oposiciones al divorcio como tal por parte del otro cónyuge y de los funcionarios que conocen del trámite, en desarrollo de los principios de la libertad y el individualismo.

---

[281] Cit. PATRICIA VARGAS ARTEAGA y NATALIA SALAS ÁVILA, p. 101
[282] Cit. JUAN ENRIQUE MEDINA PABÓN, p. 306: "Ahora bien, como todos sabemos en esto de la valoración de la ruptura no necesariamente coinciden los criterios de los involucrados, tiene que dejarse la posibilidad de la petición unilateral de divorcio, en respaldo de ese cónyuge al que la situación del matrimonio lo afecta considerablemente, sea por razones puramente personales o promovidas por el otro o por las circunstancias, siempre que, se repite, la ruptura de la relación se pueda vislumbrar como definitiva."
[283] Cit. ANTONIO JOSÉ GÓMEZ RINCÓN, p. 74

También se afirma que el divorcio unilateral materializa el respeto a la decisión individual[284], por cuanto emerge la libre determinación de ponerle fin a la unión matrimonial, sin que medie para ello ningún tipo de obstáculos y trabas procesales, imperando el respeto a la toma de decisiones relativas al mantenimiento del vínculo matrimonial. Otro aspecto que se esgrime a favor del divorcio unilateral, es el referido a la economía procesal, por cuanto se considera que la simplificación del trámite se manifiesta en una clara optimización de los recursos, reduciendo de forma significativa lo atinente a costos y tiempos, todo ello a consecuencia de la complejidad del proceso.

Por último, tal y como lo sostiene Gómez Rincón,[285] con el divorcio unilateral se evitaría la guerra de culpas en los procesos de divorcio, donde florecen demandas y contrademandas, ventilándose aspectos íntimos de la relación conyugal, con exageración de situaciones y falsas acusaciones, desgastando al aparato judicial y, a los hijos habidos de la unión matrimonial.

En contra del divorcio unilateral, se plantean variadas preocupaciones, las cuales se enfocan fundamentalmente en el debilitamiento del matrimonio como institución de solidez familiar: irreflexión en la decisión de contraer el vínculo matrimonial y la falta de seriedad en los compromisos que emergen del mismo, la facilidad en la disolución sin que medien mecanismos conducentes a la reconciliación (ordenar una terapia de pareja, por ejemplo), la posibilidad de generar fraudes con el fin de alcanzar estabilidad patrimonial e incluso, migratoria en aquellos países con fuertes controles en esa área, también lo relacionado a los derechos de terceros, si éstos se ven afectados a consecuencia de la materialización del divorcio unilateral y, por último, el impacto emocional que podría generarse en los hijos menores de edad habidos durante la unión matrimonial.

---

[284] SERGIO NUÑEZ DÁVILA, *Divorcio incausado: una urgente actualización normativa*, USFQ Law Review, vol. 8, núm. 2, Quito 2021, p. 168: "Para que una persona pueda desarrollar su personalidad con libertad, poder divorciarse por decisión unilateral e incluso en contra de la voluntad del otro cónyuge, sin necesidad de invocar causal alguna, debe ser el requisito núme-ro uno. ¿Con qué justificación puede el Estado obstaculizar tamaña decisión personal? Pocas cosas son más importantes para la felicidad de un individuo que poder escoger con quién pasar el resto de su vida. El divorcio por causales vulnera enérgicamente el derecho al libre desarrollo de la personalidad."
[285] Cit. ANTONIO JOSÉ GÓMEZ RINCÓN, p. 88

CAPÍTULO III
EL ARTÍCULO 185 A DEL CÓDIGO CIVIL VENEZOLANO

Sumario: 1. Antecedentes y fundamento. 2. Características. 3. Requisitos. 4. Juez competente. 5. Procedimiento. 5.1 Procedimiento ordinario. 5.2 Procedimiento en la Ley Orgánica para la Protección de Niños, Niñas y Adolescentes. 5.3 La decisión N° 446 de la Sala Constitucional del Tribunal Supremo de Justicia que reformó el artículo 185-A del Código Civil

1. Antecedentes y fundamento

El artículo 185-A del Código Civil,[286] aparece por primera vez en la reforma de ese instrumento legislativo en el año 1982, lo cual constituyó un importantísimo avance en materia de divorcio, materializando la separación fáctica de cuerpos o separación de hecho de los cónyuges, por un período mínimo de cinco años alegando ruptura prolongada de la vida en común, y obteniendo con ello una sentencia expedita por parte del juez competente.

De acuerdo a un sector importante de la doctrina, su origen se remonta al Código Civil francés, Ley 75-617 del 11-07-75, mediante el cual se establece la posibilidad de que uno de los esposos solicite el divorcio alegando ruptura prolongada de la vida en común por más de seis años, es así como en su artículo 237, se estableció: "Un époux peut demander le divorce, en raison d´une rupture prolongée de la vie commune, lorsque le époux vivent sépares de fait depuis six ans".

Con la reforma del Código Civil de 1982, el legislador consideró oportuna la solución de la separación fáctica de cuerpos, y para ello creó un mecanismo ágil, rápido, sin formalismos rigurosos, a los fines de la obtención de una sentencia de divorcio que pusiese fin a la situación irregular de los cónyuges. Tal y como lo señala Domínguez Guillén:[287]

> El procedimiento del artículo 185-A constituye una innovación positiva de la reforma del CC de 1982 que permite disolver en forma sumaria el vínculo conyugal en aquellas situaciones de separación fáctica de la vida común por un tiempo mayor a los cinco (05) años, aun cuando se indica que la práctica es utilizada por quienes incluso no tuvieron una separación de hecho pero cuyo supera el tiempo indicado, pues la norma no exige prueba de la separación, lo que se traduce en un divorcio por mutuo consentimiento. De allí que ciertamente, constituye una forma de disolución del vínculo matrimonial de común consenso, a la que sólo pueden acudir quienes superen dicho lapso.

Su fundamento se encuentra en el artículo 185 A del Código Civil, que establece:

---

[286] MANUEL ESPINOZA MELET, "La transformación del artículo 185 A del Código Civil", Caracas, *Revista Venezolana de Legislación y Jurisprudencia*, N°4, 2014.
[287] Cit. MARÍA CANDELARIA DOMÍNGUEZ GUILLÉN, *Manual de Derecho de Familia*, p. 193

Cuando los cónyuges han permanecido separados de hecho por más de cinco (5) años, cualquiera de ellos podrá solicitar el divorcio, alegando ruptura prolongada de la vida en común.

Con la solicitud deberá acompañar copia certificada de la partida de matrimonio.

En caso de que la solicitud sea presentada por un extranjero que hubiere contraído matrimonio en el exterior, deberá acreditar constancia de residencia de diez (10) años en el país.

Admitida la solicitud, el Juez librará sendas boletas de citación al otro cónyuge y al Fiscal del Ministerio Público, enviándoles, además, copia de la solicitud.

El otro cónyuge deberá comparecer personalmente ante el Juez en la tercera audiencia después de citado. Si reconociere el hecho y si el Fiscal del Ministerio Público no hiciere oposición dentro de las diez audiencias siguientes, el Juez declarará el divorcio en la duodécima audiencia siguiente a la comparecencia de los interesados.

Si el otro cónyuge no compareciere personalmente o si al comparecer negare el hecho, o si el Fiscal del Ministerio Público lo objetare, se declarará terminado el procedimiento y se ordenará el archivo del expediente.

2. Características

1. Es de jurisdicción voluntaria o graciosa, en este procedimiento especial el órgano jurisdiccional interviene en la formación y desarrollo de situaciones jurídicas determinadas, en consecuencia, este procedimiento consta de tres fases: admisión de la solicitud; reconocimiento del asunto y solicitantes que deben ser oídos y la resolución que corresponda sobre la solicitud.
2. Puede ser promovida por cualquiera de los cónyuges fácticamente separado de cuerpos, tal y como lo señala Bocaranda Espinoza[288] esa separación fáctica consiste en la "ruptura prolongada de la vida en común" como expresión de un hecho libre y directo de los cónyuges.
3. La no existencia del cónyuge culpable, aquí no se busca al responsable del fracaso matrimonial, quien es sancionado por la ley.
4. Separación de hecho por más de cinco (5) años, cabe destacar que los cónyuges no están obligados a demostrar la separación, simplemente señalan al Tribunal que se encuentran separados de hecho por ese lapso.

---

[288] Cit. JUAN JOSÉ BOCARANDA E., *Guía Informática de Derecho de Familia*, p. 658

5. Es un procedimiento rápido, expedito, por medio del cual se quiere obtener una sentencia que solucione la irregularidad de la situación matrimonial, y como bien lo señaló la jurisprudencia patria:[289]

> El espíritu y razón de la norma prevista en el artículo 185-A, es facilitar a los cónyuges un procedimiento brevísimo, para obtener el divorcio. Es cierto que es un procedimiento especial, pero tiene las características y la calificación de un proceso de divorcio no contencioso, porque se aparta de la premisa de que ambos cónyuges estén de acuerdo en solicitar el divorcio, acogiéndose a los requisitos esenciales que la norma impone para que se pueda declarar el divorcio por este procedimiento breve (CSJ/ Cas., Sent. 22-11-89, J.R.G., Tomo CX, p.505).

3. Requisitos

Los requisitos necesarios para invocar dicha norma, son los siguientes:

1. Presentación de la partida de matrimonio, a los fines de la comprobación del vínculo conyugal y de la fecha de la celebración del matrimonio.
2. Constancia de residencia (extranjeros que hubieren contraído matrimonio en el exterior).
3. Partidas de nacimiento de los hijos habidos durante el matrimonio, si es el caso.
4. Señalamiento de quién ha ejercido la Custodia de los hijos durante el tiempo que los padres han permanecido separados de hecho, así como la forma en que se viene ejecutando la Obligación de Manutención y el Régimen de Convivencia Familiar.

4. Juez competente

En el caso de interponer la demanda de divorcio cónyuges mayores de edad, sin hijos, o con hijos mayores de edad, el Código de Procedimiento Civil en su artículo 754, nos señala que el Juez competente para conocer de la demanda de divorcio, será el Juez que ejerza la jurisdicción ordinaria en el domicilio conyugal; la propia norma adjetiva nos establece que se entenderá como domicilio conyugal el lugar donde los cónyuges ejercen sus derechos y cumplen con los deberes de su estado.

De conformidad con la Resolución N° 2009-0006, de fecha 18 de marzo de 2009, publicada en Gaceta Oficial de la República Bolivariana de Venezuela, de fecha 02 de abril de 2009, emanada de la Sala Plena del Tribunal Supremo de Justicia, se amplían las competencias de los Juzgados de Municipio, estableciéndose en su artículo 3 que éstos Tribunales conocerán de forma exclusiva y excluyente de todos los asuntos de jurisdicción voluntaria o no contenciosa en materia civil, mercantil, familia sin que

---

[289] *Código Civil de Venezuela artículos 184 al 185-A*, Caracas, Ediciones de la Biblioteca de la Universidad Central de Venezuela, 1998, p. 379

participen niños, niñas y adolescentes, según las reglas ordinarias de la competencia por el territorio, y en cualquier otro de semejante naturaleza.

En el caso, de que los cónyuges sean mayores de edad, con hijos que sean niños o adolescentes, o en el caso que uno o ambos cónyuges sean adolescentes, el Juez competente será el que tenga competencia en materia de Protección de Niños, Niñas y Adolescentes en el domicilio conyugal, todo ello de conformidad con lo dispuesto en los artículos 177, parágrafo primero, aparte "g" y 453 de la Ley Orgánica para la Protección de Niños, Niñas y Adolescentes.

En lo referente al domicilio conyugal, el Código Civil en sus artículos 140 y 140 A nos señala:

Artículo 140: "Los cónyuges, de mutuo acuerdo, tomarán las decisiones relativas a la vida familiar, y fijarán el domicilio conyugal".

Artículo 140 A: "El domicilio conyugal será el lugar donde el marido y la mujer tengan establecida de mutuo acuerdo, su residencia. En caso de que los cónyuges tuvieren residencias separadas, de hecho, o en virtud de la autorización judicial prevista en el artículo 138, el domicilio conyugal será el lugar de la última residencia común.

El cambio de residencia sólo podrá hacerse si ambos cónyuges están de acuerdo en ello."

5. Procedimiento

5.1 Procedimiento ordinario

El procedimiento de divorcio previsto en el Código de Procedimiento Civil, es el que se materializa cuando los cónyuges son personas mayores de dieciocho años de edad, sin hijos, o con hijos mayores de edad.

Recibida la solicitud, el juzgado de Municipio verificará que la misma no es contraria al orden público, a la moral pública o a alguna disposición expresa del ordenamiento jurídico, que se haya acompañado copia certificada de la partida de matrimonio a los fines de verificar o comprobar la existencia del vínculo conyugal y la fecha de la celebración del matrimonio, y procederá a admitirla.

En caso de que la solicitud sea presentada por un extranjero que hubiere contraído matrimonio en el exterior, deberá acreditar constancia de residencia de diez (10) años en el país.

El Tribunal Civil, librará sendas boletas de citación al otro cónyuge y al Fiscal del Ministerio Público, enviándoles, además, copia de la solicitud. Requisitos éstos fundamentales ya que la materia es de orden público, de no realizarse dichas citaciones la sentencia de divorcio no tendría validez.

El otro cónyuge deberá comparecer personalmente (no a través de apoderado) ante el Juez en la tercera audiencia después de citado, a los fines de manifestar su reconocimiento o no de la separación. Si reconociere el hecho y si el Fiscal del Ministerio Público no hiciere oposición dentro de las diez audiencias siguientes, el Juez declarará el divorcio en la duodécima audiencia siguiente a la comparecencia de los interesados.

5.2 Procedimiento en la Ley Orgánica para la Protección de Niños, Niñas y Adolescentes

En el caso, de que los cónyuges sean mayores de edad, con hijos que sean niños o adolescentes, o en el caso que uno o ambos cónyuges sean adolescentes, el Juez competente para conocer de la acción de divorcio fundada en el artículo 185- A será el del domicilio conyugal, será el Juez de Protección de Niños, Niños y Adolescentes.

Ahora bien, por tratarse de un procedimiento de jurisdicción voluntaria, la competencia del Tribunal se encuentra entre los previstos en el artículo 177, parágrafo segundo, aparte "g" de la Ley Orgánica para la Protección para la Protección de Niños, Niñas y Adolescentes.

Recibida la solicitud, el juzgado verificará a los fines de su admisión, que la misma no es contraria al orden público, a la moral pública o a alguna disposición expresa del ordenamiento jurídico, también constatará que los cónyuges hayan señalado quién ha ejercido la Custodia de los hijos durante el tiempo que los padres han permanecido separados de hecho, así como la forma en que se viene ejecutando la Obligación de Manutención y el Régimen de Convivencia Familiar, y de no ser así, dictará un despacho saneador a los fines de que sea subsanada la falta de un requisito esencial para su admisibilidad; una vez perfeccionado los requisitos, todo ello de conformidad a lo previsto en los artículos 351, parágrafo primero y 457 de la Ley Orgánica para la Protección para la Protección de Niños, Niñas y Adolescentes.

Se ordenará la notificación del Fiscal del Ministerio Público, y a diferencia de la tramitación establecida en el Código de Procedimiento Civil, se fijará la audiencia única de mediación de acuerdo a lo previsto en el artículo 521 de la Ley Orgánica para la Protección para la Protección de Niños, Niñas y Adolescentes, la cual expresamente señala:

> La audiencia de mediación es la única oportunidad para promover la reconciliación de las partes, para lo cual el juez o jueza de mediación y sustanciación debe realizar las reflexiones conducentes. Esta audiencia no excederá de un día de duración. En estos casos es obligatoria la presencia personal de las partes. En caso de ser imposible la reconciliación, la parte demandante debe manifestar su intención de continuar con el proceso, sin lo cual se considera desistido el procedimiento y termina éste mediante sentencia oral, que se debe reducir en un acta y publicarse el mismo día. Este desistimiento extingue la instancia, pero él o la demandante no puede volver a presentar su demanda antes que transcurra un mes.

También deberá el juzgador escuchar la opinión del niño o del adolescente, de conformidad a lo previsto en el artículo 80 de la Ley Orgánica para la Protección de

Niños, Niñas y Adolescentes, sin que dicha opinión sea vinculante en la solicitud, en virtud de que la referida exposición la realizará el menor de edad en aras de la protección de su interés superior, en este sentido, Requena Bandres[290] destaca la importancia de esa opinión, al afirmar:

> Por eso es que el juzgador debe oír al niño y conocer sus circunstancias, aquello que realmente desea o cree necesitar, sin estar vinculado a sus opiniones, las que sin embargo, no deben resultarle intrascendente, pues la norma como hemos dicho señala que habrá que tomar en cuenta en todos los casos dichas opiniones.

La propia ley, ampara la opinión del niño o adolescente al sancionar pecuniariamente la violación de ese derecho, tal y como lo dispone el artículo 221 de la Ley Orgánica para la Protección de Niños, Niñas y Adolescentes, que expresamente señala:

> Quien en el curso de un procedimiento administrativo o judicial viole el derecho a opinar de un niño, niña o adolescente, en los términos consagrados en esta Ley, será sancionado o sancionada con multa de quince unidades tributarias (15 U.T.) a cuarenta y cinco unidades tributarias (45 U.T.), sin perjuicio de la declaratoria de nulidad del proceso, en los casos en que esto último proceda.

Si el representante de la vindicta pública no hiciere oposición dentro de las diez audiencias siguientes, el Juez declarará el divorcio en la duodécima audiencia siguiente a la comparecencia de los interesados, disolviendo el vínculo conyugal y estableciendo las instituciones familiares.

7.1 La decisión N° 446 de la Sala Constitucional del Tribunal Supremo de Justicia que reformó el artículo 185-A del Código Civil

En fecha 15 de mayo de 2014, la Sala Constitucional del Tribunal Supremo de Justicia, con ponencia del Magistrado Arcadio Delgado González, dictó una sentencia determinante para el proceso de divorcio fundado en el artículo 185-A del Código Civil, creando un precedente nunca antes visto en esta materia, la cual ha sido objeto de análisis y discusión en el medio académico y profesional.

En dicha sentencia, la Sala Constitucional consideró necesaria la apertura de una articulación probatoria de conformidad a lo previsto en el artículo 607 del Código de Procedimiento Civil, para el caso de que el cónyuge negara la existencia de la separación fáctica o no asistiese a la citación o el Ministerio Publico simplemente se opusiese, para ello el Magistrado ponente consideró:

---

[290] Helio Antonio Requena Bandres, "El divorcio con base en el artículo 185-A del Código Civil, y los derechos de los niños, niñas y adolescentes", *Segundas Jornadas sobre la Ley Orgánica para la Protección del Niño y del Adolescente*, UCAB, Caracas 2001. p. 299

Es por ello que el proceso de divorcio contemplado en el artículo 185-A del Código Civil, tal como concluyó el Juzgado Vigésimo de Municipio de la Circunscripción Judicial del Área Metropolitana de Caracas –en la sentencia recurrida de la cual conoció por avocamiento la Sala de Casación Civil–, ciertamente es un proceso judicial de carácter contencioso y lógicamente admite la posibilidad de que el solicitante tenga derecho a comprobar a través de cualquier mecanismo y/o medio de prueba, los hechos, alegaciones y oposiciones que se presenten a través del mismo. Admitir lo contrario, no solamente implicaría dejar en poder de una de las partes la posibilidad de poner fin a un proceso por su simple voluntad en perjuicio del peticionante de tutela judicial, sino además implica ceder ante el anacronismo de una norma anterior a la Constitución de la República Bolivariana de Venezuela, texto supremo que propugna la progresividad de los derechos constitucionales, más aún respecto de aquellos vinculados con aspectos sociales, la institución de la familia, el estado y capacidad de las personas, así como el debido proceso y la tutela judicial efectiva.

Además, la calificación del procedimiento como contencioso o de jurisdicción voluntaria no está sujeta a la existencia o no de una articulación probatoria. Así, el artículo 11, aparte único, del Código de Procedimiento Civil, prevé que, en los asuntos no contenciosos, en los cuales se pida alguna resolución, los jueces deben obrar con conocimiento de causa y, al efecto, pueden exigir que se amplíe la prueba sobre los puntos en que la encuentren deficiente y aún requerir otras pruebas que juzguen indispensables, todo sin necesidad de la tramitación de la causa por vía de procedimiento judicial ordinario. Para tal fin, el mecanismo idóneo debe ser la articulación probatoria prevista en el artículo 607 del Código de Procedimiento Civil.

Con ese criterio, la Sala Constitucional abre las puertas para que un procedimiento de naturaleza no contenciosa o graciosa como lo era el 185-A del Código Civil, se transforme en contencioso, la norma era clara y precisa al señalar:

Si el otro cónyuge no compareciere personalmente o si al comparecer negare el hecho, o si el Fiscal del Ministerio Público lo objetare, se declarará terminado el procedimiento y se ordenará el archivo del expediente". Porque esa precisamente es la concepción de ese procedimiento, basado en lo expedito y ágil, en jurisdicción voluntaria, sin complicaciones procesales, para lo cual los cónyuges obtendrían una solución rápida y ajustada a la situación irregular de la separación fáctica, no hay justificación alguna para que la Sala Constitucional reformara el Código Civil.

Llama poderosamente la atención que en la sentencia se señale:

> Ante la negativa del hecho de la separación por parte del cónyuge demandado prevista en el artículo 185-A del Código Civil, el juez que conoce la pretensión debe abrir una articulación probatoria para constatar si es cierto lo que señala el solicitante, la cual será la del artículo 607 del Código de Procedimiento Civil, ya que ante un caso de igual naturaleza: la petición de conversión de la separación de cuerpos por mutuo consentimiento en divorcio, el Código de Procedimiento Civil en su artículo 765 prevé que si citado el cónyuge que no solicitó la conversión, éste alegare reconciliación, se abrirá la articulación probatoria del artículo 607 del Código de Procedimiento Civil para que se pruebe la reconciliación, habiendo quedado ya probada la suspensión de la vida en común con el decreto judicial que autoriza la separación de cuerpos.

En este sentido, cabe destacar la acertada posición de Domínguez Guillén,[291] quien había manifestado su posición ante este supuesto, al señalar:

> Creemos que el presente procedimiento de jurisdicción voluntaria no admite oposición por parte del cónyuge no solicitante, por lo que la norma es clara al señalar que el proceso culmina si el cónyuge comparece y negare el hecho. El supuesto bajo análisis precisa necesariamente del acuerdo o consenso de los cónyuges en la separación fáctica; no resulta pertinente considerar la apertura de una incidencia bajo el alegato de oposición del otro cónyuge por analogía con el proceso de conversión de separación de cuerpos en divorcio, porque en éste ya existe una sentencia de separación que de no ser contenciosa precisó acuerdo o consenso entre los cónyuges.

Es comprensible que se quiera buscar mecanismos idóneos que conlleven a un divorcio más flexible y equilibrado, donde no prive el estricto y riguroso control de protección de la institución matrimonial, con causales de difícil comprobación, donde tengamos a un cónyuge ávido en disolver el vínculo a toda costa, y que de no lograrlo volvería al órgano jurisdiccional para lograr tal objetivo; pero sería absolutamente alejado de la realidad el afirmar que en Venezuela el divorcio no ha evolucionado, después de la reforma del Código Civil de 1982, la propia jurisprudencia ha dado la posibilidad del divorcio sin lesionar el ordenamiento jurídico ni a la institución familiar del matrimonio,

---

[291] Cit. María Candelaria Domínguez Guillén, *Manual de Derecho de Familia*, pp. 198 y 199

prueba de ello lo constituye el divorcio como solución, tesis que ha tenido un gran impacto en nuestros procedimientos, y con la cual no se vulneró en lo más mínimo el espíritu y razón del legislador, y ésta se materializó con la sentencia emanada de la Sala de Casación Social del Tribunal Supremo de Justicia de Venezuela, de fecha veintiséis de julio de 2001, N° 192, con ponencia del Magistrado Dr. Juan Rafael Perdomo, donde expresamente se señaló que el Estado en cumplimiento del deber de hacer justicia efectiva, debe disolver el vínculo conyugal cuando demostrada la existencia de una causal de divorcio, se haga evidente la ruptura del lazo matrimonial, dejando de lado la culpabilidad del cónyuge demandado y aplicando un remedio que brinda el Estado a una situación que de mantenerse, resulta perjudicial para los cónyuges, los hijos y la sociedad en general.

En nuestro criterio, la decisión N° 446 viola la protección del matrimonio, amparado por la Constitución Nacional en su artículo 75, la cual concibe a la familia como a una asociación natural, merecedora de la protección del Estado, razón por la cual se debe tratar de mantener el vínculo matrimonial, a menos que sea de imposible sostenimiento, acudiendo el respectivo cónyuge al tribunal competente a los fines de demostrar cualquiera de las causales de divorcio comprendidas en el artículo 185 del Código Civil por vía contenciosa o por vía voluntaria a través de la separación de cuerpos o el 185-A.

Con esta decisión, suponemos que la causal 2° del artículo 185 del Código Civil será cada vez menos invocada, no habría necesidad de demostrar el abandono voluntario, acudiendo a los dos actos conciliatorios de 45 días cada uno previstos en los artículos 756 y 757 del Código de Procedimiento Civil y a las demás formalidades procesales previstas. Simplemente se demanda por el 185-A y los lapsos procesales serán mucho más breves y se obtendrá una sentencia expedita ¿Dónde está la protección a la figura matrimonial? ¿Por qué se desvirtúa la esencia del procedimiento no contencioso de divorcio?

CAPÍTULO IV

EL PROCESO DE DIVORCIO EN COLOMBIA

1. Divorcio contencioso. 1.1 Juez competente. 1.2 Partes en el juicio 1.3 Caducidad de la acción. 1.3 Requisitos de la demanda . 1.4 Corrección, aclaración y reforma de la demanda. 1.5 Medidas preventivas. 1.6 Admisión. 1.7 Pruebas adicionales. 1.8 Reconvención. 1.9 Audiencia inicial y de instrucción. 1.10 Sentencia. 1.11 Registro de la sentencia. 1.12 No hay reserva del expediente. 2. Divorcio por mutuo acuerdo. 2.1 Procedencia. 2.2 Procedimiento. 3. Divorcio ante notario. 3.1 Tramitación. 3.2 Contenido de la escritura. 3.3 Intervención del defensor de familia. 3.4 Desistimiento. 3.5 Protocolización de los anexos y autorización notarial. 3.6 Registro de la escritura de divorcio. 3.7 Tarifa. 4. Divorcio unilateral . 4.1 Autoridad competente. 4.2 Legitimación y oportunidad para presentar la demanda. 4.3 Pretensión de reparaciones económicas. 4.4 Propuesta de divorcio. 4.4.1 Contenido

1. Divorcio contencioso

1.1 Juez competente

Tal y como lo sostiene Lafont Pianetta,[292] el proceso de divorcio contencioso es la forma más usual del divorcio judicial que es aquel que, en virtud de un proceso contencioso entre cónyuges, se adopta mediante sentencia judicial el matrimonio civil o de cesación de efectos civiles de matrimonio religioso. Resaltando las siguientes características:

1   Es un auténtico proceso contencioso, ya que reúne un conjunto de actuaciones que desarrollan una acción ante un juez, implicando una contención o disputa que sólo puede ser decidida mediante el procedimiento previsto en la ley y por el juez que tenga conocimiento de la misma, previo el análisis de las alegaciones, pruebas y debate procesal.
2   La procedencia del proceso contencioso de divorcio, deviene de la existencia de contención o conflicto entre los cónyuges, lo cual conlleva al divorcio judicial. También resulta el proceso contencioso subsidiario o supletivo de los otro, por cuanto, si hay acuerdo de los cónyuges, se simplifica el trámite correspondiente, ya que dicho acuerdo puede ser resultado de la intervención directa de los cónyuges, mediación o conciliación de terceros.
3   El objeto del proceso, se cristaliza con la obtención de la sentencia de divorcio, la cual extingue el vínculo matrimonial existente, cesando los efectos civiles, extingue los efectos personales entre los cónyuges, la disolución de la sociedad conyugal y determina las instituciones familiares, tales como: régimen de vistas, crianza, alimentos, cuidados, etc.
4   Se rige por el proceso verbal, de conformidad con lo previsto en el artículo 388 del Código General del Proceso.

En la República de Colombia, la materia de divorcio contencioso es competencia exclusiva de los tribunales de la República, debiendo en consecuencia, la demanda ser debidamente presentada ante el domicilio del demandado o el común, pero siempre que lo haya conservado el demandante.

---

[292] PEDRO LAFONT PIANETTA, *Derecho de Familia*, Tomo I, Bogotá, Librería Ediciones del Profesional LTDA, 2010, p. 360

Dispone el ordinal 2° del artículo 28 del Código General del Proceso,[293] en relación a la competencia territorial:

> En los procesos de alimentos, nulidad de matrimonio civil y divorcio, cesación de efectos civiles, separación de cuerpos y de bienes, declaración de existencia de unión marital de hecho, liquidación de sociedad conyugal o patrimonial y en las medidas cautelares sobre personas o bienes vinculados a tales procesos o a la nulidad de matrimonio católico, será también competente el juez que corresponda al domicilio común anterior, mientras el demandante lo conserve.

De conformidad con el ordinal 1 del artículo 22 del Código General del Proceso, será el juez de familia quien conocerá, en primera instancia, del juicio de divorcio. En el caso de que no exista juzgado de familia en el circuito, le corresponderá la competencia al juez civil, tal y como lo dispone el ordinal 6 del artículo 20 del Código General del Proceso.

1.2 Partes en el juicio

En el juicio divorcio, podrá demandar el mismo, exclusivamente el cónyuge inocente; es decir, quien efectivamente no ha dado motivo al rompimiento del vínculo matrimonial. Tal y como lo describe el artículo 156 del Código Civil colombiano "no haya dado lugar a los hechos que lo motivan".

Destaca Parra Benítez,[294] lo siguiente:

> La expresión "cónyuge inocente" fue acuñada por la doctrina y la jurisprudencia. Literalmente, la de la ley es otra y significa que el demandante esté completamente libre de toda responsabilidad en las causas de divorcio. Con todo, este aspecto tiene dos modalidades, para la Corte Suprema de Justicia:
>
> a) "(...) cuando la culpa de uno de los cónyuges, o la suspensión por este del cumplimiento de sus deberes, sea consecuencia o resultado de la culpa del otro, no podrá este solicitar el divorcio o la separación de cuerpos por el solo motivo de la falta del primero, por ser, entonces, responsable también de la misma".
>
> Empero, "(...) aunque ninguno de los dos sea inocente, cada uno está legitimado para solicitar el divorcio la separación fundado en la culpa del otro (...)".
>
> b) "Cuando uno de los esposos solicita decretar la separación de cuerpos como sanción por la falta de su consorte a alguno de los deberes conyugales, no basta para acoger la

---

[293] Ley 1564 de 2012, Diario Oficial N° 48.489 de fecha 12 de julio de 2012
[294] Cit. JORGE PARRA BENÍTEZ, pp. 711 y 712

pretensión la prueba objetiva de ese hecho, "es necesario indagar la causa objetiva del incumplimiento que puede encontrarse muchas veces en la propia actitud del demandante, o en la provocación recíproca cuando los comportamientos de los dos determinan el conflicto, pero se han originado en la conducta del contrario (…).

El artículo 388 del Código General del Proceso, dispone:

En el proceso de divorcio y de cesación de efectos civiles de matrimonio religioso son partes únicamente los cónyuges, pero si estos fueren menores de edad, podrán también intervenir sus padres. El Ministerio Público será citado en interés de los hijos y se observarán las siguientes reglas:

1. El juez declarará terminado el proceso por desistimiento presentado por los cónyuges o sus apoderados. Si se hiciere durante la audiencia, bastará la manifestación verbal de ambos.

2. Copia de la sentencia que decrete el divorcio se enviará al respectivo funcionario del estado civil para su inscripción en el folio de matrimonio y en el de nacimiento de cada uno de los cónyuges.

El Juez dictará sentencia de plano si las partes llegaren a un acuerdo, siempre que este se encuentre ajustado al derecho sustancial.

3. La muerte de uno de los cónyuges o la reconciliación ocurridas durante el proceso, ponen fin a este. El divorcio podrá ser demandado nuevamente por causa que sobrevenga a la reconciliación.

PARÁGRAFO. A los procesos de separación de cuerpos de matrimonio civil o religioso se aplicarán, en lo pertinente, las normas del presente artículo.

Después de ejecutoriada la sentencia, si los cónyuges de común acuerdo solicitan que se ponga fin a la separación, el juez de plano dictará la sentencia respectiva.

En relación al divorcio decretado en el exterior, respecto del matrimonio civil celebrado en Colombia, de conformidad a lo previsto en el artículo 164 del Código Civil[295], se regirá por la ley del domicilio conyugal y no producirá los efectos de disolución, sino a condición de que la causal respectiva sea admitida por la ley colombiana y de que el demandado haya

---

[295] Artículo modificado por el artículo 14 de la Ley 1a. de 1976, publicada en el Diario Oficial N° 34.492, de fecha 18 de febrero de 1976

sido notificado personalmente o emplazado según la ley de su domicilio.

1.3 Caducidad de la acción

A los fines de la interposición de la demanda de divorcio, el legislador colombiano había previsto en el artículo 156 del Código Civil (redacción del artículo 10° de la Ley 25 de 1992) que el cónyuge que no había dado pie a la causal de divorcio sólo podía demandarlo "dentro del término de un (1) año contado desde cuando tuvo conocimiento de ello respecto de las causales primera y séptima o desde cuando se sucedieron, respecto a las causales segunda, tercera, cuarta y quinta, en todo caso las causales primera y séptima sólo podrán alegarse dentro de los dos (2) años siguientes a su ocurrencia".

Luego se dispuso, por decisión emanada de la Corte Constitucional de Colombia, en sentencia C-985 de 2010:

> 2.6.2.4.1. "En primer lugar, el establecimiento de un término de caducidad para el ejercicio de la acción de divorcio con ocasión de las causales subjetivas definidas en el artículo 154 del Código Civil, termina por anular el derecho de los cónyuges inocentes a solicitar el divorcio una vez el término de caducidad ha vencido.
>
> Si bien es cierto nuestro ordenamiento prevé causales de divorcio objetivas que pueden ser alegadas por cualquiera de los cónyuges –no necesariamente por los dos- en cualquier tiempo ante la jurisdicción y, adicionalmente, que a partir de la Ley 962 de 2005 también es posible que los cónyuges soliciten el divorcio por mutuo acuerdo ante un notario, ninguno de estos mecanismo permite a un cónyuge de manera unilateral solicitar el divorcio cuando considera que el vínculo marital se ha roto y no quiere permanecer unido jurídicamente al otro consorte.
>
> En efecto, para que un cónyuge pueda obtener el divorcio después de que ha vencido el término de caducidad para alegar las causales subjetivas y sin tener que contar con el consentimiento del otro –fundamento de la causal 9° y del divorcio notarial, la única salida que tiene es abandonar la residencia común y esperar dos años para poder solicitar el divorcio con fundamento en la causal 8°. Mientras estos dos años transcurren, el cónyuge se ve obligado en contra de su voluntad a mantener el vínculo jurídico –con las consecuencias personales y patrimoniales que el matrimonio conlleva- y en detrimento de sus derechos a restablecer su vida familiar y al libre desarrollo de la personalidad.

2.6.4.1. En segundo lugar, uno de los elementos esenciales del matrimonio es la libre voluntad de los contrayentes. Por tanto, es la voluntad de los contrayentes la que debe regir también su disolución. En consecuencia, el obligar a una persona a permanecer casada aún en contra de su voluntad restringe de manera drástica sus derechos fundamentales al libre desarrollo de la personalidad, a la intimidad a la dignidad en su faceta de autodeterminación:

Los derechos al libre desarrollo de la personalidad e intimidad garantizan a las personas la posibilidad de tomar decisiones libres sobre asuntos personales sin injerencias indebidas del Estado o los particulares. Por otra parte, la Corte ha identificado a lo largo de su jurisprudencia tres lineamientos sobre el contenido de la dignidad humana: "(i) La dignidad humana entendida como autonomía o como posibilidad de diseñar un plan vital y de determinarse según sus características (vivir como quiera). (ii) La dignidad humana entendida como ciertas condiciones materiales concretas de existencia (vivir bien). Y (iii) la dignidad humana entendida como intangibilidad de los bienes no patrimoniales, integridad física e integridad moral.

(...) 2.6.4.2. En tercer lugar, la disposición limita el derecho a elegir el estado civil y conformar una familia. El estado civil, como ha señalado la Corte, está ligado íntimamente al libre desarrollo de la personalidad, pues es un elemento de la esfera personal. La norma impide a las personas -fuera de las hipótesis antes señaladas- elegir su estado civil y divorciarse. Por esta vía también impide a las personas contraer un nuevo matrimonio y conformar una nueva familia. En este sentido es preciso recordar que conformar una familia es un derecho que garantiza la realización personal y es supuesto para el desarrollo de otros derechos.

(...) 2.6.4.3. En el caso de las causales 1° y 7°, la situación es aún más grave, ya que la disposición restringe de manera absoluta la posibilidad de solicitar el divorcio a un lapso de dos años contados desde cuando tuvo lugar la causal, sin tener en cuenta si el cónyuge tenía o no conocimiento de ella.

El Legislador al establecer términos de caducidad y fijar el momento a partir de cual deben contabilizarse, debe tener en cuenta que la consecuencia que genera la caducidad solamente puede ser endilgable a aquellas personas que de manera deliberada o negligente dejan de hacer uso de su derecho de acción. En este caso, la disposición acusada atribuye una consecuencia perjudicial a una situación que escapa de las manos de quien la sufre; en efecto, la pérdida del derecho de acción no es necesariamente consecuencia de la omisión o negligencia del cónyuge que no alegó la casual respectiva oportunamente, pues es posible que éste nunca haya tenido noticia de su existencia. Por esta razón para la Sala la expresión "en todo caso las causales 1ª y 7ª sólo podrán alegarse dentro de los dos años siguiente a su ocurrencia" del artículo 10 de la Ley 25 de 1992 –que modificó el artículo 156 del Código Civil- introduce una restricción aún más desproporcionada del derecho a la acción de divorcio.

2.6.5. Conclusión

2.6.5.1. Para la Sala el término de caducidad para el ejercicio de la acción de divorcio previsto en la disposición acusada es desproporcionado y, por tanto, contrario a la Constitución. En efecto, (i) aunque persigue finalidades legítimas a la luz de la Carta –promover la estabilidad del matrimonio y garantizar que las sanciones ligadas al divorcio basado en causales subjetivas se impongan en un término razonable, (ii) no es necesaria, pues tales finalidades se pueden alcanzar a través de otros medios menos lesivos en términos de los derechos fundamentales del cónyuge que desea divorciarse. Además, (iii) la medida es desproporcionada en estricto sentido, pues en ausencia de la posibilidad de divorcio unilateral, impone un sacrificio irrazonable al cónyuge inocente en términos de sus derechos al libre desarrollo de la personalidad, a la intimidad, a la dignidad en su faceta de autonomía, a elegir el estado civil y a conformar una familia.

2.6.5.2. No obstante, para garantizar que las sanciones ligadas al divorcio basado en causales subjetivas no se tornen imprescriptibles, es preciso adoptar una decisión de exequibilidad condicionada de la frase "y dentro del término de un año, contado desde cuando tuvo conocimiento de ellos respecto de las causales 1ª y 7ª o desde cuando se sucedieron, respecto a las causales 2ª, 3ª, 4ª y 5ª", en el sentido de que el términos previsto en la disposición solamente operan para reclamar la aplicación de las sanciones, no para solicitar el divorcio.

Esta decisión tiene las siguientes ventajas: en primer término, preserva la norma demandada en la medida de lo posible, lo que es acorde con el principio democrático. En segundo término, excluye del ordenamiento una consecuencia inconstitucional: la limitación en el tiempo del derecho a ejercer la acción de divorcio con fundamento en causales subjetivas. Por último, garantiza que las sanciones ligadas al divorcio basado en causales subjetivas se impongan en un término razonable y predecible.

2.6.5.3. De otro lado, la frase "en todo caso las causales 1ª y 7ª sólo podrán alegarse dentro de los dos años siguiente a su ocurrencia" no debe mantenerse en el ordenamiento, pues limita aún más los derechos de los cónyuges inocentes, pues no tiene en cuenta cuándo éstos tuvieron conocimiento de las causales, con desconocimiento de las complejidades de la vida matrimonial. Ciertamente, el Legislador al establecer términos de caducidad y fijar el momento a partir de cual deben contabilizarse, debe tener en cuenta que la consecuencia que genera la caducidad solamente puede ser endilgable a aquellas personas que de manera deliberada o negligente dejan de hacer uso de su derecho de acción. En este caso, la disposición acusada atribuye una consecuencia perjudicial a una situación que escapa de las manos de quien la sufre.

3. DECISIÓN

En mérito de lo expuesto, la Corte Constitucional, administrando justicia, en nombre del pueblo y por mandato de la Constitución,

RESUELVE

PRIMERO: Declarar INEXEQUIBLE la frase "en todo caso las causales 1ª y 7ª sólo podrán alegarse dentro de los dos años siguiente a su ocurrencia" contenida en el artículo 10 de la Ley 25 de 1992.

SEGUNDO: Declarar EXEQUIBLE la frase "y dentro del término de un año, contado desde cuando tuvo conocimiento de ellos respecto de las causales 1ª y 7ª o desde cuando se sucedieron, respecto a las causales 2ª, 3ª, 4ª y 5ª" contenida en el artículo 10 de la Ley 25 de 1992, bajo el entendido que los términos de caducidad que la disposición prevé solamente restringen en el tiempo la posibilidad de solicitar las sanciones ligadas a la figura del divorcio basado en causales subjetivas.

La citada decisión, tuvo opiniones encontradas, algunos tratadistas la consideraron ajustada a las expectativas propias del derecho procesal y de las instituciones familiares, considerándolo un gran avance en la materia. Otro sector, se encuentra en desacuerdo; entre ellos, destaca la opinión de Medina Pabón[296] que, sobre el particular, destaca:

> Obviamente no estuve ni estoy de acuerdo con esta sentencia, en gran medida porque no entiendo cómo el legislador, que está facultado expresamente por la Constitución para regular esa materia, pudo transgredirla al evitar una situación jurídica "irremediable", pero en cambio, la Corte Constitucional, que no puede legislar, cumple con el Derecho al regular a su propio criterio el divorcio. Además, lo veo simplemente como una loa a la incongruencia del cónyuge que saca a relucir las faltas de su pareja en el momento en que le convenga y como es difícil que un cónyuge no se haya portado mal alguna vez, bastará con que su pareja tome nota, mantenga alguna prueba y el día que se le antoje dé por terminado unilateralmente el matrimonio.

1.3 Requisitos de la demanda

A los fines de la interposición de la demanda de divorcio, dispone el artículo 82 del Código General del Proceso, que deben reunirse los siguientes requisitos:

1. La designación del juez a quien se dirija.
2. El nombre y domicilio de las partes y, si no pueden comparecer por sí mismas, los de sus representantes legales. Se deberá indicar el número de identificación del demandante y de su representante y el de los demandados si se conoce. Tratándose de personas jurídicas o de patrimonios autónomos será el número de identificación tributaria (NIT).
3. El nombre del apoderado judicial del demandante, si fuere el caso.
4. Lo que se pretenda, expresado con precisión y claridad.
5. Los hechos que le sirven de fundamento a las pretensiones, debidamente determinados, clasificados y numerados.
6. La petición de las pruebas que se pretenda hacer valer, con indicación de los documentos que el demandado tiene en su poder, para que este los aporte.
7. El juramento estimatorio, cuando sea necesario.
8. Los fundamentos de derecho.
9. La cuantía del proceso, cuando su estimación sea necesaria para determinar la competencia o el trámite.
10. El lugar, la dirección física y electrónica que tengan o estén obligados a llevar, donde las partes, sus representantes y el apoderado del demandante recibirán notificaciones personales.
11. Los demás que exija la ley.

---

[296] Cit. JORGE PARRA BENÍTEZ, p. 303

Dispone también el parágrafo primero del mencionado artículo, que en el caso de que se desconozca el domicilio del demandado o el de su representante legal, o el lugar donde estos recibirán notificaciones, se deberá expresar esa circunstancia.

De conformidad a lo establecido en el artículo 84 del Código General del Proceso, a la demanda debe acompañarse:

1. El poder para iniciar el proceso, cuando se actúe por medio de apoderado.
2. La prueba de la existencia y representación de las partes y de la calidad en la que intervendrán en el proceso.
3. Las pruebas extraprocesales y los documentos que se pretenda hacer valer y se encuentren en poder del demandante.
4. La prueba de pago del arancel judicial, cuando hubiere lugar.

Establece el artículo 90 del Código General del Proceso:

> El juez admitirá la demanda que reúna los requisitos de ley, y le dará el trámite que legalmente le corresponda, aunque el demandante haya indicado una vía procesal inadecuada. En la misma providencia el juez deberá integrar el litisconsorcio necesario y ordenarle al demandado que aporte, durante el traslado de la demanda, los documentos que estén en su poder y que hayan sido solicitados por el demandante.
>
> El juez rechazará la demanda cuando carezca de jurisdicción o de competencia o cuando esté vencido el término de caducidad para instaurarla. En los dos primeros casos ordenará enviarla con sus anexos al que considere competente; en el último, ordenará devolver los anexos sin necesidad de desglose.
>
> Mediante auto no susceptible de recursos el juez declarará inadmisible la demanda solo en los siguientes casos:
>
> 1. Cuando no reúna los requisitos formales.
>
> 2. Cuando no se acompañen los anexos ordenados por la ley.
>
> 3. Cuando las pretensiones acumuladas no reúnan los requisitos legales.
>
> 4. Cuando el demandante sea incapaz y no actúe por conducto de su representante.
>
> 5. Cuando quien formule la demanda carezca de derecho de postulación para adelantar el respectivo proceso.
>
> 6. Cuando no contenga el juramento estimatorio, siendo necesario.

7. Cuando no se acredite que se agotó la conciliación prejudicial como requisito de procedibilidad.

En estos casos el juez señalará con precisión los defectos de que adolezca la demanda, para que el demandante los subsane en el término de cinco (5) días, so pena de rechazo. Vencido el término para subsanarla el juez decidirá si la admite o la rechaza.

Los recursos contra el auto que rechace la demanda comprenderán el que negó su admisión. La apelación se concederá en el efecto suspensivo y se resolverá de plano.

En todo caso, dentro de los treinta (30) días siguientes a la fecha de la presentación de la demanda, deberá notificarse al demandante o ejecutante el auto admisorio o el mandamiento de pago, según fuere el caso, o el auto que rechace la demanda. Si vencido dicho término no ha sido notificado el auto respectivo, el término señalado en el artículo 121 para efectos de la pérdida de competencia se computará desde el día siguiente a la fecha de presentación de la demanda.

Las demandas que sean rechazadas no se tendrán en cuenta como ingresos al juzgado, ni como egresos para efectos de la calificación de desempeño del juez. Semanalmente el juez remitirá a la oficina de reparto una relación de las demandas rechazadas, para su respectiva compensación en el reparto siguiente.

PARÁGRAFO PRIMERO. La existencia de pacto arbitral no da lugar a inadmisión o rechazo de la demanda, pero provocará la terminación del proceso cuando se declare probada la excepción previa respectiva.

PARÁGRAFO SEGUNDO. Cuando se trate de la causa prevista por el numeral 4 el juez lo remitirá al defensor de incapaces, para que le brinden la asesoría; si esta entidad comprueba que la persona no está en condiciones de sufragar un abogado, le nombrará uno de oficio.

1.4 Corrección, aclaración y reforma de la demanda

De conformidad con el artículo 93 del Código General del Proceso, el demandante podrá corregir, aclarar o reformar la demanda en cualquier momento, desde su presentación y hasta antes del señalamiento de la audiencia inicial.

La reforma de la demanda procede por una sola vez, conforme a las siguientes reglas:

1. Solamente se considerará que existe reforma de la demanda cuando haya alteración de las partes en el proceso, o de las pretensiones o de los hechos en que ellas se fundamenten, o se pidan o alleguen nuevas pruebas.
2. No podrá sustituirse la totalidad de las personas demandantes o demandadas ni todas las pretensiones formuladas en la demanda, pero sí prescindir de algunas o incluir nuevas.
3. Para reformar la demanda es necesario presentarla debidamente integrada en un solo escrito.
4. En caso de reforma posterior a la notificación del demandado, el auto que la admita se notificará por estado y en él se ordenará correr traslado al demandado o su apoderado por la mitad del término inicial, que correrá pasados tres (3) días desde la notificación. Si se incluyen nuevos demandados, a estos se les notificará personalmente y se les correrá traslado en la forma y por el término señalados para la demanda inicial.
5. Dentro del nuevo traslado el demandado podrá ejercitar las mismas facultades que durante el inicial.

1.5 Medidas preventivas

Las medidas preventivas son providencias emanadas, judicialmente a petición de partes o de oficio, por medio de las cuales se efectúa la prevención o aseguramientos procesales, con carácter provisorio sobre bienes o personas para garantizar las resultas de un juicio. Estas medidas preventivas fueron concebidas por el legislador, con el fin de evitar peligros y para equilibrar la buena fe que debe presidir todo proceso. Con estas medidas se asegura la cosa litigiosa y la ejecución de la sentencia.

En relación a las medidas preventivas, las mismas serán las autorizadas de conformidad a lo previsto en el artículo 598 del Código General del Proceso, las cuales son:

1. Cualquiera de las partes podrá pedir embargo y secuestro de los bienes que puedan ser objeto de gananciales y que estuvieran en cabeza de la otra.
2. El embargo y secuestro practicados en estos procesos no impedirán perfeccionar los que se decreten sobre los mismos bienes en trámite de ejecución, antes de quedar en firme la sentencia favorable al demandante que en aquellos se dicte; con tal objeto, recibida la comunicación del nuevo embargo, simultáneamente con su inscripción, el registrador cancelará el anterior e informará de inmediato y por escrito al juez que adelanta el proceso de familia, quien, en caso de haberse practicado el secuestro, remitirá al juzgado donde se sigue el ejecutivo copia de la diligencia a fin de que tenga efecto en este, y oficiará al secuestre para darle cuenta de lo sucedido. El remanente no embargado en otras ejecuciones y los bienes que en estas se desembarguen, se considerarán embargados para los fines del asunto familiar.
    a. Ejecutoriada la sentencia que se dicte en los procesos nulidad, divorcio, cesación de los efectos civiles del matrimonio religioso, separación de cuerpos y de bienes, cesará la prelación, por lo que el juez lo comunicará

de inmediato al registrador, para que se abstenga de inscribir nuevos embargos, salvo el hipotecario.[297]

3. Las anteriores medidas se mantendrán hasta la ejecutoria de la sentencia; pero si a consecuencia de esta fuere necesario liquidar la sociedad conyugal o patrimonial, continuarán vigentes en el proceso de liquidación.
    a. Si dentro de los dos (2) meses siguientes a la ejecutoria de la sentencia que disuelva la sociedad conyugal o patrimonial, no se hubiere promovido la liquidación de esta, se levantarán aun de oficio las medidas cautelares.
4. Cualquiera de los cónyuges o compañeros permanentes podrá promover incidente con el propósito de que se levanten las medidas que afecten sus bienes propios.
5. Si el juez lo considera conveniente, también podrá adoptar, según el caso, las siguientes medidas:
    a. Autorizar la residencia separada de los cónyuges, y si estos fueren menores, disponer el depósito en casa de sus padres o de sus parientes más próximos o en la de un tercero.
    b. Dejar a los hijos al cuidado de uno de los cónyuges o de ambos, o de un tercero.
    c. Señalar la cantidad con que cada cónyuge deba contribuir, según su capacidad económica, para gastos de habitación y sostenimiento del otro cónyuge y de los hijos comunes, y la educación de estos.
    d. Decretar, en caso de que la mujer esté embarazada, las medidas previstas por la ley para evitar suposición de parto.
    e. Decretar, a petición de parte, el embargo y secuestro de los bienes sociales y los propios, con el fin de garantizar el pago de alimentos a que el cónyuge y los hijos tuvieren derecho, si fuere el caso.

Sobre este particular, sostiene Forero Silva[298], lo siguiente:

> Las medidas cautelares que en estos procesos recaen sobre bienes objeto de gananciales o sobre bienes propios, no requieren caución y tampoco se permite la contracaución para impedirlas o levantarlas, excepto, como lo establece el Código de la Infancia y la

---

[297] JORGE FORERO SILVA, *Medidas cautelares en el Código General del Proceso*, Bogotá, Editorial Temis, 2018, p. 62: "Este inciso es más claro y preciso que la norma del estatuto procedimental civil (art. 691 num.2), ya que dispone de manera expresa que la prevalencia del embargo del proceso de ejecución subsiste mientras no haya sentencia ejecutoriada en el proceso de familia, lo cual no expresaba la norma anterior, pues conforme a una adecuada interpretación así debía concluirse, aunque un sector doctrinario consideró que aún dentro del proceso de liquidación de la sociedad conyugal se mantenía la prelación. Con la nueva normativa esta tesis no tiene cabida, pues evidente que, una vez ejecutoriada la sentencia, pierde vigencia la prevalencia para el acreedor del proceso ejecutivo. Nótese que el inciso 2° transcrito no menciona el proceso de liquidación de la sociedad conyugal, lo que quiere decir, que en desarrollo de estos procesos no existe la prelación aludida. El juez de familia, cuando la sentencia que profiere quede ejecutoriada, y previamente en ese proceso se ha decretado el embargo de un bien sujeto a registro, "comunicará de inmediato al registrador", con el objeto de que no inscriba embargos, salvo el hipotecario, pues el derecho de persecución sobre el inmueble que la hipoteca le confiere al acreedor, se conserva intacto.
Mientras el registrador no reciba la comunicación del juez de familia, ignora que hay sentencia firme, circunstancia que explica la importancia de que dicha comunicación se haga inmediatamente".
[298] Ibidem., p. 59

Adolescencia (ley 1098 de 2006) en el artículo 129 al prescribir que el obligado a cumplir con la cuota alimentaria podrá obtener que se levanten los embargos si presta caución que garantice el pago de las cuotas correspondientes a los dos años siguientes, siempre y cuando cancele las cuotas atrasadas. Sobre este particular nótese que en el Código de la Infancia y la Adolescencia se modificó lo que preveía el Código del Menor, en el sentido de que en éste para obtener el levantamiento de embargos el obligado debía prestar caución para garantizar el cumplimiento del pago de los alimentos, lo que significó que la caución tenía que cuantificarse en consideración al tiempo que faltaba para que el hijo llegare a la mayoría de edad, pues el estatuto anterior (Código del Menor) y el actual (Código de la Infancia y la Adolescencia) son aplicables para los menores de edad. De acuerdo con lo que al respecto disponía el Código del Menor, si el niño a quien se le ha de cumplir los alimentos tiene ocho años de edad, el padre obligado a suministrarlos debía prestar caución por el tiempo que falta para cumplir la mayoría de edad, que para el caso expuesto serían diez años, y así obtener los desembargos. Por considerar muy significativo el monto de la caución según el estatuto anterior, en el Código de la Infancia y la Adolescencia, se optó por el desembargo de bienes es viable si se presta caución para su cumplimiento por los dos años siguientes, atendiendo a que las circunstancias que se tuvieron en cuenta para determinar la cuota pueden verse alteradas, por lo que se optó por una garantía transitoria para el beneficiario de los alimentos.

f. A criterio del juez cualquier otra medida necesaria para evitar que se produzcan nuevos actos de violencia intrafamiliar o para hacer cesar sus efectos y, en general, en los asuntos de familia, podrá actuar de oficio en la adopción de las medidas personales de protección que requiera la pareja, el niño, niña o adolescente, el discapacitado mental y la persona de la tercera edad; para tal fin, podrá decretar y practicar las pruebas que estime pertinentes, incluyendo las declaraciones del niño, niña o adolescente.

En este sentido, el juzgador deberá adoptar las medidas cautelares innominadas previstas en el artículo 5 de la Ley 294 de 1996,[299] el cual expresamente señala:

---

[299] Publicada en el Diario Oficial No 42.836, de fecha 22 de Julio de 1996

Si la autoridad competente determina que el solicitante o un miembro de un grupo familiar ha sido víctima de violencia, emitirá mediante providencia motivada una medida definitiva de protección, en la cual ordenará al agresor abstenerse de realizar la conducta objeto de la queja, o cualquier otra similar contra la persona ofendida u otro miembro del grupo familiar. El funcionario podrá imponer, además, según el caso, las siguientes medidas, sin perjuicio de las establecidas en el artículo 18 de la presente ley:

a. Ordenar al agresor el desalojo de la casa de habitación que comparte con la víctima, cuando su presencia constituye una amenaza para la vida, la integridad física o la salud de cualquiera de los miembros de la familia;

b. Ordenar al agresor abstenerse de penetrar en cualquier lugar donde se encuentre la víctima, cuando a juicio del funcionario dicha limitación resulte necesaria para prevenir que aquel perturbe, intimide, amenace o de cualquier otra forma interfiera con la víctima o con los menores, cuya custodia provisional le haya sido adjudicada;

c. Prohibir al agresor esconder o trasladar de la residencia a los niños, niñas y personas discapacitadas en situación de indefensión miembros del grupo familiar, sin perjuicio de las acciones penales a que hubiere lugar;

d. Obligación de acudir a un tratamiento reeducativo y terapéutico en una institución pública o privada que ofrezca tales servicios, a costa del agresor.

e. Si fuere necesario, se ordenará al agresor el pago de los gastos de orientación y asesoría jurídica, médica, psicológica y psíquica que requiera la víctima;

f. Cuando la violencia o maltrato revista gravedad y se tema su repetición la autoridad competente ordenará una protección temporal especial de la víctima por parte de las autoridades de policía, tanto en su domicilio como en su lugar de trabajo si lo tuviere;

g. Ordenar a la autoridad de policía, previa solicitud de la víctima el acompañamiento a esta para su reingreso al lugar de domicilio cuando ella se haya visto en la obligación de salir para proteger su seguridad;

h. Decidir provisionalmente el régimen de visitas, la guarda y custodia de los hijos e hijas si los hubiere, sin perjuicio de la competencia en materia civil de otras autoridades, quienes podrán ratificar esta medida o modificarla;

i. Suspender al agresor la tenencia, porte y uso de armas, en caso de que estas sean indispensables para el ejercicio de su profesión u oficio, la suspensión deberá ser motivada;

j. Decidir provisionalmente quién tendrá a su cargo las pensiones alimentarias, sin perjuicio de la competencia en materia civil de otras autoridades quienes podrán ratificar esta medida o modificarla;

k. Decidir provisionalmente el uso y disfrute de la vivienda familiar, sin perjuicio de la competencia en materia civil de otras autoridades quienes podrán ratificar esta medida o modificarla;

l. Prohibir, al agresor la realización de cualquier acto de enajenación o gravamen de bienes de su propiedad sujetos a registro, si tuviere sociedad conyugal o patrimonial vigente. Para este efecto, oficiará a las autoridades competentes. Esta medida será decretada por Autoridad Judicial;

m. Ordenar al agresor la devolución inmediata de los objetos de uso personal, documentos de identidad y cualquier otro documento u objeto de propiedad o custodia de la víctima;

n. Cualquiera otra medida necesaria para el cumplimiento de los objetivos de la presente ley.

Parágrafo 1°. En los procesos de divorcio o de separación de cuerpos por causal de maltrato, el juez podrá decretar cualquiera de las medidas de protección consagradas en este artículo.

Parágrafo 2°. Estas mismas medidas podrán ser dictadas en forma provisional e inmediata por la autoridad judicial que conozca de los delitos que tengan origen en actos de violencia intrafamiliar.

Parágrafo 3°. La autoridad competente deberá remitir todos los casos de violencia intrafamiliar a la Fiscalía General de la Nación para efectos de la investigación del delito de violencia intrafamiliar y posibles delitos conexos.

Cabe destacar, que en sentencia dictada por la Corte Constitucional de la República de Colombia,[300] de fecha 11 de abril de 2016, sentencia T-162/16, con ponencia del Magistrado Alberto Rojas Ríos, en relación a las medidas cautelares en los juicios de divorcio, se señaló:

> Específicamente en procesos de separación de cuerpos, el Código Civil establece en su artículo 168 que son aplicables las

---

[300] Disponible en: http://www.corteconstitucional.gov.co/relatoria/2016/T-172-16.htm

normas que regulan el divorcio. Así las cosas, el artículo 158 refiere a la posibilidad de decretar medidas cautelares en cualquier momento a partir de la presentación de la demanda, sobre bienes que puedan ser objeto de gananciales y que se encuentren en cabeza del otro cónyuge.

En cuanto a la duración de las mismas, el Código de Procedimiento Civil en su artículo 691 prescribe que las medidas cautelares de embargo y secuestro decretadas y practicadas en los procesos de divorcio y separación de cuerpos se mantendrán hasta la ejecutoria de la sentencia, siempre y cuando no sea necesario liquidar la sociedad conyugal. No obstante, si dentro de los tres meses siguientes a la ejecutoria de la sentencia que disuelve la sociedad conyugal, no se promueve la liquidación de ésta, las medidas se levantarán de oficio. Este artículo fue derogado por el literal c del artículo 626 de la Ley 1564 (Código General del Proceso), sin embargo, el contenido normativo se reprodujo.

En relación a la vigencia de las medidas cautelares para el ulterior proceso liquidatario, encontramos que, una vez ejecutoriada la sentencia de divorcio, los embargos y secuestros no se levantan, en virtud de que se entrará en el proceso de liquidación de la sociedad conyugal la cual será debidamente tramitada ante el mismo juzgador que decretó el divorcio.

En este sentido, tal y como lo sostiene Forero Silva:[301]

> el nuevo alivia de manera sustancial las cargas que atribuye el Código de Procedimiento Civil, para impedir el levantamiento de las medidas cautelares practicadas en el proceso de divorcio, pues en este, de acuerdo con el numeral 3 del artículo 691, son las siguientes:

1. Promover la liquidación de la sociedad conyugal la disuelta en la sentencia que decretó el divorcio. Para lo anterior no se exige la demanda, sino una simple solicitud para que se admita el trámite liquidatario.
2. Notificar adecuadamente el auto admisorio al demandado.
3. Realizar las publicaciones del edicto emplazatorio para convocar a los acreedores, para que hagan valer sus créditos.

De conformidad a lo previsto en el numeral 3 del artículo 598 del Código General del Proceso, las cargas se reducen a una sola, simplemente se debe presentar la demanda de liquidación de la sociedad conyugal o patrimonial, según sea el caso, dentro de los dos meses siguientes a la ejecutoria de la sentencia que la declaró disuelta.

---

[301] Cit. JORGE FORERO SILVA, p. 63

1.6 Admisión

De conformidad a lo dispuesto en el artículo 369 del Código General del Proceso, una vez admitida la demanda se correrá traslado al demandado por el término de veinte días.

1.7 Pruebas adicionales

En relación a las pruebas adicionales del demandante, de acuerdo con lo dispuesto en el artículo 370 del Código General del Proceso:

> Si el demandado propone excepciones de mérito, de ellas se correrá traslado al demandante por cinco (5) días en la forma prevista en el artículo 110, para que este pida pruebas sobre los hechos en que ellas se fundan.

1.8 Reconvención

En cuanto a la reconvención, de conformidad a lo pautado en el artículo 371 del Código General del Proceso:

> Durante el término del traslado de la demanda, el demandado podrá proponer la de reconvención contra el demandante si de formularse en proceso separado procedería la acumulación, siempre que sea de competencia del mismo juez y no esté sometida a trámite especial. Sin embargo, se podrá reconvenir sin consideración a la cuantía y al factor territorial.
>
> Vencido el término del traslado de la demanda inicial a todos los demandados, se correrá traslado de la reconvención al demandante en la forma prevista en el artículo 91, por el mismo término de la inicial. En lo sucesivo ambas se sustanciarán conjuntamente y se decidirán en la misma sentencia.
>
> Propuestas por el demandado excepciones previas y reconvención se dará traslado de aquellas una vez expirado el término de traslado de esta. Si el reconvenido propone a su vez excepciones previas contra la demanda, unas y otras se tramitarán y decidirán conjuntamente.
>
> El auto que admite la demanda de reconvención se notificará por estado y se dará aplicación al artículo 91 en lo relacionado con el retiro de las copias.

1.9 Audiencia inicial y de instrucción

De acuerdo con el proceso previsto en la legislación colombiana, el mismo se desarrollará mediante la realización de dos audiencias, una inicial y otra de instrucción y juzgamiento.

El artículo 372 del Código General del Proceso, en relación a la audiencia inicial, señala que el juez, salvo norma en contrario, convocará a las partes para que concurran personalmente a una audiencia con la prevención de las consecuencias por su inasistencia, y de que en ella se practicarán interrogatorios a las partes.

La audiencia se sujetará a las siguientes reglas:

1. Oportunidad. El juez señalará fecha y hora para la audiencia una vez vencido el término de traslado de la demanda, de la reconvención, del llamamiento en garantía o de las excepciones de mérito, o resueltas las excepciones previas que deban decidirse antes de la audiencia, o realizada la notificación, citación o traslado que el juez ordene al resolver dichas excepciones, según el caso.

El auto que señale fecha y hora para la audiencia se notificará por estado y no tendrá recursos. En la misma providencia, el juez citará a las partes para que concurran personalmente a rendir interrogatorio, a la conciliación, y los demás asuntos relacionados con la audiencia.

2. Intervinientes. Además de las partes, a la audiencia deberán concurrir sus apoderados.

La audiencia se realizará, aunque no concurra alguna de las partes o sus apoderados. Si estos no comparecen, se realizará con aquellas.

Si alguna de las partes no comparece, sin perjuicio de las consecuencias probatorias por su inasistencia, la audiencia se llevará a cabo con su apoderado, quien tendrá facultad para confesar, conciliar, transigir, desistir y, en general, para disponer del derecho en litigio.

3. Inasistencia. La inasistencia de las partes o de sus apoderados a esta audiencia, por hechos anteriores a la misma, solo podrá justificarse mediante prueba siquiera sumaria de una justa causa.

Si la parte y su apoderado o solo la parte se excusan con anterioridad a la audiencia y el juez acepta la justificación, se fijará nueva fecha y hora para su celebración, mediante auto que no tendrá recursos. La audiencia deberá celebrarse dentro de los diez (10) días siguientes. En ningún caso podrá haber otro aplazamiento.

Las justificaciones que presenten las partes o sus apoderados con posterioridad a la audiencia, solo serán apreciadas si se aportan dentro de los tres (3) días siguientes a la fecha en que ella se verificó. El juez solo admitirá aquellas que se fundamenten en fuerza mayor o caso fortuito y solo tendrán el efecto de exonerar de las consecuencias procesales, probatorias y pecuniarias adversas que se hubieren derivado de la inasistencia.

En este caso, si el juez acepta la excusa presentada, prevendrá a quien la haya presentado para que concurra a la audiencia de instrucción y juzgamiento a absolver el interrogatorio.

4. Consecuencias de la inasistencia. La inasistencia injustificada del demandante hará presumir ciertos los hechos en que se fundan las excepciones propuestas por el demandado siempre que sean susceptibles de confesión; la del

demandado hará presumir ciertos los hechos susceptibles de confesión en que se funde la demanda.

Cuando ninguna de las partes concurra a la audiencia, esta no podrá celebrarse, y vencido el término sin que se justifique la inasistencia, el juez, por medio de auto, declarará terminado el proceso.

Las consecuencias previstas en los incisos anteriores se aplicarán, en lo pertinente, para el caso de la demanda de reconvención y de intervención de terceros principales.

Cuando se trate de litisconsorcio necesario las consecuencias anteriores solo se aplicarán por inasistencia injustificada de todos los litisconsortes necesarios. Cuando se trate de litisconsorcio facultativo las consecuencias se aplicarán al litisconsorte ausente.

A la parte o al apoderado que no concurra a la audiencia se le impondrá multa de cinco (5) salarios mínimos legales mensuales vigentes (smlmv).

5. Decisión de excepciones previas. Con las limitaciones previstas en el artículo 101, el juez practicará las pruebas estrictamente necesarias para resolver las excepciones previas que estén pendientes y las decidirá.

6. Conciliación. Desde el inicio de la audiencia y en cualquier etapa de ella el juez exhortará diligentemente a las partes a conciliar sus diferencias, para lo cual deberá proponer fórmulas de arreglo, sin que ello signifique prejuzgamiento.

Si alguno de los demandantes o demandados fuere incapaz, concurrirá su representante legal. El auto que apruebe la conciliación implicará la autorización a este para celebrarla, cuando sea necesaria de conformidad con la ley. Cuando una de las partes está representada por curador ad litem, este concurrirá para efectos distintos de la conciliación y de la admisión de hechos perjudiciales a aquella. Si el curador ad litem no asiste se le impondrá la multa por valor de cinco (5) a diez (10) salarios mínimos legales mensuales vigentes (smlmv), salvo que presente prueba siquiera sumaria de una justa causa para no comparecer.

7. Interrogatorio de las partes, práctica de otras pruebas y fijación del litigio. Los interrogatorios de las partes se practicarán en la audiencia inicial.

El juez oficiosamente y de manera obligatoria interrogará de modo exhaustivo a las partes sobre el objeto del proceso. También podrá ordenar el careo.

El juez podrá decretar y practicar en esta audiencia las demás pruebas que le resulte posible, siempre y cuando estén presentes las partes.

A continuación, el juez requerirá a las partes y a sus apoderados para que determine los hechos en los que están de acuerdo y que fueren susceptibles de prueba de confesión, y fijará el objeto del litigio, precisando los hechos que considera demostrados y los que requieran ser probados.

8. Control de legalidad. El juez ejercerá el control de legalidad para asegurar la sentencia de fondo y sanear los vicios que puedan acarrear nulidades u otras irregularidades del proceso, los cuales, salvo que se trate de hechos nuevos, no se podrán alegar en las etapas siguientes. Además, deberá verificar la integración del litisconsorcio necesario.

9. Sentencia. Salvo que se requiera la práctica de otras pruebas, a continuación, en la misma audiencia y oídas las partes hasta por veinte (20) minutos cada una, el juez dictará sentencia.

10. El juez, por solicitud de alguna de las partes, podrá autorizar un tiempo superior para rendir las alegaciones, atendiendo las condiciones del caso y garantizando la igualdad. Contra la decisión que resuelva esta solicitud no procede recurso alguno.

11. Decreto de pruebas. El juez decretará las pruebas solicitadas por las partes y las que considere necesarias para el esclarecimiento de los hechos, con sujeción estricta a las limitaciones previstas en el artículo 168. Así mismo, prescindirá de las pruebas relacionadas con los hechos que declaró probados. Si decreta dictamen pericial señalará el término para que se aporte, teniendo en cuenta que deberá presentarse con no menos de diez (10) días de antelación a la audiencia de instrucción y juzgamiento.

En los procesos en que sea obligatorio practicar inspección judicial, el juez deberá fijar fecha y hora para practicarla antes de la audiencia de instrucción y juzgamiento.

Fijación de audiencia de instrucción y juzgamiento. El juez, antes de finalizar la audiencia, fijará fecha y hora para la audiencia de instrucción y juzgamiento, y dispondrá todo lo necesario para que en ella se practiquen las pruebas.

Cuando se advierta que la práctica de pruebas es posible y conveniente en la audiencia inicial, el juez de oficio o a petición de parte, decretará las pruebas en el auto que fija fecha y hora para ella, con el fin de agotar también el objeto de la audiencia de instrucción y juzgamiento de que trata el artículo 373 del Código General del Proceso. En este evento, en esa única audiencia se proferirá la sentencia, de conformidad con las reglas previstas en el numeral 5 del referido artículo 373 del Código General del Proceso.

El artículo 373 del Código General del Proceso, en relación a la audiencia de instrucción y juzgamiento, señala que a los fines de la realización de la audiencia de instrucción y juzgamiento se observarán las siguientes reglas:

1. En la fecha y hora señaladas para la audiencia el juez deberá disponer de tiempo suficiente para practicar todas las pruebas decretadas, oír los alegatos de las partes y, en su caso, proferir la sentencia.

2. En caso de que el juez haya aceptado la justificación de la inasistencia de alguna de las partes a la audiencia inicial, se practicará el interrogatorio a la respectiva parte.

A continuación, el juez requerirá a las partes y a sus apoderados para que determinen los hechos en los que están de acuerdo y que fueren susceptibles de prueba de confesión, fijará nuevamente el objeto del litigio, precisando los hechos que considera demostrados y rechazará las pruebas decretadas en la audiencia inicial que estime innecesarias.

3. A continuación, practicará las demás pruebas de la siguiente manera:

a. Practicará el interrogatorio a los peritos que hayan sido citados a la audiencia, de oficio o a solicitud de parte.

b. Recibirá las declaraciones de los testigos que se encuentren presentes y prescindirá de los demás.

c. Practicará la exhibición de documentos y las demás pruebas que hubieren sido decretadas.

4. Practicadas las pruebas se oirán los alegatos de las partes, primero al demandante y luego al demandado, y posteriormente a las demás partes, hasta por veinte (20) minutos cada uno.

El juez, por solicitud de alguna de las partes, podrá autorizar un tiempo superior para rendir las alegaciones, atendiendo las condiciones del caso y garantizando la igualdad. Contra la decisión que resuelva esta solicitud no procede recurso alguno.

5. En la misma audiencia el juez proferirá sentencia en forma oral, aunque las partes o sus apoderados no hayan asistido o se hubieren retirado.

Si fuere necesario podrá decretarse un receso hasta por dos (2) horas para el pronunciamiento de la sentencia.

Si no fuere posible dictar la sentencia en forma oral, el juez deberá dejar constancia expresa de las razones concretas e informar a la Sala Administrativa del Consejo Superior de la Judicatura. En este evento, el juez deberá anunciar el sentido de su fallo, con una breve exposición de sus fundamentos, y emitir la decisión escrita dentro de los diez (10) días siguientes, sin que, en ningún caso, pueda desconocer el plazo de duración del proceso previsto en el artículo 121.

Cuando la sentencia se profiera en forma oral, la apelación se sujetará a lo previsto en el inciso 1o del numeral 1 del artículo 322. Cuando solo se anuncie el sentido del fallo, la apelación se sujetará a lo establecido en el inciso 2o del numeral 1 del artículo 322.

6. La audiencia se registrará como lo dispone el artículo 107 del Código General del Proceso[302].

---

[302] Artículo 107: "Las audiencias y diligencias se sujetarán a las siguientes reglas:
1. Iniciación y concurrencia. Toda audiencia será presidida por el juez y, en su caso, por los magistrados que conozcan del proceso. La ausencia del juez o de los magistrados genera la nulidad de la respectiva actuación.
Sin embargo, la audiencia podrá llevarse a cabo con la presencia de la mayoría de los magistrados que integran la Sala, cuando la ausencia obedezca a un hecho constitutivo de fuerza mayor o caso fortuito. En el acta se dejará expresa constancia del hecho constitutivo de aquel.
Las audiencias y diligencias se iniciarán en el primer minuto de la hora señalada para ellas, aun cuando ninguna de las partes o sus apoderados se hallen presentes.
Las partes, los terceros intervinientes o sus apoderados que asistan después de iniciada la audiencia o diligencia asumirán la actuación en el estado en que se encuentre al momento de su concurrencia.
Cuando se produzca cambio de juez que deba proferir sentencia en primera o segunda instancia, quien lo sustituya deberá convocar a una audiencia especial con el solo fin de repetir la oportunidad para alegar. Oídas las alegaciones, se dictará sentencia según las reglas generales.
2. Concentración. Toda audiencia o diligencia se adelantará sin solución de continuidad. El juez deberá reservar el tiempo suficiente para agotar el objeto de cada audiencia o diligencia.
El incumplimiento de este deber constituirá falta grave sancionable conforme al régimen disciplinario.
3. Intervenciones. Las intervenciones de los sujetos procesales, no excederán de (20) minutos, salvo disposición en contrario. No obstante, el juez de oficio o por solicitud de alguna de las partes, podrá autorizar un tiempo superior, atendiendo las condiciones del caso y garantizando la igualdad. Contra esta decisión no procede recurso alguno.
4. Grabación. La actuación adelantada en una audiencia o diligencia se grabará en medios de audio, audiovisuales o en cualquiera otro que ofrezca seguridad para el registro de lo actuado.

1.10 Sentencia

En relación al contenido de sentencia de divorcio[303], el artículo 389 del Código General del Proceso, expone que la misma dispondrá:
1. A quién corresponde el cuidado de los hijos.
2. La proporción en que los cónyuges deben contribuir a los gastos de crianza, educación y establecimiento de los hijos comunes, de acuerdo con lo dispuesto en los incisos segundo y tercero del artículo 257 del Código Civil.
3. El monto de la pensión alimentaria que uno de los cónyuges deba al otro, si fuere el caso.
4. A quién corresponde la patria potestad sobre los hijos no emancipados, cuando la causa del divorcio determine suspensión o pérdida de la misma, o si los hijos deben quedar bajo guarda.
5. La condena al pago de los perjuicios a cargo del cónyuge que por su culpa hubiere dado lugar a la nulidad del vínculo, a favor del otro, si este lo hubiere solicitado.
6. El envío de copia de las piezas conducentes del proceso a la autoridad competente, para que investigue los delitos que hayan podido cometerse por los cónyuges o por terceros al celebrarse el matrimonio, si antes no lo hubiere ordenado.

1.11 Registro de la sentencia

La sentencia que declara el divorcio o la cesación de efectos civiles, deberá ser debidamente registrada ante el registro del estado civil, por una parte, en el de

---

5. Publicidad. Las audiencias y diligencias serán públicas, salvo que el juez, por motivos justificados, considere necesario limitar la asistencia de terceros.
El Consejo Superior de la Judicatura deberá proveer los recursos técnicos necesarios para la grabación de las audiencias y diligencias.
6. Prohibiciones. Las intervenciones orales no podrán ser sustituidas por escritos.
El acta se limitará a consignar el nombre de las personas que intervinieron como partes, apoderados, testigos y auxiliares de la justicia, la relación de los documentos que se hayan presentado y, en su caso, la parte resolutiva de la sentencia.
Solo cuando se trate de audiencias o diligencias que deban practicarse por fuera del despacho judicial o cuando se presenten fallas en los medios de grabación, el juez podrá ordenar que las diligencias consten en actas que sustituyan el sistema de registro a que se refiere el numeral 4 anterior o que la complementen.
El acta será firmada por el juez y de ella hará parte el formato de control de asistencia de quienes intervinieron.
Cualquier interesado podrá solicitar una copia de las grabaciones o del acta, proporcionando los medios necesarios para ello.
En ningún caso el juzgado hará la reproducción escrita de las grabaciones.
De las grabaciones se dejará duplicado que hará parte del archivo del juzgado, bajo custodia directa del secretario, hasta la terminación del proceso.
PARÁGRAFO PRIMERO. Las partes y demás intervinientes podrán participar en la audiencia a través de videoconferencia, teleconferencia o por cualquier otro medio técnico, siempre que por causa justificada el juez lo autorice.
PARÁGRAFO SEGUNDO. La Sala Administrativa del Consejo Superior de la Judicatura podrá asignarle a un juez o magistrado coordinador la función de fijar las fechas de las audiencias en los distintos procesos a cargo de los jueces o magistrados del respectivo distrito, circuito o municipio al que pertenezca".
[303] Cit. JORGE PARRA BENÍTEZ, p. 717: "La sentencia de divorcio debe contener pronunciamientos concretos, a saber: el divorcio (o cesación de efectos civiles del matrimonio religioso) y sus efectos personales, la disolución de la sociedad conyugal, la custodia de los hijos y cuotas alimentarias".

matrimonio, también en el libro de varios e igualmente en el registro civil de nacimiento de ambos cónyuges.

1.12 No hay reserva del expediente

La Ley 25 de 1992, en su artículo 9°, establecía que el expediente del proceso contencioso de divorcio estaba sometido a reserva, por veinte años contados desde cuando terminaba el proceso.

Sobre este particular, apunta Parra Benítez:[304]

> Por ello, el registro de la sentencia se efectuaba mediante oficio, en el cual apenas se comunicaba el decreto de divorcio y la ejecutoria de la providencia.
>
> Mas, la reserva vino a menos, con la derogación del citado precepto, que fue expresa por el artículo 167 de la ley 446 de 1998. Consecuencia de su pérdida de vigor es que la forma de realizar el registro de la sentencia es diferente y puede consumarse mediante copias expedidas por el juzgado.

2. Divorcio por mutuo acuerdo

2.1 Procedencia

De conformidad a lo dispuesto en la causal novena del artículo 154 del Código Civil, de acuerdo a la modificación introducida por la Ley 25 de 1992, se consagra en Colombia la figura del divorcio por mutuo consentimiento, el cual se materializa gracias a la manifestación expresa y de común acuerdo por los cónyuges ante el juez competente y reconocido por éste mediante sentencia.

Destaca Daza Coronado,[305] en relación al divorcio por mutuo consentimiento, lo siguiente:

> Otra novedad de la Ley 25 de 1992 la constituye, sin lugar a dudas, el divorcio por el consentimiento mutuo de los cónyuges, lo que se hace que se entronice en el sistema jurídico colombiano el divorcio en sentido limitado y se ponga a tono con la mayoría de las legislaciones divorcistas en las que el acuerdo de los cónyuges es aceptado como causal de divorcio. Tal como reza el tenor literal de la casual que se comenta, el consentimiento de ambos cónyuges deberá manifestarse ante el juez para que su reconocimiento se haga sentencia.

2.2 Procedimiento

---

[304] Ibidem., p. 719
[305] Cit. SANDRA MILENA DAZA CORONADO, pp. 174 y 175

De conformidad a lo estatuido en el numeral 10 del artículo 577 del Código General del Proceso, se tramitará ante el procedimiento de jurisdicción voluntaria, lo atinente al divorcio, la separación de cuerpos y de bienes por mutuo consentimiento, sin perjuicio de la competencia atribuida a los notarios.

En este sentido, los cónyuges desavenidos, deberán cumplir con los requisitos de la demanda previsto en el artículo 83 del Código General del Proceso. También deberán explanar en el escrito respectivo, su formal consentimiento de disolver el vínculo matrimonial, así como el establecimiento de las obligaciones alimentarias concernientes a ellos y a sus hijos comunes, la residencia de los cónyuges, el cuidado personal de los hijos y su régimen de visitas, así como el estado en que quedará la sociedad conyugal.

Todo lo anteriormente descrito quedará debidamente decididos en la sentencia definitiva, con la cual se da por terminada el trámite de jurisdicción voluntaria

3. Divorcio ante notario

3.1 Introducción

En Colombia, es posible alcanzar la figura del divorcio por intermedio del trámite notarial, por medio del cual los cónyuges manifiestan ante el Notario su mutuo consentimiento de disolver la comunidad conyugal.

Dispone el artículo 34 de la Ley 962 de 2005, lo siguiente:

> Podrá convenirse ante notario, por mutuo acuerdo de los cónyuges, por intermedio de abogado, mediante escritura pública, la cesación de los efectos civiles de todo matrimonio religioso y el divorcio del matrimonio civil, sin perjuicio de la competencia asignada a los jueces por la ley.
>
> El divorcio y la cesación de los efectos civiles ante notario, producirán los mismos efectos que el decretado judicialmente.
>
> PARÁGRAFO. El Defensor de Familia intervendrá únicamente cuando existan hijos menores; para este efecto se le notificará el acuerdo al que han llegado los cónyuges con el objeto de que rinda su concepto en lo que tiene que ver con la protección de los hijos menores de edad.

Establece el artículo 7 de la Ley 2442 de 2024, la posibilidad de tramitar el divorcio unilateral por ante notario, disponiendo:

> El cónyuge que haya iniciado el trámite de divorcio por la causal 10, podrá acudir al trámite notarial, siempre que, por mutuo acuerdo, decidan tramitarlo bajo la causal 9, por lo que se podrá continuar y terminar el trámite ante notario.

3.2 Tramitación

De conformidad a lo dispuesto en el artículo 2.2.6.8.1. del Decreto 1069 de 2015[306], por medio del cual se expide el Decreto Único Reglamentario del Sector Justicia y del Derecho, el divorcio del matrimonio civil, o la cesación de los efectos civiles de los matrimonios religiosos, por mutuo acuerdo de los cónyuges, podrán tramitarse ante el Notario del círculo que escojan los interesados y se formalizará mediante escritura pública.

3.3 Contenido de la escritura

Dispone el artículo 2.2.6.8.2. del Decreto 1069 de 2015, que la petición de divorcio del matrimonio civil o la cesación de los efectos civiles de los matrimonios religiosos, será presentada por intermedio de abogado, tal como lo dispone el artículo 34 de la Ley 962 de 2005.

Los cónyuges presentarán personalmente el poder ante Notario o juez. La petición de divorcio contendrá:

a. Los nombres, apellidos, documento de identidad, edad y residencia de los cónyuges.
b. El acuerdo suscrito por los cónyuges con la manifestación de voluntad de divorciarse o de que cesen los efectos civiles del matrimonio religioso. Además, contendrá disposiciones sobre el cumplimiento de las obligaciones alimentarias entre ellos, si es el caso, y el estado en que se encuentra la sociedad conyugal; y se informará sobre la existencia de hijos menores de edad;
c. Si hubiere hijos menores de edad, el acuerdo también comprenderá los siguientes aspectos: la forma en que contribuirán los padres a la crianza, educación y establecimiento de los mismos, precisando la cuantía de la obligación alimentaria, conforme al artículo 24 de la Ley 1098 de 2006, indicando lugar y forma de su cumplimiento y demás aspectos que se estimen necesarios; custodia y cuidado personal de los menores; y régimen de visitas con la periodicidad de las mismas;
d. Los anexos siguientes:

- Copias o certificados de los registros civiles de nacimiento y matrimonio de los cónyuges, y habiendo hijos menores, las copias o los certificados de los registros civiles de nacimiento de los mismos.

- El poder de los cónyuges al abogado para que adelante y lleve a término el divorcio o la cesación de efectos civiles del matrimonio religioso ante Notario, incluyendo expresamente, si así lo deciden, la facultad para firmar la Escritura Pública correspondiente.

- El concepto del Defensor de Familia, en el caso de que haya hijos menores de edad, si por cualquier circunstancia legal ya se cuenta con este, sin perjuicio de la notificación del acuerdo de los cónyuges establecida en el parágrafo del artículo 34 de la Ley 962 de 2005.

---

[306] Publicado en el Diario Oficial N° 49.523, de fecha 26 de mayo de 2015

3.4 Intervención del defensor de familia

De conformidad a lo preceptuado en el artículo 2.2.6.8.3. del Decreto 1069 de 2015, en el caso de habiendo hijos menores de edad, el Notario le notificará al Defensor de Familia del lugar de residencia de aquellos, mediante escrito, el acuerdo al que han llegado los cónyuges, en los términos del artículo 2.2.6.8.2. El Defensor de Familia deberá emitir su concepto en los quince días siguientes a la notificación. Si en dicho plazo el Defensor de Familia no ha alegado su concepto, el Notario dejará constancia de tal circunstancia, autorizará la Escritura y le enviará una copia a costa de los interesados.

Las observaciones legalmente sustentadas que hiciere el Defensor de Familia referidas a la protección de los hijos menores de edad, se incorporarán al acuerdo, de ser aceptadas por los cónyuges. En caso contrario se entenderá que han desistido del perfeccionamiento de la Escritura Pública, y se devolverán los documentos de los interesados, bajo recibo.

3.5 Desistimiento

Se tendrá como desistida la solicitud de divorcio o de la cesación de efectos civiles del matrimonio religioso ante Notario, si transcurren dos meses desde la fecha en que el instrumento fue puesto a su disposición, sin que concurran a su otorgamiento (artículo 2.2.6.8.4. del Decreto 1069 de 2015).

3.6 Protocolización de los anexos y autorización notarial

En la Escritura de divorcio del matrimonio civil o la cesación de los efectos civiles del matrimonio religioso se protocolizará la solicitud, el poder, las copias o certificados de los registros civiles y el concepto del Defensor de Familia.

Una vez satisfechos los requisitos sustanciales y formales exigidos en la ley y en este capítulo, el Notario autorizará la Escritura de divorcio del matrimonio civil o la cesación de los efectos civiles del matrimonio religioso. (artículo 2.2.6.8.5. del Decreto 1069 de 2015).

3.7 Registro de la escritura de divorcio

Una vez inscrita la Escritura de divorcio o de la cesación de efectos civiles del matrimonio religioso en el Libro Registro de Varios, el Notario comunicará la inscripción al funcionario competente del Registro del Estado Civil, quien hará las anotaciones del caso, a costa de los interesados. (artículo 2.2.6.8.6. del Decreto 1069 de 2015).

3.8 Tarifa

El trámite del divorcio o de la cesación de efectos civiles del matrimonio religioso no es gratuito, y, en consecuencia, causará, por concepto de derechos notariales, la tarifa fijada para los actos sin cuantía, y se cancelará con la presentación completa de la respectiva solicitud. (Artículo 2.2.6.8.7. del Decreto 1069 de 2015).

4. Divorcio unilateral

4.1 Autoridad competente

Conforme a lo previsto en el ordinal 1 del artículo 22 del Código General del Proceso, la competencia para conocer del proceso de divorcio es el juez de familia, quien conocerá, en primera instancia, del juicio de divorcio unilateral. En el caso de que no exista juzgado de familia en el circuito, le corresponderá la competencia al juez civil, tal y como lo dispone el ordinal 6 del artículo 20 del Código General del Proceso.

4.2 Legitimación y oportunidad para presentar la demanda

Conforme a lo dispuesto en el primer inciso artículo 3 de la Ley 2442 de 2024:

> El divorcio sólo podrá ser demandado por el cónyuge que no haya dado lugar a los hechos que lo motivan, con excepción de los previsto en el presente artículo con respecto a la causal 10 del artículo 154. La demanda de divorcio podrá presentarse en cualquier tiempo, sin límites de caducidad.

Como se deprende del citado artículo, podemos apreciar que, en el divorcio unilateral, la legitimación está dada al cónyuge inocente, aunque debemos resaltar que esa condición no resulta por el simple hecho de que, cualquiera de los cónyuges puede solicitar el divorcio sin necesidad de justificar una causal específica, imponiéndose la sola voluntad de uno de los esposos.

Aunque así no lo prevé expresamente la norma, la demanda deberá contener los requisitos exigidos en los artículos 82 y 84 del Código General del Proceso. También consideramos que podría ser perfectamente viable la posibilidad de que el demandante plantee las medidas cautelares previstas en los artículos 590 y 598 del Código General del Proceso, por cuanto las mismas están concebidas para garantizar los derechos del demandante y las resultas del proceso.

En relación a la caducidad de la acción, conforme a la redacción de la norma, es claro e indubitable la no existencia de un lapso de tiempo para interponer la acción de divorcio, todo ello derivado de los principios de autonomía personal y dignidad, los cuales acompañan a la decisión del cónyuge al momento de decidir ponerle fin a la unión matrimonial por intermedio del divorcio unilateral.

4.3 Pretensión de reparaciones económicas

Conforme a lo dispuesto en el segundo y tercer inciso artículo 3 de la Ley 2442 de 2024:

> Cuando se pretenda la obtención de reparaciones económicas o cualquier otro tipo de sanciones deberá presentarse la solicitud sobre reparaciones económicas o sanciones, dentro del término de dos (2) años, contados desde cuando tuvo conocimiento de ellos respecto de las causales 1a. y 7a. del

artículo 154 o desde cuando sucedieron, respecto a las causales 2a., 3a., 4a. y 5a del artículo 154. En todo caso, la demanda de divorcio que no contenga fines económicos o de sanciones, podrá presentarse en cualquier tiempo.

La causal 3 del artículo 154 cuando fuere debidamente probada dará lugar a la reparación integral, incluyendo reparaciones económicas y simbólicas a favor de la persona víctima de violencia intrafamiliar que la alega. Estas reparaciones serán declaradas en la sentencia de divorcio, aun de oficio.

En la trama del divorcio unilateral en Colombia, las reparaciones económicas están destinadas a compensar al cónyuge por un desequilibrio económico con ocasión al divorcio, incluyendo daños causados por violencia intrafamiliar.

Estas reparaciones pueden ser tanto materiales como simbólicas y deben ser solicitadas dentro del término de dos años, contados desde cuando tuvo conocimiento de ellos respecto de las causales 1° (Las relaciones sexuales extramatrimoniales de uno de los cónyuges) y 7° (Toda conducta de uno de los cónyuges tendientes a corromper o pervertir al otro, a un descendiente, o a personas que estén a su cuidado y convivan bajo el mismo techo) del artículo 154 o desde cuando sucedieron, respecto a las causales 2° (El grave e injustificado incumplimiento por parte de alguno de los cónyuges de los deberes que la ley les impone como tales y como padres), 3° (Los ultrajes, el trato cruel y los maltratamientos de obra) 4° (La embriaguez habitual de uno de los cónyuges), y 5° (El uso habitual de sustancias alucinógenas o estupefacientes, salvo prescripción médica) del artículo 154.

Las sanciones derivadas del divorcio son las siguientes:

1. Revocación de donaciones por causa del matrimonio del cónyuge inocente al cónyuge culpable (artículos 162 y 1842 y siguientes del Código Civil).
2. Imposibilidad de invocar por parte del cónyuge culpable derechos o concesiones estipulados exclusivamente en su favor en capitulaciones matrimoniales (artículo 162 del Código Civil).
3. Alimentos a cargo del cónyuge culpable y a favor del inocente (artículo 411 del Código Civil).

Refiere Gómez Rincón[307] que, en su criterio, la reparación integral referida en la norma, patrimonialmente sería el pago de:

1. El asesoramiento jurídico y de la asistencia técnica legal.
2. La asistencia médica integral y psicológica, con el debido tratamiento.
3. El daño material (daño emergente y lucro cesante).
4. Los daños inmateriales (extrapatrimoniales).

Y desde el punto de vista simbólico:

---
[307] Cit. ANTONIO JOSÉ GÓMEZ RINCÓN, pp. 116 y 117

1. El reconocimiento de la dignidad de la víctima.
2. El dispensar el perdón a la víctima.
3. La reconstrucción del tejido familiar desecho con la conducta.
4. La transformación de la conducta al interior de las familias.
5. Garantizar que los hechos no se van a volver a repetir.

4.4 Propuesta de divorcio

Conforme a lo dispuesto en el cuarto inciso artículo 3 de la Ley 2442 de 2024:

> Respecto a la causal 10 cualquiera de los cónyuges podrá presentar la demanda de divorcio en cualquier momento, la cual deberá ser acompañada de una propuesta de divorcio que contenga las medidas que hayan de regular los efectos derivados del mismo. El demandado sólo podrá oponerse al contenido de la propuesta de divorcio, proponiendo una distinta.

Como lo habíamos señalado con anterioridad, al referirnos al primer inciso de artículo 3, el cónyuge tiene la posibilidad de presentar la demanda de divorcio fundada en la causal 10ª cuando así lo considere oportuno, sin que para ello prive un lapso de caducidad que impida la correspondiente acción.

Ahora bien, conforme a la citada norma, es un requisito *sine qua non* en la demanda de divorcio unilateral, la respectiva propuesta, mediante la cual el demandante plantea todo lo relacionado con el desarrollo de las instituciones familiares, en el caso de que existan hijos menores de edad (custodia, régimen de vistas y la obligación alimentaria), también allí se verá reflejado lo concerniente a la compensación económica (en caso de ser pertinente) y lo relativo a la liquidación de la comunidad de bienes habidos durante la vigencia del matrimonio.

Por tratarse de un divorcio por la sola voluntad de uno de los cónyuges, no existe posibilidad alguna de oponerse a su materialización; lo único que podría hacer el demandado es plantear una oposición con respecto a la propuesta formulada en la demanda de divorcio, presentando una contrapropuesta a la demanda inicial, donde exprese sus desacuerdos y proponga alternativas en los temas mencionados. A pesar de ejercer ese derecho, no se podrá impedir que el divorcio sea declarado con lugar, porque lo que priva en este tipo de acción es la voluntad del cónyuge en disolver la unión matrimonial.

4.4.1 Contenido

Conforme a lo dispuesto en los parágrafos primero y segundo del artículo 3 de la Ley 2442 de 2024:

> PARÁGRAFO 1. La propuesta de divorcio contendrá, si es el caso: disposiciones sobre el cumplimiento de las obligaciones alimentarias, la reparación integral, incluyendo reparaciones

económicas y simbólicas, y sobre la liquidación de la sociedad conyugal.

Si hubiere hijos, la propuesta deberá contener la forma cómo contribuirán los padres a su crianza, educación y establecimiento, precisando la cuantía de la obligación alimentaria, conforme al artículo 24 del Código de la Infancia y la Adolescencia, indicando lugar y forma de su cumplimiento y demás aspectos que se estimen necesarios; custodia y cuidado personal de los menores y régimen de visitas y su periodicidad; primando siempre el interés superior de los niños, niñas y adolescentes.

El juez deberá revisar de oficio la asignación de la obligación alimentaria propuesta por las partes en el caso de encontrarse involucrados menores de edad y la asignación de obligaciones alimentarias entre las partes a fin de verificar si uno de los cónyuges carece de medios para la subsistencia. Así mismo, el Juez deberá revisar de oficio y desde una perspectiva de género la existencia de otras causales de divorcio y ordenar todas las medidas para proteger al cónyuge que se encuentre en una situación de riesgo o en la posibilidad de sufrir un daño grave para su integridad personal , su vida o propiedad

En todo caso, el juez podrá proponer fórmulas de arreglo alternativas a las propuestas presentadas por las parte , siempre que se garanticen los derechos de alimentos de los menores de edad y del cónyuge que carezca de medios de subsistencia.

PARÁGRAFO 2. Los contrayentes que suscriban capitulaciones matrimoniales podrán regular el tema de las indemnizaciones por terminación unilateral del matrimonio.

La propuesta de divorcio será planteada conforme al escenario matrimonial, en el entendido de que se hayan concebido hijos y, que estos sean menores de edad, también -si es el caso- se deben plantear lo atinente a las reparaciones integrales y la liquidación de los bienes habidos durante la vigencia del vínculo conyugal. Es por ello que, la referida propuesta estará orientada conforme al desarrollo de la vida matrimonial, exteriorizando lo familiar y patrimonial.

En el caso de existir menores de edad y, en aras de proteger y amparar el principio del interés superior del niños y adolescentes, la propuesta deberá expresar el desarrollo de temas transcendentales, tales como: custodia de sus hijos, obligación alimentaria (indicar el monto y forma de cancelación) y, por último, el régimen de convivencia familiar (visitas).

Ahora bien, si existen hijos mayores edad o que presenten algún tipo de discapacidad, existe una excepción en el régimen de protección alimentaria, a los fines de garantizar la debida dispensa de alimentos. En este sentido, el artículo 422 del Código Civil, expresamente dispone:

> Los alimentos que se deben por ley, se entienden concedidos para toda la vida del alimentario, continuando las circunstancias que legitimaron la demanda.
>
> Con todo, ningún varón de aquéllos a quienes sólo se deben alimentos necesarios, podrá pedirlos después que haya cumplido veintiún años, salvo que por algún impedimento corporal o mental, se halle inhabilitado para subsistir de su trabajo; pero si posteriormente se inhabilitare, revivirá la obligación de alimentarle.

De platearse la situación de alimentos entre cónyuges, ésta se exteriorizará en el caso de que algunos de ellos presenten un estado de necesidad, el cual le impida obtener los medios necesarios para su subsistencia. En este sentido, la Sentencia T-559/17, emanada de la Corte Constitucional, señaló expresamente lo siguiente:

> La obligación alimentaria entre esposos se ve materializada en virtud del principio de reciprocidad y solidaridad que se deben entre sí, y por ende la obligación recíproca de otorgar lo necesario para garantizar la subsistencia cuando uno de sus miembros no se encuentre en posibilidad de suministrárselos por sus propios medios.

En lo atinente a la liquidación de la comunidad, la cual es el conjunto de operaciones tendientes a determinar y satisfacer los derechos y obligaciones de los esposos, ex esposos o los herederos de éstos, habidos durante la vigencia del matrimonio. Para tal fin, los bienes comunes que aparecen en cabeza de cada uno de los esposos, en la propuesta se agruparán para constituir la masa partible, inventariar los derechos y obligaciones, para luego proceder a la liquidación y correspondiente reparto de gananciales.

La revisión de la propuesta de divorcio por parte del juez implica evaluar el acuerdo presentado, muy especialmente en lo que respecta a la custodia de menores, alimentos y distribución de bienes, para asegurar que sea justo y equitativo, y que no perjudique a ninguna de las partes.

También deberá ser el juez celoso en verificar la existencia de otras causales de divorcio[308] y, en este sentido, ordenar todas las medidas conducentes a garantizar la protección del cónyuge que se encuentre en situación de riesgo o en posibilidad de experimentar un daño grave en su integridad personal, vida o patrimonial.

---

[308] Ibidem, p. 132: "Realmente esta parte de la ley parece tener un enfoque contradictorio de buscar causales de divorcio donde se ha utilizado la causal de divorcio por la sola voluntad de uno de los cónyuges, pero dado la tendencia proteccionista que debe asumir el Estado resulta razonable."

La norma *in comento*, también plantea la posibilidad de que el juez proponga fórmulas de arreglo alternativas a las propuestas presentadas, siempre que se garanticen los derechos de alimentos de los menores de edad y del cónyuge que carezca de medios de subsistencia. Esas fórmulas de arreglo están encaminadas a la solución del problema planteado, bien sea a través del diálogo o negociación, con el fin de alcanzar una proposición que satisfaga a todas las partes.

Por último, se plantea la posibilidad de las parejas incluyan en las capitulaciones matrimoniales cláusulas que regulen las indemnizaciones que se sufragarán en caso de divorcio unilateral, estableciendo así compensaciones económicas para el cónyuge que no solicitó el divorcio.

CAPÍTULO V
EL PROCESO DE DIVORCIO EN VENEZUELA

Sumario: 1. Tribunales de Primera Instancia en lo Civil. 1.1 Juez competente. 1.2 Demanda. 1.3 Medidas preventivas. 1.4 Audiencias de conciliación. 1.5 Contestación de la demanda. 1.6 Pruebas. 1.7 Informes. 1.8 Sentencia. 2. Tribunal de Protección de Niños, Niñas y Adolescentes. 2.1 Juez competente. 2.2 Demanda. b.3 Medidas preventivas. 2.4 Audiencia de mediación. 2.5 Fase de sustanciación. 2.6 Fase de juicio. 3. Tribunal de Justicia de Paz Comunal.

1. Tribunales en lo Civil

1.1 Juez competente

El procedimiento de divorcio previsto en el Código de Procedimiento Civil, es el que se materializa cuando los cónyuges (demandante y demandado) son personas mayores de dieciocho años de edad, sin hijos, o con hijos mayores de edad.

Para comenzar el análisis del procedimiento de divorcio previsto en el Código de Procedimiento Civil, debemos destacar que este Código en su artículo 754 establece lo referente al tribunal competente para conocer de la demanda de divorcio, será el Juez que ejerza la jurisdicción ordinaria en el domicilio conyugal; y la propia norma adjetiva nos señala que se entenderá como domicilio conyugal el lugar donde los cónyuges ejercen sus derechos y cumplen con los deberes de su estado.

El Código Civil, en sus artículos 140 y 140 A también nos orienta con referencia al domicilio conyugal de la manera siguiente:

Artículo 140: "Los cónyuges, de mutuo acuerdo, tomarán las decisiones relativas a la vida familiar, y fijarán el domicilio conyugal".

Artículo 140 A: "El domicilio conyugal será el lugar donde el marido y la mujer tengan establecida de mutuo acuerdo, su residencia. En caso de que los cónyuges tuvieren residencias separadas, de hecho, o en virtud de la autorización judicial prevista en el artículo 138, el domicilio conyugal será el lugar de la última residencia común.

El cambio de residencia sólo podrá hacerse si ambos cónyuges están de acuerdo en ello."

1.2 Demanda

La demanda de divorcio, deberá cumplir con los requisitos exigidos en el artículo 340 del Código de Procedimiento Civil, los cuales son:

1. La indicación del Tribunal ante el cual se propone la demanda.
2. El nombre, apellido y domicilio del demandante y del demandado y el carácter que tiene.
3. Si el demandante o el demandado fuere una persona jurídica, la demanda deberá contener la denominación o razón social y los datos relativos a su creación o registro.
4. El objeto de la pretensión, el cual deberá determinarse con precisión, indicando su situación y linderos, si fuere inmueble; las marcas, colores, o distintivos si fuere semoviente; los signos, señales y particularidades que puedan determinar su

identidad, si fuere mueble; y los datos, títulos y explicaciones necesarios si se tratare de derechos u objetos incorporales.
5. La relación de los hechos[309] y los fundamentos de derecho en que se base la pretensión, con las pertinentes conclusiones.
6. Los instrumentos en que se fundamente la pretensión, esto es, aquéllos de los cuales se derive inmediatamente el derecho deducido, los cuales deberán producirse con el libelo.
7. Si se demandare la indemnización de daños y perjuicios, la especificación de éstos y sus causas.
8. El nombre y apellido del mandatario y la consignación del poder.
9. La sede o dirección del demandante a que se refiere el artículo 174.

1.3 Medidas preventivas

Las medidas preventivas son providencias emanadas, judicialmente a petición de partes o de oficio, por medio de las cuales se efectúa la prevención o aseguramientos procesales, con carácter provisorio sobre bienes o personas para garantizar las resultas de un juicio.

Las medidas preventivas consideradas dentro de las medidas cautelares, tienen efectos eminentemente ejecutivos, aseguran la ejecución forzosa del fallo, lo que ha conducido a denominarlas medidas preventivas típicas. Están previstas en el Código de Procedimiento Civil para asegurar la ejecución de la sentencia.

Tal y como lo sostiene Pineda León,[310] las partes deben ejercer y realizar todo lo concerniente a asegurar los efectos reales del fallo para que no se frustren y se hagan nugatorias las resultas del litigio por mala fe o conducta malévola de la parte perdidosa. Estas medidas preventivas fueron establecidas por el Código de Procedimiento Civil para evitar peligros y para equilibrar la buena fe que debe presidir todo proceso. Con estas medidas se asegura la cosa litigiosa y la ejecución de la sentencia.

En relación a las medidas preventivas que pueden ser dictadas por el tribunal civil, el artículo 191 del Código Civil, establece lo siguiente:

> La acción de divorcio y la de separación de cuerpos, corresponde exclusivamente a los cónyuges, siéndoles potestativo optar entre una u otra; pero no podrán intentarse sino por el cónyuge que no haya dado causa a ellas.

---

[309] LUIS SANOJO, *Exposición del Código de Procedimiento Civil venezolano con su texto*, Bogotá, Editorial Oriente, 1954, pp. 307 y 308: "Creemos que en el libelo de la demanda deben siempre expresarse los hechos que se pretende que constituyen el motivo legal alegado para pedir el divorcio y que por lo mismo el cónyuge demandado puede oponer la excepción de defecto de forma en la demanda, (...) Es menester que se expresen los hechos que en sentir del demandante constituyen la infame propuesta, el abandono voluntario, los excesos, la sevicia o la injuria. Aquella vaguedad deja al demandado en la incertidumbre sobre lo que tiene que probar y la ley quiere que la defensa de las partes sea tan amplia como sea posible, lo que no puede conseguirse, cuando no hay fijeza sobre los puntos que se van a ventilar."

[310] PEDRO PINEDA LEÓN, *Lecciones Elementales de Derecho Procesal Civil*, Tomos II – IV, Primera Edición, España, Talleres Tipográficos Icharopena, 1961, pp. 5 y 6.

> Admitida la demanda de divorcio o de separación de cuerpos, el Juez podrá dictar provisionalmente las medidas siguientes:
>
> 1°. Autorizar la separación de los cónyuges y determinar cuál de ellos, en atención a sus necesidades o circunstancias, habrá de continuar habitando el inmueble que les servía de alojamiento común, mientras dure el juicio, y salvo los derechos de terceros. En igualdad de circunstancias, tendrá preferencia a permanecer en dicho inmueble aquel de los cónyuges a quien se confiere la guarda de los hijos.
>
> 2°. (derogado por la Ley Orgánica para la Protección de Niños, Niñas y Adolescentes).
>
> 3°. Ordenar que se haga un inventario de los bienes comunes y dictar cualesquiera otras medidas que estime conducentes para evitar la dilapidación, disposición u ocultamiento fraudulento de dichos bienes.
>
> A los fines de las medidas señaladas en este artículo el Juez podrá solicitar todas las informaciones que considere convenientes.

Por otro lado, el artículo 761 del Código de Procedimiento Civil, dispone lo siguiente:

> Contra las determinaciones dictadas por el Juez en virtud de lo dispuesto en el artículo 191 del Código Civil, no se oirá apelación sino en un solo efecto. El Juez dictará todas las medidas conducentes para hacer cumplir las medidas preventivas contempladas en este Código.
>
> Las medidas decretadas y ejecutadas sobre los bienes de la comunidad conyugal no se suspenderán después de declarado el divorcio o la separación de cuerpos, sino por acuerdo de las partes o por haber quedado liquidada la comunidad de bienes".
>
> Asimismo, el artículo 585 eiusdem, establece: "Las medidas preventivas establecidas en este Título las decretará el Juez, solo cuando existe riesgo manifiesto que quede ilusorio la ejecución del fallo y siempre que se acompañe un medio de prueba que constituye presunción grave de esta circunstancia y del derecho que se reclama.

Y por último el artículo 588 del mismo Código dispone:

> En conformidad con el artículo 585 de este Código, el Tribunal puede decretar, en cualquier estado y grado de la causa, las siguientes medidas:

1° El embargo de bienes muebles.

2° El secuestro de bienes determinados.

3° La prohibición de enajenar y gravar bienes inmuebles"

De acuerdo a la jurisprudencia del Máximo Tribunal de Justicia, relativa a las medidas preventivas en materia de divorcio, encontramos lo siguiente:

> Es ciertamente muy amplia la facultad que otorga el ordinal 3° del artículo 191 del Código de Procedimiento Civil al Juez del divorcio y la separación de cuerpos, para decretar las medidas que estime conducentes, entre ellas las innominadas que las circunstancias particulares de cada caso puedan exigir o aconsejar, a los fines de evitar la dilapidación, disposición u ocultamiento fraudulento de los bienes comunes, de modo que el alcance de la norma no debe interpretarse restrictivamente dando preeminencia a consideraciones generales que restringen la actuación cautelar en el procedimiento civil ordinario.[311]

Por otra parte, con referencia al alegato del demandante sobre el no cumplimiento previo de los requisitos del artículo 585 del Código de Procedimiento Civil para el decreto de las medidas cautelares antes referidas, esta Sala considera necesario señalar que en los juicios por divorcio el Juez goza de un amplio margen discrecionalidad para acordar las medidas cautelares nominadas e innominadas que considere pertinentes y necesarias para evitar la dilapidación, disposición y ocultamiento fraudulento de los bienes comunes. Efectivamente, este poder cautelar está previsto en los artículos 171, 174 y 191, cardinal 3, del Código Civil, en concordancia con el artículo 466 de la Ley Orgánica para la Protección del Niño y del Adolescente.

Al respecto, la Sala Constitucional señaló en sentencia N° 94 del 15 de marzo de 2000, lo siguiente:

> Las medidas preventivas innominadas del artículo 588 del Código de Procedimiento Civil, con las exigencias que dicha norma trae, conforman un tipo de esta clase de medidas, pero ellas no son las únicas, ni exclusivas, que existen en el derecho venezolano. El artículo 171 del Código Civil, para enervar el peligro que un cónyuge se exceda en la administración o arriesgue con imprudencia los bienes comunes que está administrando, permite al Juez dictar las providencias que estime conducentes a evitar aquel peligro, con lo que se le otorga total arbitrio en cuanto a los caracteres de la medida; y para decretarla, la ley no pide requisito específico alguno como

---

[311] Sala de Casación Social del Tribunal Supremo de Justicia, sentencia N° 304, de fecha 13 de noviembre de 2001, con ponencia del Magistrado Juan Rafael Perdomo, Expediente N° 01-476, disponible en: http://historico.tsj.gob.ve/decisiones/scs/noviembre/C304-131101-01476.HTM

los del artículo 588 del Código de Procedimiento Civil, salvo que el sentenciador tome la decisión con conocimiento de causa (lo cual no es un instituto exclusivo de los procesos no contenciosos); es decir, que sin necesidad de plena prueba y con la sola presencia de la parte que pide, si ésta justifica la necesidad de la medida, el juez la ordena, pudiendo incluso para tomarla mandar a ampliar la justificación. Lo importante en estos casos es que al Juez se le faculta para investigar la verdad y que no dicte resolución alguna sino después de hallarse en perfecto conocimiento de causa.[312]"

"En ese sentido, en el juicio de divorcio incoado por Gilberto Emiro Correa Romero c/ Isabel Margarita Sanabria Marcano (16-12-2003) la Sala ratificó una decisión dictada 22 de mayo de 2001 (caso: José Sabino Teixeira y otra c/ José Durán Araujo y otra), en la cual se estableció el criterio sobre la naturaleza de la decisión denegatoria de las medidas preventivas, que señaló lo siguiente:

"...Según el artículo 23 del Código de Procedimiento Civil, cuando la ley dice que el Juez puede o podrá se entiende que lo autoriza para obrar según su prudente arbitrio consultando siempre lo más equitativo o racional, en obsequio de la justicia y de la imparcialidad.

Ahora, en materia de medidas preventivas esa discrecionalidad no es absoluta, sino que es menester el riesgo manifiesto de que quede ilusoria la ejecución del fallo y que se haya acompañado el medio de prueba que constituya presunción grave de esta circunstancia y del derecho que se reclama.

Además, el Juez debe limitar las medidas a los bienes que sean estrictamente necesarias para garantizar las resultas del juicio. Así lo disponen los artículos 585 y 586 del Código de Procedimiento Civil, respectivamente.

No basta entonces que el solicitante de la medida acredite los extremos del artículo 585 del Código de Procedimiento Civil, desde luego que el Juez no está obligado al decreto de las medidas, por cuanto el artículo 588 eiusdem dispone que el Tribunal, en conformidad con el artículo 585 puede decretar alguna de las medidas allí previstas; vale decir, que lo autoriza a obrar según su prudente arbitrio.

---

[312] Sala Constitucional del Tribunal Supremo de Justicia, sentencia de fecha 06/03/2002, con ponencia del Magistrado Pedro Rafael Rondón Haaz, Expediente N° 01-2636, disponible en: http://historico.tsj.gob.ve/decisiones/scon/marzo/382-060302-01-2636.HTM

De forma y manera que, no estando obligado el Juez al decreto de ninguna medida aun cuando estén llenos los extremos del artículo 585 del Código de Procedimiento Civil, no se le puede censurar por decir, para negarse a ella, que '...de los recaudos presentados no se determinan los elementos contenidos en la norma invocada' y que '... no se observa que se haya dado los supuestos del artículo 585 del Código de Procedimiento Civil', desde luego que podía actuar de manera soberana.

En efecto, muy bien podía el sentenciador llegar a la conclusión de que se le habían demostrado los extremos del artículo 585 del Código de Procedimiento Civil y, sin embargo, negarse al decreto de la medida requerida por cuanto el artículo 588 eiusdem lo faculta y no lo obliga a ello.

Consecuencialmente, si el Juez en estos casos está facultado para lo máximo, que es el decreto, también lo está para lo menos, que es su negativa.

Es decir que la negativa a decretar una medida preventiva es facultad soberana del Juez por lo cual su decisión no está condicionada al cumplimiento estricto del artículo 243 del Código de Procedimiento Civil, razón por la cual no es susceptible de censura por no adaptarse a sus previsiones.

Caso contrario sucede cuando el Juez opta por decretar la medida requerida, por cuanto en este supuesto, dado que puede constituir una limitación al derecho de propiedad de la parte contra la cual obra, el Tribunal está obligado a fundamentar las razones y motivos que lo llevaron a considerar probado el "periculum in mora" y el "fumus bonus iuris", y además debe describir las consideraciones por las cuales cree que la medida decretada se limita a los bienes estrictamente necesarios para garantizar las resultas del juicio, desde luego que la facultad para su decreto está condicionada a esos extremos...".

Del criterio transcrito y por mandato expreso de los artículos 588 del Código de Procedimiento Civil y 191 del Código Civil, se evidencia que en materia de medidas preventivas en los juicios de divorcio el juez es soberano y tiene amplias facultades para negar el decreto de la medida preventiva solicitada, pues no tiene la obligación ni el deber de acordarla, por el contrario, está autorizado a obrar según su prudente arbitrio.

El artículo 191 del Código Civil, por su parte establece: "admitida la demanda de divorcio o de separación de cuerpos, el Juez podrá dictar provisionalmente las medidas siguientes: 3º Ordenar que se haga un inventario de los bienes comunes...".

Por lo expuesto, la Sala reitera que sólo para el caso en que el juez niegue el decreto de la medida preventiva solicitada en los juicios de divorcio, para lo cual actúa con absoluta discrecionalidad, resulta inoficioso admitir el recurso de casación interpuesto, ya que el mismo es improcedente in limine litis.

En cuanto a las otras decisiones recaídas en materia de medidas preventivas, bien cuando sea acordándolas, suspendiéndolas, modificándolas o revocándolas se mantiene el criterio de admisibilidad inmediata, por ser asimilables a una sentencia definitiva en cuanto a la materia autónoma que se debate en la incidencia."

La Sala de Casación Social del Tribunal Supremo de Justicia, sentencia N°499, de fecha 04 de junio de 2004, con ponencia del Magistrado Juan Rafael Perdomo, Expediente N° 04-030, estableció:

> La citada disposición legal no define límites, sino que, por el contrario, contempla un régimen abierto, con gran amplitud. En efecto, este poder cautelar general no tiene las limitaciones del procedimiento civil ordinario, por estar interesado el orden público y la protección a la familia. Se constata del artículo 199 ejusdem, la intención del legislador de otorgarle al Juez que conoce de los procesos de separación de cuerpos y divorcio, un amplio poder tutelar para preservar los bienes de la comunidad, y los derechos de los hijos, incluso durante el desarrollo de este procedimiento especial, se preserva los derechos del cónyuge inocente que no ha dado motivo al divorcio, sin descuidar los derechos del otro. En estos casos, el Juez en uso de ese poder tutelar y discrecional, podrá dictar cualquiera de las medidas provisionales establecidas en el citado artículo 191, cuando la parte interesada así lo requiera o cuando las circunstancias así lo adviertan.

Por tanto, es muy amplia la facultad que otorga el ordinal 3° del artículo 191 del Código Civil, al Juez del divorcio y la separación de cuerpos, para decretar las medidas que estime conducentes, entre ellas las innominadas que las circunstancias particulares de cada caso, puedan exigir o aconsejar, a los fines de evitar la dilapidación, disposición u ocultamiento fraudulento de los bienes comunes, de modo que el alcance de la norma no debe interpretarse restrictivamente dando preeminencia a consideraciones generales que restringen la actuación cautelar en el procedimiento civil ordinario.

Es por ello, que el Juzgador en los procesos relativos a divorcio, no tiene limitación alguna al momento de dictar de oficio, de forma potestativa, todas las medidas o cautelas, sean típicas o atípicas, es decir, nominadas o innominadas, tendentes a garantizar los derechos sobre el patrimonio común derivado de la presunción de existencia de la comunidad conyugal, del cónyuge solicitante y actor en tales acciones.

En este mismo sentido, no se requiere la demostración de los extremos exigidos para el decreto de medidas cautelares nominadas o típicas contemplados en el artículo 585 del Código de Procedimiento Civil, referentes al *Fumus Boni Iuris* (El humo del buen derecho o presunción grave del derecho que se reclama) y *Periculum In Mora* (Riesgo manifiesto de que quede ilusoria la ejecución del fallo); al igual que, el requisito adicional y concomitante con los dos (2) anteriores, establecido para la medidas cautelares innominadas, denominado por la doctrina como Periculum In Damni (Temor fundado de que una de las partes pueda causar lesiones graves o de difícil reparación), establecido en el parágrafo primero del artículo 588 eiusdem.[313]

Tal y como lo señala acertadamente López,[314] las medidas preventivas de divorcio, contempladas en el artículo 191 del Código Civil, el bien jurídico tutelado no es el fallo, no es la justicia ni es el proceso, es la comunidad conyugal; por esto es que las medidas dictadas, permanecen vigentes luego de terminado el proceso en el cual fueron decretadas.

1.4 Audiencias de conciliación

El Juez emplazará a las partes para la realización del primer acto conciliatorio[315] a los fines de tratar de llegar a una reconciliación. Este acto se llevará a cabo al haber transcurrido cuarenta y cinco (45) días de la citación del demandado, tomando en consideración la hora que fije el Tribunal para tal fin. El Código de Procedimiento Civil en su artículo 756 señala la obligatoriedad de la asistencia al primer acto conciliatorio del cónyuge demandante. De no comparecer, se declarará extinguido del proceso.

Una vez efectuado el primer acto conciliatorio en la sede del Tribunal, en la hora fijada y con la presencia del demandante, éste señalará al tribunal su insistencia en la demanda, y no habiendo llegado a una reconciliación, se procederá a la realización de un segundo acto conciliatorio pasados cuarenta y cinco (45) días del anterior, fijando también el Tribunal una hora para dicho acto, con la obligatoria asistencia del demandante, y de no resultar en este acto reconciliación alguna, el cónyuge demandante deberá manifestar a viva voz si insiste o no en la demanda; pues de no hacerlo, se entenderá la demanda como desistida.

1.5 Contestación de la demanda

Si el demandante insiste en continuar el proceso, las partes quedarán emplazadas para el acto de contestación de la demanda, el cual se llevará a cabo al quinto día siguiente a la realización del segundo acto conciliatorio, todo ello de conformidad con lo establecido en el artículo 757 del Código de Procedimiento Civil.

---

[313] Juzgado Segundo de Primera Instancia en lo Civil, Mercantil, Transito y Bancario de la Circunscripción Judicial del Estado Cojedes, sentencia de fecha 11/08/2011, Expediente N° 5468, disponible en: http://cojedes.tsj.gob.ve/decisiones/2011/agosto/1532-11-5468-2397.html

[314] BEATRIZ LÓPEZ, "Las medidas preventivas", *Derecho de la Infancia y la Adolescencia*, Caracas, Tribunal Supremo de Justicia, 2007, Serie Eventos N° 24, p. 92.

[315] JOSÉ ROMÁN DUQUE SÁNCHEZ, *Procedimientos Especiales Contenciosos*, Caracas, Universidad Católica Andrés Bello; Manuales de Derecho, Editorial Sucre, 1981, p. 346: "Obsérvese que, en estos juicios, el emplazamiento no es para contestar la demanda, la cual tendrá lugar en otra oportunidad como se verá luego, sino que dicha citación es para el primer acto reconciliatorio. Es que, si bien el legislador dio entrada en nuestra legislación al divorcio, por otro lado, trató de poner, pudiéramos decir trabas al mismo, o por lo menos trató de salvar en lo posible al matrimonio que se trata de disolver."

Tanto el demandante como el demandado, deberán comparecer al acto de contestación de la demanda en la sede del Tribunal y a la hora fijada por éste; todo ello en razón de que la inasistencia de alguna de las partes acarreará severas consecuencias; de no comparecer el demandante provocará la extinción del proceso y en caso de no asistir el demandado se estimará como contradicción de la demanda en todas sus partes, todo ello de conformidad a lo previsto en el artículo 758 del Código de Procedimiento Civil.

1.6 Pruebas

Una vez concluido el lapso para contestar la demanda o la reconvención (si fuere el caso), el proceso quedará abierto a pruebas. El término será de quince (15) días de despacho para promover y treinta (30) para evacuarlas (artículo 392 del Código de Procedimiento Civil), es importante señalar que, concluido el lapso de promoción de pruebas, el Juez podrá dictar un auto "para mejor proveer" si así lo considera conveniente.

1.7 Informes

Las partes presentarán sus respectivos informes en el décimo quinto (15) día siguiente, una vez concluida la evacuación de pruebas (artículo 511 del Código de Procedimiento Civil). Si las partes lo consideran oportuno podrán presentar al Tribunal sus respectivas observaciones escritas sobre los informes de la contraria, lo cual se realizaría dentro de los ocho (08) días siguientes en cualquier hora de despacho (artículo 513 del Código de Procedimiento Civil).

1.8 Sentencia

Una vez concluido el lapso fijado para la presentación de informes o cumplido que sea el auto para mejor proveer, o pasado el término señalado para su cumplimiento, el Tribunal pasará a dictar sentencia dentro de los sesenta (60) días siguientes. Dicho término se deberá dejar transcurrir íntegramente para los efectos de la apelación (artículo 515 del Código de Procedimiento Civil).

2. Tribunal de Protección de Niños, Niñas y Adolescentes

2.1 Juez competente

El Tribunal competente en materia de divorcio es el Tribunal de Protección de Niños, Niñas y Adolescentes, donde se encuentre el último domicilio de los cónyuges, tal y como lo establece el artículo 177, parágrafo primero, aparte "j" de la Ley Orgánica para la Protección de Niños, Niñas y de Adolescentes, cuando haya niños, niñas y adolescentes comunes o bajo responsabilidad de crianza y/o patria potestad de algunos de los cónyuges.

2.2 Demanda

El artículo 456 de la Ley Orgánica para la Protección de Niños, Niñas y de Adolescentes, introduce una forma novedosa de presentar la demanda, estableciendo que la misma se presentará en forma oral o escrito, con o sin la asistencia de abogado, y debe llenar los siguientes requisitos:

1. El nombre, apellido y domicilio del demandante y del demandado;
2. El objeto de la demanda, es decir, lo que se pide o reclama;
3. Una narrativa resumida de los hechos en que se apoye la demanda; y,
4. La dirección del demandante y del demandado, y de ser posible, el número telefónico y la dirección de correo electrónico.

Si la demanda fuere presentada en forma oral, será reducida a un acta sucinta que comprenda los elementos esenciales ya mencionados.

La parte actora deberá presentar conjuntamente los instrumentos fundamentales, de los cuales se derive el derecho deducido; siendo en el caso de divorcio fundamentales el acta de matrimonio y las correspondientes partidas de nacimiento de los niños, niñas y/o adolescentes habidos durante el matrimonio, claro está, dependiendo igualmente de la causal de divorcio invocada, se presentarán los instrumentos que fundamenten la acción; como por ejemplo, la sentencia definitiva que condene a prisión al cónyuge (causal quinta del artículo 185 del Código Civil).

De conformidad con lo previsto en el artículo 457 de la Ley Orgánica para la Protección de Niños, Niñas y de Adolescentes, una vez presentada la demanda, será admitida si no es contraria al orden público, a la moral pública o alguna disposición expresa del ordenamiento jurídico. El Juez ejercerá el despacho saneador, admitirá la demanda, y ordenará su corrección mediante auto motivado, indicando un plazo que no excederá de cinco (5) días.

El auto de admisión ordena la notificación del demandado a los fines de que comparezca ante el Tribunal dentro de los dos (02) días siguientes a que conste en autos la notificación de la parte demandada, tomando también en cuenta la hora señalada para la realización del acto. El tribunal deberá fijar mediante auto expreso, el día y la hora para la realización de la audiencia preliminar, dentro de un plazo no menor de cinco días ni mayor de diez días. De igual forma, como dispone el artículo 457: "Adicionalmente, el juez o jueza podrá disponer todas aquellas diligencias preliminares, medidas preventivas o decretos de sustanciación que considere convenientes, a petición de parte o de oficio, teniendo siempre en cuenta la especialidad de la materia, los principios rectores de la misma y fundamentalmente el interés superior."

Dispone el artículo 458 de la Ley Orgánica para la Protección de Niños, Niñas y de Adolescentes, que, admitida la demanda, se ordene la notificación de la parte demandada mediante boleta, a la cual se adjuntará copia certificada de la demanda, con indicación de la oportunidad para que comparezca ante el Tribunal a los fines de conocer la oportunidad fijada para el inicio de la fase de mediación de la audiencia preliminar. El alguacil entregará la boleta al demandado, demandada o a quien se encuentre en su morada o habitación y, en caso de ser una persona jurídica, en la oficina receptora de correspondencia si la hubiere, dejando constancia del nombre y apellido de la persona a la que la hubiere entregado, quien deberá firmar su recibo, el cual será agregado al expediente de la causa. Si el notificado o la notificada no pudiere o no quisiere firmar el recibo, el alguacil le indicará que ha quedado igualmente notificado y dará cuenta al Tribunal en el mismo día. El secretario o secretaria deberá dejar constancia en autos de haberse cumplido dicha actuación.

Es importante destacar, que la Ley Orgánica para la Protección de Niños, Niñas y de Adolescentes, también prevé que la notificación del demandante se pueda efectuar por medios electrónicos, lo cual constituye en nuestro concepto, un magnífico avance en la materia, adaptándose plenamente a los nuevos conceptos de la modernidad y la tecnología, así lo vemos plasmado en el artículo 459 que dice:

> El Tribunal también puede practicar la notificación de la parte demandada por los medios electrónicos de los cuales disponga, siempre y cuando estén adscritos al Tribunal o al Poder Judicial. A efectos de la certificación de la notificación, se debe proceder de conformidad con lo dispuesto en la Ley sobre Mensajes de Datos y Firmas Electrónicas y su Reglamento en todo cuanto le sea aplicable, atendiendo siempre a los principios procesales de esta Ley. De no ser posible la plena certificación electrónica de estos mensajes de datos, por no existir en el país los medios necesarios para ello, el Tribunal utilizará todos los medios a su disposición para asegurar que los mensajes enviados contengan medios de seguridad suficientes para asimilar, en el mayor grado posible, los mensajes enviados a los requisitos previstos en dicha Ley. En todo caso, el secretario o secretaria debe dejar constancia en el expediente, de que efectivamente se materializó la notificación del demandado o demandada. Se presume cierta la certificación que haga el secretario o secretaria de la efectiva concreción de esta notificación, salvo prueba en contrario por quien alegue no haber sido efectivamente notificado o notificada.

Una vez admitida la demanda, se deberá notificar al Ministerio Público (artículo 463 de la Ley Orgánica para la Protección de Niños, Niñas y de Adolescentes).

2.3 Medidas preventivas

Tal y como lo señala López,[316] el juzgador para decretar una medida preventiva, debe apreciar que se hayan reunido los requisitos fundamentales de verosimilitud del derecho y el peligro en la demora, por lo tanto, deberá evaluarlos con absoluta prudencia, de una manera realista y expedita, de modo de que, a mayor verosimilitud del derecho, no cabe ser tan exigente en la gravedad del daño. En consecuencia, sostiene el Maestro López:

---

[316] Cit. BEATRIZ LÓPEZ, "Las medidas preventivas", *Derecho de la Infancia y la Adolescencia*, pp. 96 y 97.

> La verosimilitud no es otra cosa que la apariencia del derecho (fumus bonis iuris), para la cual no se requiere la prueba terminante y plena del mismo, sino la posibilidad razonable de ese derecho exista. El peligro en la demora (periculum in mora) se refiere al interés jurídico del solicitante y constituye la razón de ser de las medidas.

En relación a las medidas preventivas, la Ley Orgánica para la Protección de Niños, Niñas y de Adolescentes, en su artículo 466, establece que pueden decretarse a solicitud de parte o de oficio, en cualquier estado y grado del proceso. En los procesos referidos a Instituciones familiares o a los asuntos contenidos en el título III de la Ley Orgánica para la Protección de Niños, Niñas y de Adolescentes, es suficiente para decretar la medida preventiva con que la parte que la solicite señale el derecho reclamado y la legitimación que tiene para solicitarla. En los demás casos solo procederán cuando exista riesgo manifiesto de que quede ilusoria la ejecución del fallo y siempre que se acompañe un medio de prueba que constituya presunción grave de esta circunstancia y del derecho que se reclama.

El juez puede ordenar, entre otras, las siguientes medidas preventivas:

1. Medida de arraigo o prohibición de salida del país al niño, niña o adolescente, su padre, madre, representantes o responsables, o a terceras personas que ejerzan la responsabilidad de crianza.
2. Restitución de la custodia al padre, la madre o a terceras personas que ejerzan la responsabilidad de crianza en casos de retención indebida del niño, niña o adolescente.
3. Custodia provisional al padre, la madre, o a un familiar del niño, niña o adolescente.
4. Régimen de convivencia familiar provisional.
5. Colocación familiar o en entidad de atención provisional durante el trámite del procedimiento de colocación familiar.
6. Separación de la persona que maltrate a un niño, niña o adolescente de su entorno.
7. Retención del pasaporte del niño, niña o adolescente.
8. Restitución de bienes o enseres del hogar propiedad del niño, niña o adolescente, de su madre o padre, para garantizar el derecho a un nivel de vida adecuado.
9. Autorización para viajar en caso de extrema necesidad debidamente probada, para garantizar el derecho a la vida o salud del niño, niña o adolescente.

En el parágrafo segundo del referido artículo se establece:

> Las medidas preventivas también pueden ser solicitadas en forma previa al proceso y, en este caso, es obligación de la parte presentar la demanda respectiva dentro del mes siguiente a la resolución que decretó la medida. Para estos efectos, no se exige garantía, pero si la demanda no se presentare o el juez o jueza determina infundada la solicitud, de ser procedente condenará al pago de los daños y perjuicios causados. Si no

consta en autos la presentación de la demanda en el plazo previsto, se revocará la medida preventiva al día siguiente."

Ahora bien, para los casos de divorcio, el juez puede además dictar las medidas preventivas previstas en los ordinales 1° y 2° del artículo 191 del Código Civil, así como todas las innominadas que considere oportunas y pertinentes. En este sentido, es oportuno destacar, que en concordancia de lo antes expuesto, en sentencia[317] dictada por el Tribunal Superior Tercero del Circuito Judicial de Protección de Niños, Niñas y Adolescentes de la Circunscripción Judicial del Área Metropolitana de Caracas y Nacional de Adopción Internacional, en fecha 25 de marzo de 2011, Asunto AP51-R-2011-002772, se señala lo siguiente:

> Obsérvese que la intención del legislador consiste en la unificación del procedimiento, todo ello, con el objeto de evitar en lo posible, la supletoriedad, por lo que, en el presente caso de Medidas Preventivas, interpreta quien suscribe, que el procedimiento establecido en la Ley antes trascrito, procede en todos los casos de medidas Preventivas, inclusive, en los juicios de divorcio. Pensar que las medidas preventivas en el juicio de divorcio se siguen tramitando de acuerdo a lo dispuesto en el artículo 585 y siguientes del Código de Procedimiento Civil, es contrario a lo dispuesto en los principios antes enunciados, en virtud del procedimiento expreso y especial dispuesto en nuestra Ley Orgánica Para la Protección de Niños, Niñas y Adolescentes, en los artículos 465 y siguientes de la Ley, por las siguientes razones:
>
> Según lo dispuesto en el artículo 466, las medidas preventivas pueden decretarse a solicitud de parte o de oficio, en cualquier estado y grado del proceso, es decir, que no hace distinción alguna sobre la materia y cuando el legislador lo hace, lo refiere de manera expresa, verbigracia, medidas preventivas en caso de Privación o extinción de Patria Potestad y Medidas Preventivas en caso de obligación de manutención (artículos 466-A y 466-B), en las cuales el principio del artículo 466 rige igualmente para estas materias, pero estipulándose unos extremos de procedencia distintos.
>
> Asimismo, dispone el mismo artículo 466, que en los procesos referidos a Instituciones Familiares o a los asuntos contenidos en el título III de esta Ley, es suficiente para decretar la medida preventiva, con que la parte que la solicite señale el derecho reclamado y la legitimación que tiene para solicitarla.

---

[317] Disponible en: http://caracas.tsj.gob.ve/decisiones/2011/marzo/2456-24-AP51-R-2011-002772-PJ50820 11000033.html

No observa esta juzgadora norma expresa alguna, que deje las Medidas Preventivas en materia de divorcio, fuera del contexto del procedimiento establecido en la Ley, para que se procesen como se hacía antes de la reforma, es decir, por el Código de Procedimiento Civil, por lo contrario, interpreta quien suscribe, que tales medidas deben procesarse de acuerdo al procedimiento establecido en la Ley, por desprenderse del significado propio de las palabras del legislador en la misma norma del 466 cuando dispone: "En los demás casos solo procederán cuando exista riesgo manifiesto de que quede ilusoria la ejecución del fallo y siempre que se acompañe un medio de prueba que constituya presunción grave de esta circunstancia y del derecho que se reclama".

Como puede observarse claramente, cuando el legislador dispone: "En los demás casos.", debe entenderse a "todos los demás casos ", incluyendo las medidas preventivas en juicio de divorcio, pues si su espíritu hubiese sido la excepción a las medidas en juicios de divorcio, pues así lo hubiere expresado y lo que no dispone el legislador, mal puede hacerlo el intérprete.

La otra razón jurídica que observa quien suscribe, es que el legislador dispuso dentro de la misma norma del 466, los extremos de procedencia que contiene el artículo 585 del Código de Procedimiento Civil:

Cuando exista riesgo manifiesto de que quede ilusoria la ejecución del fallo y siempre que se acompañe un medio de prueba que constituya presunción grave de esta circunstancia y del derecho que se reclama, por lo que no habrá que recurrir a la supletoriedad del Código de Procedimiento Civil en el procedimiento establecido en el artículo 585 y siguientes en los juicios de divorcio, toda vez que en nuestra especial, contamos con un procedimiento especial, que se encuentra impregnado de todos los principios rectores necesarios en los procedimientos por audiencias que ahora convergen en nuestra especial materia de niños, niñas y Adolescentes...

En relación a la oposición[318] a las medidas, dispone el artículo 466-C de la Ley Orgánica para la Protección de Niños, Niñas y de Adolescentes, que dentro de los cinco días siguientes a que conste en autos la ejecución de la medida preventiva, si la parte contra quien obre estuviere ya notificada, o dentro de los cinco días siguientes a que el secretario deje constancia en autos de su notificación, la parte contra quien obre puede

---

[318] Cit. BEATRIZ LÓPEZ, "Las medidas preventivas", *Derecho de la Infancia y la Adolescencia*, p. 103: "Con la oposición a la medida el afectado tiene la oportunidad de demostrar la improcedencia de la medida, alegando contra ella toda clase de razones o fundamentos, no sólo en razón de los vicios que pudieran existir sino también en relación a su decreto y cumplimiento, observándose así el principio de bilateralidad que hubo de posponerse hasta después de haberse trabado la misma".

oponerse a la medida preventiva, presentando escrito de oposición en el cual consten las razones o fundamentos a que hubiere lugar, indicando todos los medios de prueba con los que cuente y aquellos que requiera materializar para demostrar la procedencia de sus alegatos. Los primeros pueden ser consignados con el escrito de oposición en la audiencia de oposición. Los segundos serán preparados antes y durante la audiencia de oposición.

En este sentido, señala el artículo 466-D de la Ley Orgánica para la Protección de Niños, Niñas y de Adolescentes, que el Tribunal de Protección de Niños, Niñas y Adolescentes deberá fijar mediante auto expreso, el día y hora para que tenga lugar la audiencia de oposición a las medidas preventivas, dentro de un plazo no menor de dos días ni mayor de cinco días siguientes a aquel que conste en autos la oposición.

Dicha audiencia se celebrará públicamente, salvo las excepciones previstas en la Ley, y será presidida y dirigida por el juez de mediación y sustanciación, quien debe explicar a las partes la finalidad de las mismas.

El juez deberá oír las intervenciones de las partes, en primer lugar, a la parte contra quien obre la medida preventiva, permitiéndose el debate entre ellos bajo su dirección. El juez deberá revisar con las partes los medios de prueba indicados en la oposición, así como los indicados por la parte demandante, revisando los que hubieren sido consignados, así como aquellos con los que se cuente para ese momento.

El juzgador deberá decidir cuales medios de prueba requieren ser materializados para demostrar sus respectivos alegatos, pudiendo verificar la idoneidad cualitativa o cuantitativa de los mismos, a fin de evitar su sobreabundancia y asegurar la eficacia respecto del objeto de la medida o la necesidad de que sean promovidos otros.

El juez deberá evacuar las pruebas y pueden ordenar la preparación de los medios de prueba que requieren materialización. Todas las observaciones y cuestionamiento de las partes sobre la admisión de las pruebas, serán resueltas en la misma audiencia.

La audiencia de oposición a la medida preventiva, podrá prolongarse cuantas veces sea necesario, hasta que el juzgador tenga elementos de convicción suficiente para decidir lo conducente.

Contra la decisión, procede apelación a un solo efecto, conforme a lo establecido en el procedimiento ordinario previsto en el capítulo IV de la Ley Orgánica para la Protección de Niños, Niñas y de Adolescentes. La oposición a la medida preventiva no suspende el proceso y debe tramitarse por cuaderno separado.

El artículo 466-E de la Ley Orgánica para la Protección de Niños, Niñas y de Adolescentes, establece las consecuencias de la falta de comparecencia de las partes a la audiencia de oposición a las medidas preventivas. En este sentido, si la parte contra quien obra la medida preventiva no comparece sin causa justificada a la audiencia de oposición a las medidas preventivas se considera desistida la oposición presentada, y si la parte que solicitó la medida no comparece sin causa justificada a la audiencia de oposición se debe continuar con ésta hasta cumplir con su finalidad.

2.4 Audiencia de mediación

El artículo 521 de la Ley Orgánica para la Protección de Niños, Niñas y de Adolescentes, regula lo referente al acto de reconciliación de las partes, estableciendo que dicho acto será la única oportunidad para promover la reconciliación, debiendo el Juez de Mediación y Sustanciación realizar las reflexiones conducentes. La audiencia no excederá de un día de duración, es privada, siendo obligatoria la presencia personal de las partes.

De no ser posible la reconciliación entre las partes, el demandante deberá manifestar su intención de continuar con el proceso, ya que, de lo contrario, se consideraría desistido el procedimiento y terminaría éste mediante sentencia, la cual se reducirá a un acta que se publicará ese mismo día. Cabe destacar que el desistimiento no extingue la instancia, pero la parte sólo podrá volver a presentar su demanda antes de que transcurra un mes.

En caso de que el demandante no compareciere personalmente sin causa justificada a la fase de mediación de la audiencia preliminar o a la audiencia de juicio, se consideraría desistido el procedimiento, culminando así el proceso mediante sentencia oral que sería reducida en un acta y publicado dicho fallo el mismo día. El desistimiento ocasionaría la extinción de la instancia y el demandante no podría volverla presentar su demanda antes de que transcurra un (1) mes. En el caso de que el demandado no compareciere a la fase de mediación de la audiencia preliminar o a la audiencia de juicio, se estimará como contradicción de la demanda en todas sus partes.

2.5 Fase de sustanciación

El artículo 474 de la Ley Orgánica para la Protección de Niños, Niñas y de Adolescentes, señala con exactitud lo correspondiente a los escritos de pruebas y la contestación de la demanda, estableciendo que dentro de los diez días siguientes a la constancia en autos de la conclusión de la fase de mediación de la audiencia preliminar, la parte demandante deberá consignar el escrito de pruebas, en ese mismo lapso, la parte demandada deberá consignar su escrito de contestación a la demanda junto con su escrito de pruebas. En ambos casos, el contenido de estos escritos podrá ser presentados en forma oral, los cuales serán reducidas a un acta sucinta.

Los escritos de pruebas deberán indicar todos los medios probatorios con los que se cuente y aquellos que se requieran materializar, para demostrar la procedencia de los respectivos alegatos. Los primeros pueden ser consignados con el escrito de pruebas o en la audiencia preliminar. Los segundos deberán ser preparados durante la audiencia preliminar o evacuados directamente en la audiencia de juicio, según su naturaleza.

En la contestación de la demanda se puede reconvenir a la parte demandante, en cuyo caso la demanda reconvencional debe cumplir con los mismos requisitos establecidos en el procedimiento para la demanda, pudiéndose presentar en forma escrita u oral, caso en el cual se reducirá a un acta sucinta. Propuesta la reconvención, se debe admitir si no fuera contraria al orden público, a la moral pública, o a alguna disposición expresa del ordenamiento jurídico. El juez debe ejercer el despacho saneador, procederá a admitir la demanda y ordenará su corrección mediante auto motivado, indicando el plazo para ello, que en ningún caso puede exceder de cinco días. Admitida la reconvención debe contestarse, en forma escrita u oral, dentro de los cinco días siguientes, adjuntando, si fuere el caso, el escrito de pruebas correspondiente. En estos casos, la fase de sustanciación de la audiencia preliminar se debe celebrar, dentro de un plazo no menor de cinco días ni mayor de diez días siguientes a aquél en que concluya el lapso para la contestación de la demanda reconvencional.

El artículo 475 de la Ley Orgánica para la Protección de Niños, Niñas y Adolescentes, regula lo atinente a la fase de sustanciación, estableciendo que, en el día y hora señaladas por el Tribunal de Protección de Niños, Niñas y Adolescentes, tendrá lugar la fase de sustanciación de la audiencia preliminar, la cual será presidida por el juez de mediación y sustanciación, quien explicará a las partes la finalidad de la misma. En principio, la fase de sustanciación es pública, salvo las excepciones previstas en la ley.

El juez oirá en primer lugar la intervención de la parte demandante y luego la de la parte demandada, permitiéndose el debate entre ellas bajo su dirección. Las intervenciones versarán sobre todas y cada una de las cuestiones formales, referidas o no a los presupuestos del proceso, que tengan vinculación con la existencia y validez de la relación jurídica procesal; las observaciones de las partes deben comprender todos los vicios o situaciones que pudieran existir. El juez deberá decidir en la misma audiencia todo lo conducente.

En esta misma fase, una vez resueltas las observaciones de las partes, se deberán ordenar las correcciones, los ajustes y proveimientos que sean necesarios, los cuales deberán ser implementados y tramitados con diligencia y prontitud, sin que para ello se detenga el proceso, a menos que por efecto de lo decidido por el juez sea necesario llamar a terceros interesados indisolublemente en la causa. En este caso, el juez ordenará su emplazamiento, convocando a una nueva audiencia preliminar, que tendrá lugar el día y hora que indique el Tribunal de Protección de Niños, Niñas y Adolescentes dentro de un plazo no menor de quince días ni mayor de veinte días siguientes a aquel en que conste en autos su notificación, todo ello a fin de que los terceros, como partes derivadas de la causa, puedan ejercer el mismo derecho que corresponde a las partes originarias del proceso.

En lo relativo a la preparación de las pruebas, el artículo 476 de la Ley Orgánica para la Protección de Niños, Niñas y Adolescentes, nos señala:

> Una vez resueltos los aspectos señalados en el artículo anterior, el juez o jueza debe revisar con las partes los medios de prueba indicados en los respectivos escritos, analizando los que hubieren sido consignados, así como aquellos con los que cuenten para ese momento. El juez o jueza debe decidir cuáles medios de prueba requieren ser materializados para demostrar sus alegatos, pudiendo verificar la idoneidad cualitativa y/o cuantitativa de los mismos, a fin de evitar su sobreabundancia y asegurar la eficacia respecto del objeto de la controversia o la necesidad de que sean promovidos otros.

Tal y como lo señala Martin Tortabú:[319]

> Cuando la ley refiere el carácter cuantitativo, entiende este autor, que tal elemento está referido a que sólo debe dársele entrada solo a los medios de prueba pertinentes, es decir aquellos que están dirigidos a probar las alegaciones de las partes; así como aquellos que sean conducentes, lo cual refiere que el medio de prueba instado debe ser el que corresponda para probar un hecho específico; infiriéndose también que las pruebas ilegales o inconstitucionales deben ser desechadas del proceso.
>
> El elemento cuantitativo del aporte probatorio que señala la norma antes descrita, podemos observarlo como la aportación de varios medios de pruebas para demostrar un mismo hecho, que perfectamente puede ser demostrado con pocos medios de prueba, esto por supuesto, obliga al juez de sustanciación a conducir con sumo cuidado esta actuación de preparación probatoria, porque obliga a realizar un juicio verosímil del material probatorio y un error de su parte haría nugatorio un derecho fundamental en el proceso, como lo es el derecho de probar.

El juez debe ordenar la preparación de los medios de prueba que requieren materialización previa a la audiencia de juicio, convocando a las partes para los actos que se señalen, solicitando las experticias correspondientes u oficiando a las oficinas públicas o privadas, o a terceros extraños a la causa, la remisión de las informaciones necesarias o datos requeridos. Excepcionalmente, también puede comisionarse a otros tribunales que deban presenciar determinadas actuaciones probatorias de conformidad con su competencia territorial, cuando éstas sean imprescindibles para decidir la controversia. El juez puede ordenar, a petición de parte o de oficio, la preparación o evacuación de cualquier otra prueba que considere necesaria para el mejor esclarecimiento de la verdad.

La fase de sustanciación de la audiencia preliminar puede prolongarse así cuantas veces sea necesario hasta agotar su objeto. Concluida la preparación de las pruebas, se da por finalizada la audiencia preliminar. En ningún caso, la fase de sustanciación de la audiencia preliminar debe exceder de tres meses. El juez debe dejar constancia en auto expreso de la terminación de la audiencia preliminar y remitirá el mismo día o al día siguiente el expediente al juez o jueza del juicio."

Cabe destacar, que en el caso de la incomparecencia del demandante sin causa justificada a la fase de sustanciación de la Audiencia Preliminar se continuará con ésta hasta cumplir su finalidad. En el caso de que ambas partes no comparezcan se ocasionará la terminación del proceso mediante sentencia oral, reducida a un acta y publicada el mismo día.

---

[319] MIGUEL ÁNGEL MARTIN TORTABÚ, *El derecho de Jóvenes en Venezuela y su protección Judicial (Descripción de los derechos tutelados y análisis del procedimiento ordinario)*, Caracas 2010, Vadell hermanos Editores, p. 158.

La fase de sustanciación de la audiencia preliminar deberá ser reproducida en forma audiovisual, debiendo el Tribunal de Protección de Niños, Niñas y Adolescentes remitir junto con el expediente y en sobre sellado, la cinta o medio electrónico de reproducción para el conocimiento del juez de juicio, del juez superior de la Sala de Casación Social, en el caso de que sea imposible la reproducción audiovisual de la audiencia, ésta se podrá realizar sin los referidos medios, debiendo el juez dejar expresa constancia de esta circunstancia en la sentencia.

El artículo 480 de la Ley Orgánica para la Protección de Niños, Niñas y Adolescentes, nos refiere lo relativo a los testigos llevados por las partes a declarar en el juicio, estableciendo:

> Pueden ser testigo bajo juramento todas las personas mayores de doce años de edad, que no estén sujetas a interdicción o que no hagan profesión de testificar en juicio. Serán hábiles para testificar en los procesos referidos a Instituciones Familiares o a los asuntos contenidos en el Título III de esta Ley, los parientes consanguíneos y afines de las partes, las personas que integran una unión estable de hecho, el amigo íntimo, la amiga íntima, el trabajador doméstico o la trabajadora doméstica. No procede la tacha de testigos, pero se apreciarán sus declaraciones de acuerdo con la libre convicción razonada.
>
> Excepcionalmente, cuando el juez o jueza lo estime imprescindible para comprobar un hecho, puede testificar un niño o niña sin juramento. En estos casos será el juez o jueza quien realice las preguntas y repreguntas, para lo cual las partes le informarán en la oportunidad procesal, sin la presencia del niño o niña, aquellas que desean formular.
>
> Los niños, niñas y adolescentes testificarán en los espacios dispuestos especialmente para su atención en el Tribunal de Protección de Niños, Niñas y Adolescentes, quedando prohibido hacerlo en la sala de audiencias. En todos estos casos el juez o jueza puede solicitar los servicios auxiliares del equipo multidisciplinario del Tribunal.
>
> En búsqueda de la verdad, el juez o jueza puede ordenar que declare como testigo a cualquier persona que se encuentre presente en la audiencia, especialmente a los padres, las madres, representantes, responsables y parientes de los niños, niñas y adolescentes.

En sentencia emanada de la Corte Superior del Tribunal de Protección del Niño y del Adolescente de la Circunscripción Judicial del Área Metropolitana de Caracas, de fecha 19 de febrero de 2001, con ponencia de la Dra. Georgina Morales, Expediente N° C-000189 (988453), se estableció lo siguiente:

(...) Los conflictos de familia se caracterizan por lo privado, es decir porque su formación y desarrollo se produce dentro de la esfera de la intimidad del hogar, tales acontecimientos pueden ser que se mantengan indefinidamente desconocidos fuera de los muros del hogar, pero el hecho de que se ventilen públicamente no lo hacen inexistentes, ni tampoco dejan de afectar a los miembros del grupo familiar. De manera que el Juez que conoce de ellos a partir de la pretensión de una de las partes, no podrá emitir un pronunciamiento sin antes indagar la certeza o veracidad de acontecimientos internos producidos en la vida familiar. La prueba de tales hechos resulta particularmente difícil en la instancia judicial, por cuanto ocurrieron en el pasado y, en muchos casos, no dejaron huella alguna. Por lo que la referencia testimonial se revela de gran importancia. Por las características referidas estos hechos generalmente presenciados, precisamente, por las personas más estrechamente vinculadas a las partes, sea por lazos de parentesco, por amistad o por dependencia laboral; lo cual convierte a estos testigos en los únicos que pueden traer al conocimiento del Juez lo acontecido. El pretender promover testimonios desvinculados de las partes, conlleva a la búsqueda de testigos elaborados que nada conocen de lo realmente ocurrido; así vemos en estos juicios testimonios de personas pasantes, que "visitaban" cuando los cónyuges se agredían o cuando uno de ellos salía con una maleta manifestando su intención de no volver.

La necesidad de testigos veraces para la convicción del Juez que conoce de los asuntos de familia, requiere de un cuestionamiento de la habilidad del testimonio de aquellas personas, que, aun estando vinculadas a los protagonistas del conflicto, son los verdaderos conocedores del drama familiar vivido y, por lo tanto, son los testigos que realmente le aportarán información veraz al Juez del mérito. A su vez el juzgador, de acuerdo al principio de la sana crítica, le corresponderá apreciar la veracidad, pertinencia y credibilidad de sus dichos. De manera que esta Corte Superior se ha planteado la importancia del examen de testigos que, conforme a las previstas en el artículo 478 del Código de Procedimiento Civil, serían inhábiles para aportar información sobre lo acontecido, y considerar la pertinencia de examinar testimonios de personas vinculadas a la intimidad del hogar en aras de procurar la búsqueda de la verdad real, el cual es uno de los principios contenidos en el artículo 450 de la Ley Orgánica para la Protección del Niño y del Adolescente para la interpretación de las normas sobre el procedimiento contencioso en asuntos de familia.

Resulta más que interesante la jurisprudencia comentada, porque en el foro jurídico venezolano se había mantenido un inquebrantable criterio con relación a la inhabilidad de los testigos, prevista y sancionada en los artículos 477, 478 y 479 del Código de Procedimiento Civil.

Ahora bien, tratándose de una testifical aportada por un servicio doméstico, resulta más que evidente que ésta conoce los aspectos íntimos de la relación familiar, porque el empleado doméstico habita y comparte con los integrantes del núcleo familiar, por lo general es fiel testigo de lo que allí ocurre, en este sentido, Henríquez La Roche[320] considera que la razón de inhabilidad de la testifical del sirviente doméstico estriba en el hecho a la intimidad del hogar, considerando que tiene derecho a guardar un secreto de oficio, el cual ha servido como argumento del artículo 481, ordinal 2º del Código de Procedimiento Civil.

En nuestro criterio, la testifical de personas que desempeñan oficios domésticos es oportuna y necesaria, porque la demostración de la casual de divorcio, podría ser sumamente complicada y difícil, siendo la prueba de testigos la más indicada, y sin duda alguna, que el testigo que ha convivido, que ha compartido con la pareja, juega un papel muy importante para el juzgador, que debe aplicar el principio de la sana crítica, la lógica y a su experiencia, a los fines de evaluar objetivamente al declarante, en la búsqueda de la verdad real, tal y como prevé el artículo 474 de la Ley Orgánica para la Protección de Niños; Niñas y Adolescentes.

2.6 Fase de juicio

De conformidad con lo dispuesto en el artículo 486 de la Ley Orgánica para la Protección de Niños, Niñas y Adolescentes, una vez recibido el expediente el Tribunal deberá fijar por auto expreso el día y la hora para que tenga lugar la audiencia de juicio, dentro de un lapso no menor de diez días ni mayor de veinte días siguientes a aquel en que recibió el expediente.

El artículo 484 de la Ley Orgánica para la Protección de Niños, Niñas y Adolescentes, establece lo relativo al desarrollo de la audiencia de juicio, precisando que en el día y la hora señalados por el Tribunal de Protección de Niños, Niñas y Adolescentes tendrá lugar la audiencia de juicio, previo anuncio de la misma. La audiencia de juicio será pública, salvo las excepciones previstas en la ley, y será presidida y dirigida por el juez o jueza de juicio, quien deberá explicar a las partes la finalidad de la misma.

Las partes deberán exponer de forma oral sus alegatos contenidos en la demanda y en su contestación y no se admitirán nuevos alegatos, salvo aquellos que hayan surgido durante el proceso o, que, a criterio del juez o jueza, sean anteriores al proceso, pero no se tuvo conocimiento de ellos. No se permitirá a las partes la presentación o la lectura de

---

[320] RICARDO HENRÍQUEZ LA ROCHE, *Código de Procedimiento Civil*, p. 357.

escritos, salvo que se trate de alguna prueba existente en autos, a cuyo tenor deba referirse la exposición oral.

Inmediatamente se procederá a la evacuación de las pruebas, comenzando con las de la demandante, en la forma y oportunidad que determine el juez o jueza. Evacuada la prueba, se concederá a la parte contraria un tiempo breve, para que de forma oral efectúe las observaciones que considere oportunas. Las partes deberán presentar los testigos que hubieren promovido en la audiencia preliminar, con su identificación correspondiente, los cuales deben comparecer sin necesidad de notificación, a fin que declaren oralmente ante el juez o jueza. Los dictámenes periciales se incorporarán previa lectura, la cual se limitará a las conclusiones de aquellos, estando los peritos obligados a comparecer para cualquier aclaración que deba hacerse en relación con los mismos, pudiendo las partes y el juez o jueza interrogarlos. La prueba documental se incorporará mediante lectura total o parcial de los mismos por las partes o el juez o jueza. El juez o jueza debe conducir la prueba en búsqueda de la verdad, teniendo los poderes de conducción, corrección a las partes y podrá admitir o rechazar las preguntas si estimare que son inconducentes o impertinentes. Asimismo, podrá ordenar, a petición de parte o de oficio, la evacuación de cualquier otra prueba que considere necesaria para el mejor esclarecimiento de la verdad.

Culminada la evacuación de las pruebas, se oirán las conclusiones de las partes, en primer lugar, las de la demandante y luego de la demandada. Seguidamente se oirá la opinión del niño, niña o adolescente, de forma privada o en presencia de las partes, pudiendo solicitar los servicios auxiliares del equipo multidisciplinario del tribunal si se estimare conveniente a su condición personal y desarrollo evolutivo.

La audiencia de juicio puede prolongarse en el mismo día, una vez vencidas las horas de despacho, hasta que se agote el debate, con la aprobación del juez o jueza. En todo caso, si no fuere suficiente la audiencia fijada para agotar completamente el debate, ésta debe continuar al día siguiente y así cuantas veces sea necesario hasta agotarlo.

En relación a la sentencia, el artículo 485 de la Ley Orgánica para la Protección de Niños, Niñas y Adolescentes, establece que, concluidas las actividades procesales en la audiencia de juicio, el juez o jueza se deberá retirar de la audiencia por un tiempo no mayor a sesenta minutos, debiendo las partes permanecer en la sala de audiencias.

La sentencia deberá ser pronunciada por el juez en forma oral, expresando el dispositivo del fallo y una síntesis precisa y lacónica de los motivos de hecho y de derecho, la cual reducirá de inmediato, en cuanto a su dispositiva, a forma escrita. Si el juez o jueza no decidiere la causa inmediatamente después de concluido el debate oral, éste deberá repetirse nuevamente, para lo cual se fijará una nueva oportunidad.

Sólo en casos excepcionales, por la complejidad del asunto debatido, por causas ajenas a su voluntad o de fuerza mayor, el juez podría diferir, por una sola vez, la oportunidad para dictar sentencia, por un lapso no mayor de cinco días después de evacuadas las pruebas. En todo caso, deberá por auto expreso, determinar el día y la hora para el cual difirió el acto para sentenciar, a los fines de la comparecencia obligatoria de las partes a este acto.

Dentro del lapso de cinco días siguientes al pronunciamiento oral de la sentencia, el juez deberá en la publicación reproducir el fallo completo, el cual se agregará a las actas con la debida constancia del secretario, del día y hora de la consignación.

El fallo será redactado en términos claros, precisos y lacónicos, sin necesidad de narrativa, ni transcripciones de actas, ni documentos que consten en el expediente, pero deberá contener la identificación de las partes y sus apoderados y los motivos de hecho y de derecho de la decisión.

3. Tribunal de Justicia de Paz Comunal

A partir de la puesta en vigencia de la Ley Orgánica de la Jurisdicción Especial de la Justicia de Paz[321], se crea un sistema alternativo de resolución de conflictos, el cual encuentra como ápice fundamental el artículo 253 de la Constitución Nacional.

El referido instrumento legislativo, en su artículo 8, numeral 8, establece que el Juez de Paz Comunal es competente para declarar, sin procedimiento previo y en presencia de la pareja, el divorcio o la disolución de las uniones estables de hecho cuando sea por mutuo consentimiento; para ello es necesario que los solicitantes se encuentren domiciliados en el ámbito local territorial del juez de paz comunal[322]; y no se hayan procreado hijos o de haberlos, no sean menores de 18 años a la fecha de la solicitud. En consecuencia, podrían los cónyuges que cumplan con los requisitos anteriormente descritos, acudir ante estos tribunales, ya que el procedimiento previsto en el artículo 185-A del Código Civil es de naturaleza no contenciosa.

Ahora bien, consideramos que al Juez de Paz Comunal no se le ha debido conferir competencia en materia de divorcio, por ser esta materia de estricto orden público, y es por ello que el Estado está en el deber de proteger a la sociedad y la familia, tal y como lo establece nuestra Carta Fundamental en su artículo 75:

> El Estado protegerá a las familias como asociación natural de la sociedad y como el espacio fundamental para el desarrollo integral de las personas. Las relaciones familiares se basan en la igualdad de derechos y deberes, la solidaridad, el esfuerzo común, la comprensión mutua y el respeto recíproco entre sus integrantes. El Estado garantizará protección a la madre, al padre o a quienes ejerzan la jefatura de la familia.

En este sentido, el divorcio afecta directamente al matrimonio, y es por ello que se configura como materia de orden público, las normas legales que lo regulan son de carácter imperativo y por esta razón los particulares no pueden de forma alguna, modificar, contradecir, ni renunciar a ellas

---

[321] Gaceta Oficial de la República Bolivariana de Venezuela N° 39.913, de fecha 02 de mayo de 2012.
[322] Sala Constitucional del Tribunal Supremo de Justicia, sentencia de fecha 18/12/2015, Magistrada ponente Carmen Zuleta de Merchán, Expediente N° 15-1085: "No obstante, se observa que a los fines de la aplicación de la norma especial, en aquellas comunidades donde no se hayan constituido los jueces y juezas de paz comunal, serán los jueces y juezas de Municipio competentes en los territorios que se correspondan con el domicilio conyugal los que ejecuten esa competencia, a tenor de la atribución de competencia que realiza el artículo 3 de la ya citada Resolución de la Sala Plena No. 2009-006, visto el carácter no contencioso de estas solicitudes de divorcio por mutuo consentimiento. Así se establece."

Ante esta situación, tal y como lo ha señalado acertadamente Pellegrino Pacera:[323]

> las competencias referentes al matrimonio, al divorcio y a las uniones estables de hecho (numerales 7,8 y 9), instituciones familiares que son de orden público, y, por ende, ajenas al principio de la autonomía privada, que no son cónsonas con la finalidad de la justicia de paz, que persigue solucionar los conflictos vecinales o comunitarios, y no sobre materias relativas al estado civil de las personas.

La propia ley in comento, en su artículo 10 establece que cuando el juez de paz comunal considere que los hechos que le sean sometidos a su conocimiento vulneran el orden público, remitirá las actuaciones a la autoridad u órgano competente, y aquí nos preguntamos ¿será por eso que no se conoce de ninguna decisión relativa a divorcio dictada por estos jueces?

Aunado a ello, esa competencia viola principios y garantías procesales fundamentales, donde precisamente se protege al interés público y a la justicia social, entre ellos destaca el principio de la unidad de la jurisdicción, todo ello en virtud de que en materia de divorcio debe ser el juez ordinario por excelencia, y éste ejerce a plenitud la función jurisdiccional, tal y como lo contemplan los artículos 253 de la Constitución Nacional y 1° del Código de Procedimiento Civil.

Preocupa ciertamente que un juez de paz comunal asuma esa competencia, porque es muy probable que quien decida no sea profesional del derecho, ya que de conformidad a lo previsto en el artículo 20 de la ley, son muy sencillos los requisitos exigidos para ser juez de paz comunal, siendo para ello necesario: ser venezolano; mayor de 25 años; saber leer o escribir; tener para el momento de la elección, al menos 3 años de residencia en la entidad local territorial o en la comuna; no estar sometido a condena mediante sentencia definitivamente firme, ni a interdicción civil, inhabilitación política o administrativa; no pertenecer a la directiva de alguna organización política, gremial o sindical, ni ser vocero de alguna organización del Poder Popular, al momento de la postulación, a menos que renuncie a dicha condición y ser de estado seglar y no pertenecer a ningún estamento militar o policial. Aquí nos volvemos a preguntar ¿puede un juez que no sea abogado constatar la veracidad de lo expuesto en la solicitud de divorcio fundada en el artículo 185-A y valorar los documentos aportados?

En este sentido, encontramos a una clara violación al derecho a obtener una decisión judicial motivada, razonada, justa, congruente y que no sea jurídicamente errónea, y ciertamente se destaca la importancia del juez profesional, ya que el juzgador en función del principio iura novit curia debe necesariamente aplicar el derecho con independencia de las apreciaciones e invocaciones de las partes, subsumiendo los hechos fijados del caso concreto en la norma escogida por el juzgador para resolver el caso concreto. Es

---

[323] COSIMINA G. PELLEGRINO PACERA, "Algunos comentarios sobre la Ley Orgánica de la Jurisdicción Especial de la Justicia de Paz", *Revista Venezolana de Legislación y Jurisprudencia*, N° 2, Caracas 2013, p. 318

importante destacar, la opinión de los procesalistas Bello Tabares y Jiménez Ramos[324], quienes sobre este particular, afirman:

> Es así como caemos en el campo de la motivación de la sentencia, donde el juzgador en la misma debe dar las explicaciones que justifiquen el dispositivo del fallo, el cual como hemos venido señalando, es el producto de la construcción de la premisa menor y mayor del silogismo judicial y de la actividad de subsumir los hechos concretos del supuesto abstracto de la norma, actividades intelectuales éstas que deben constar en el cuerpo de la decisión

Si bien es cierto que el legislador pretendió con el artículo 185-A fue encontrar un mecanismo ágil y expedito para solucionar el problema de las separaciones de hecho, no en vano, se previó una tramitación procesal que cumpliese con los requisitos para su validez, incluyendo la intervención del Ministerio Público, a los fines de garantizar el inequívoco respeto al orden público. Es inconcebible que se abstraiga de la esfera competencial de los tribunales civiles una materia tan delicada como lo es el divorcio, para dársela a los tribunales de paz comunal, por el simple hecho de que el mismo sea a consecuencia de un mutuo consentimiento de los cónyuges.

---

[324] HUMBERTO ENRIQUE III BELLO TABARES y DORGI DORALYS JIMÉNEZ RAMOS, *Teoría General del Proceso*, Tomo I, Caracas, Livrosca, 2004, p.260

CAPÍTULO VI
EFECTOS DEL DIVORCIO EN COLOMBIA

Sumario: a. Desde el punto de vista substancial. a.1 Disolución del matrimonio. a.2 Extinción de deberes y derechos de los cónyuges. a.3 Recuperación de la habilidad matrimonial. a.4 Apellido de la mujer. a.5 No se disuelve el vínculo sacramental. b. Desde el punto de vista patrimonial b.1 Posible pensión alimentaria y de manutención b.2 Cesación de la comunidad de gananciales b.3 Cesación de las donaciones b.4 Cesación del mutuo derecho hereditario c. Desde el punto de vista de la filiación c.1 Custodia de los hijos y cumplimiento de los deberes

1. Desde el punto de vista substancial

1.1 Disolución del matrimonio

Con la firmeza de la sentencia de divorcio, fenece lógicamente la unión conyugal, produciendo efectos erga omnes, es decir, no solo entre las partes, sino también frente a terceros, quedando en libertad los ex cónyuges de contraer nuevamente matrimonio.[325]

Tal y como lo sostiene Lehmann:[326] "Los efectos del divorcio se producen una vez que la sentencia es firme, más no de modo inmediato. (...) Se trata, pues, de una sentencia de transformación, que disuelve el matrimonio para el futuro y carece de efecto retroactivo, al contrario de lo que acontece con la impugnación."

En este sentido, el artículo 11 de la Ley 25 de 1992, establece:

> El artículo 160 del Código Civil, modificado por la Ley Primera de 1976, quedará así: "Ejecutoriada la sentencia que decreta el divorcio, queda disuelto el vínculo en el matrimonio civil y cesan los efectos civiles del matrimonio religioso, así mismo, se disuelve la sociedad conyugal, pero subsisten los deberes y derechos de las partes respecto de los hijos comunes y, según el caso, los derechos y deberes alimentarios de los cónyuges entre sí".

1.2 Extinción de deberes y derechos de los cónyuges

Una vez disuelta la unión matrimonial, se extinguen los deberes y derechos de los cónyuges: el deber de fidelidad, el deber de socorro y ayuda y el deber de cohabita

1.3 Recuperación de la habilidad matrimonial

Una vez confirmado el divorcio mediante la respectiva sentencia definitiva, a los ex cónyuges les asiste el derecho a volver a contraer nupcias, incluso podrían volver a casarse entre sí.

Ahora bien, en el caso de la mujer, disponían los artículos 173 y 174 del Código Civil colombiano, lo siguiente:

---

[325] ACACIO MORALES ACACIO, *Divorcio en la legislación colombiana*, Bogotá, Segunda Edición, Ediciones Doctrina y Ley LTDA, 2007, p. 84: "Con la disolución del vínculo matrimonial, los cónyuges dejan de serlo; se convierten en personas extrañas, hasta el punto de que cada uno de ellos puede contraer nuevamente matrimonio; se extinguen todas las obligaciones familiares que habían resultado del matrimonio; ya no hay socorro, respeto, ayuda mutua, y desaparece la fidelidad."
[326] Cit. HEINRICH LEHMANN, *Derecho de Familia*, p. 255

Artículo 173: "Cuando un matrimonio haya sido disuelto o declarado nulo, la mujer que está embarazada no podrá pasar a otras nupcias antes del parto, o (no habiendo señales de preñez) antes de cumplirse los doscientos setenta días subsiguientes a la disolución o declaración de nulidad.

Pero se podrán rebajar de este plazo todos los días que hayan precedido inmediatamente a dicha disolución o declaración, y en los cuales haya sido absolutamente imposible el acceso del marido a la mujer".

Artículo 174: "La autoridad civil no permitirá el matrimonio de la mujer sin que por parte de esta se justifique no estar comprendida en el impedimento del artículo precedente."

Las normas antes descritas, fueron declaradas inexequibles por la Corte Constitucional de la República de Colombia[327], en sentencia dictada en fecha 25 de octubre de 2000, expediente D-2924, sentencia C-1440, con ponencia del Magistrado Antonio Barrera Carbonell, donde expresamente se declaró:

> (...) Para explicar la diferencia que media entre el plazo máximo previsto por el artículo 92 del C.C. en orden a establecer el momento de la concepción y el que consagra el artículo 173, que se examina, el autor en cita advierte:
>
> "Aunque el término máximum de gestación son 300 días (art. 92), la ley ha considerado que sería imposible que en algún caso no pudiera saberse a los 270 si la mujer estaba encinta o no, y por eso ha reducido el término de espera, separándose del derecho romano y del español, que señalan un año, y del francés que señala 300 días".
>
> Del análisis de los criterios precedentes se concluye que las normas acusadas, como sucede con otras del Código Civil, fueron el resultado de formulaciones empíricas deducidas de la simple observación y la experiencia, de manera que la ciencia no tuvo propiamente una participación determinante en la estructura de tales regulaciones.
>
> Lo anterior se debe al hecho de que nuestro Código Civil fue redactado en el siglo XIX, en una época en que los conceptos modernos de la herencia biológica no se aplicaban a los problemas y a las soluciones jurídicas, al punto que el parentesco, por ejemplo, se establecía en función de la distancia o conexión que existiera entre los familiares, siguiendo en forma rigurosa el método o modelo establecido por el derecho romano.
>
> En los últimos tiempos se ha venido imponiendo un nuevo modelo, que responde a los progresos de las ciencias

---

[327] Disponible en: http://www.corteconstitucional.gov.co/relatoria/2000/C-1440-00.htm

biológicas, donde se explica el parentesco natural o consanguíneo en la herencia biológica, esto es, en el hecho de que la familia humana comparte un conjunto común de genes que se trasmiten por descendencia.

En el proceso de revisión y actualización de nuestra legislación civil, para adecuar su normatividad a los avances del conocimiento, de manera que responda a las opciones que la ciencia ha incorporado para la solución de determinadas situaciones conflictivas que tienen que ver con el estado civil de las personas, ahora se admiten las pruebas genéticas de los grupos sanguíneos, como medios conducentes y eficaces ante los jueces para definir las investigaciones sobre paternidad, como en efecto lo autoriza la ley 75 de 1968 (art. 7).

(...) Las normas acusadas contienen una preceptiva que afecta el espacio de libertad de la mujer para buscar una nueva opción de vida, ante la posibilidad de contraer nuevas nupcias; que la coloca dentro de una situación de sospecha sobre su comportamiento sexual, que desde luego afecta su dignidad, y que limita injustificadamente su derecho al libre desarrollo de la personalidad.

La finalidad que se proponen dichas normas, loable bajo la perspectiva que se manejó en su momento, puede alcanzarse ahora con el apoyo que la ciencia y la tecnología aportan, a través de métodos que resultan más confiable y eficaces, y sin las limitaciones que se imponen a la mujer para contraer nuevas nupcias, que comportan afectaciones irrazonables y desproporcionadas de los aludidos derechos fundamentales.

Encuentra la Corte, en consecuencia, que los artículos 173 y 174 del Código Civil, en cuanto condiciona las segundas nupcias de la mujer en ellos previstas, violan sus derechos a la libertad, a la honra y al libre desarrollo de la personalidad.

Es evidente que los dictados de las referidas normas no resultan hoy razonables, ni proporcionadas al fin perseguido, miradas las limitaciones que se imponen a los aludidos derechos fundamentales de la mujer. (...)

De la sentencia anteriormente descrita, se evidencia que la Corte Constitucional, se aparta claramente de la turbatio sanguinis (alteración de la sangre), permitiendo en consecuencia, que la mujer pueda contraer nuevamente nupcias sin impedimento alguno, sin esperar la expiración del término de 270 días subsiguientes al decreto de divorcio, y a la indemnización de todos los perjuicios y costas ocasionados a terceros por la incertidumbre de la paternidad.

Otro aspecto importante a destacar, es el mantenimiento del vínculo de parentesco afín con la familia del otro cónyuge. En este sentido, el artículo 47 del Código Civil, expresamente dispone: "Afinidad legítima es la que existe entre una persona que está o ha estado casada y los consanguíneos legítimos de su marido o mujer. La línea o grado de afinidad legítima de una persona con un consanguíneo de su marido o mujer, se califica por la línea o grado de consanguinidad legítima de dicho marido o mujer con el dicho consanguíneo. Así un varón está en primer grado de afinidad legítima, en la línea recta, con los hijos habidos por su mujer en anterior matrimonio; en segundo grado de afinidad legítima, en la línea transversal, con los hermanos legítimos de su mujer.

1.4 Apellido de la mujer

Sobre el apellido[328] de la mujer casada, ésta puede utilizarlo de forma optativa, tal y como lo dispone el Decreto 999 de 1988,[329] en su artículo sexto, que estableció lo siguiente:

> (...) La mujer casada podrá proceder, por medio de escritura pública, adicionar o suprimir el apellido del marido precedido de la preposición de, en los casos en que ella lo hubiere adoptado o hubiere sido establecido por la ley.
>
> El instrumento a que se refiere el presente artículo deberá inscribirse en el correspondiente registro civil del interesado, para lo cual se procederá a la apertura de un nuevo folio. El original y el sustituto llevarán notas de recíproca referencia.

Ahora bien, una vez disuelto el vínculo matrimonial la legislación colombiana no hace referencia alguna sobre la posibilidad de mantener el uso del apellido del ex cónyuge. Posiblemente seguirá siendo reconocida en la esfera en la que se desenvuelva con el apellido de casada, en virtud de una acostumbrada forma de anunciarse o darse a conocer, por lo que inevitablemente será identificada como tal; y mucho más aún si ha utilizado el apellido de casada con fines profesionales, comerciales, artísticos, etc. Sobre este punto, apunta Medina Pabón[330], lo siguiente:

> No resuelve la ley lo relativo a la posibilidad de la mujer de seguir usando el apellido, pero mi opinión es que no lo puede

---

[328] Cit. AUGUSTO CÉSAR BELLUSCIO, *Divorcio*, pp. 531 y 532: "Aun admitido que fuese un deber de la mujer casada llevar el apellido de su esposo, diferían las opiniones acerca de que si ese deber subsistía después del divorcio.
Para Borda la solución era la negativa, pues entendía que el deber derivaba de la costumbre, y que mientras era costumbre generalizada la agregación del apellido marital por las mujeres casadas, no lo era su mantenimiento por las divorciadas. El resto de los autores que sostenían que se trataba de un deber afirmaba que persistía después del divorcio mientras no se expidiese orden judicial de suprimirlo basada en justas causas, en especial cuando por razones de orden moral hicieran considerar deshonrado el apellido del marido por su uso por la esposa divorciada".
[329] Publicado en Diario Oficial N° 38.349, de fecha 25 de mayo de 1988
[330] Cit. JUAN ENRIQUE MEDINA PABÓN, *Derecho Civil Derecho de Familia*, p. 307

usar, a menos que considere que este ya se ha integrado a su personalidad y decida cambiar formalmente de apellido mediante la escritura pública requerida y, por supuesto, ya no será el apellido del marido, sino el suyo propio.

1.5. No se disuelve el vínculo sacramental

El divorcio sólo disuelve el vínculo conyugal derivado de la celebración del matrimonio civil, por lo tanto, la cesación de efectos civiles es la que impera producto de la sentencia de divorcio, manteniéndose el vínculo sacramental.

En este sentido, la Corte Constitucional de Colombia, en la citada sentencia C-456/93, se estableció lo siguiente:

> Es cierto que, de conformidad con el inciso sexto del artículo 42 superior, la disolución del vínculo se rige por la ley civil, pero ello no quiere decir que la ley civil disuelva el vínculo sacramental, cuestión que no le está permitida al legislador, porque violaría los artículos 18 y 19 superiores, por cuanto supondría la intromisión de la esfera civil en la religiosa. La norma constitucional aludida se refiere es al efecto civil del vínculo religioso, que es igual en cualquier matrimonio, lo cual es armónico con el tenor del artículo 42, analizado en su integridad.
>
> Deducir que la Constitución en su artículo 42, inciso octavo, obliga a la ley a disolver el vínculo religioso, es partir de una suposición que contradice el espíritu de la Carta, pues ésta reconoce la naturaleza religiosa de los matrimonios celebrados conforme a un rito determinado; en sus efectos civiles sí los regula, pero no se sale de su jurisdicción propia, sino que, por el contrario, restablece lo relativo a la efectividad civil del vínculo religioso, sin desconocer jamás la naturaleza del mismo, que es competencia -por operar en el plano de la conciencia- del correspondiente ordenamiento religioso.
>
> En otras palabras, lo que la Constitución establece no es un vínculo disoluble a los matrimonios religiosos, sino que los efectos civiles del vínculo religioso cesan por divorcio.
>
> Así como es improcedente que la autoridad religiosa impere en el orden civil, también resulta impropio que la ley civil tenga efectos sobre cuestiones que atañen únicamente a la conciencia de los individuos, pues la filosofía jurídica de todas las tendencias, desde los clásicos, hasta las corrientes modernas y contemporáneas, pasando por los nominalistas, es unánime en concluir que la ley positiva regula únicamente la

convivencia, dejando que la ley moral sea la adecuada para regular la intimidad de la propia convicción.

2. Desde el punto de vista patrimonial

2.1 Posible pensión alimentaria y de manutención

De conformidad a lo previsto en el numeral 4° del artículo 411 del Código Civil[331], que se deben alimentos "A cargo del cónyuge culpable, al cónyuge divorciado o separado de cuerpos sin su culpa".

Razón por la cual, el legislador colombiano asumió la tendencia doctrinaria[332] y jurisprudencial encaminada al reconocimiento al cónyuge inocente en el derecho a la reclamación de dispensa de alimentos, en el caso de que éste lo requiriese, por encontrarse impedido económicamente para proporcionárselos.

En este mismo sentido, la Corte Constitucional de la República de Colombia, en la ya citada sentencia C-246/02, que en el caso de enfermedad o discapacidad grave e incurable que pone en peligro salud e imposibilite comunidad matrimonial, dictaminó:

> El hecho de que la persona gravemente afectada de una enfermedad o discapacidad incurable quede expósita luego del divorcio, sin que el otro cónyuge deba prestarle alimentos, atenta contra la autonomía del cónyuge enfermo, así como contra el principio de dignidad humana. Es claro para la Corte, entonces, que se hace necesario condicionar la constitucionalidad de la causal acusada en el sentido de que el cónyuge divorciado que tenga enfermedad o anormalidad grave e incurable, física o psíquica, que carezca de medios para subsistir autónoma y dignamente, tiene derecho a que el otro cónyuge le suministre los alimentos respectivos, sin que ello excluya la realización voluntaria de prestaciones personales de éste en beneficio del cónyuge enfermo o anormal.

Cabe destacar, que también la Corte Constitucional de la República de Colombia[333], en sentencia dictada en fecha 02 de abril de 2013, con ponencia de la Magistrada María Victoria Calle Correa, sentencia T-177/13, dictaminó que la obligación alimentaria derivada del divorcio no se extingue con la muerte del obligante, al señalar:

> El fundamento normativo de la obligación alimentaria a cargo de los cónyuges divorciados se encuentra en los artículos 160 y 411 del Código Civil. Según estas disposiciones, el cónyuge culpable le debe alimentos al inocente cuando éste poseyera la capacidad de suministrarlos y aquellos necesitare; y

---

[331] Numeral modificado por el artículo 23 de la Ley Primera de 1976
[332] Cit. HEINRICH LEHMANN, *Derecho de Familia*, pp. 257 y 258: "El marido declarado único o mayor culpable viene, en principio, obligado a prestar
[333] Disponible en: http://www.corteconstitucional.gov.co/relatoria/2013/t-177-13.htm

cuando uno de los cónyuges divorciados tenga problemas de salud relevantes y no tuviere la capacidad de procurarse el sustento básico para vivir en condiciones dignas, y el otro cónyuge tuviere la capacidad económica para proveerlos proporcionadamente. Esta obligación alimentaria emana de la ley y no de un acto jurídico particular, y como se puede observar, deben cumplirse dos presupuestos para reclamarlos: "la necesidad del beneficiario y la capacidad del deudor, (…) sin que ello implique el sacrificio de su propia existencia.[23]

En este caso surgió entonces una obligación alimentaria legal, soportada en el hecho de que la accionante necesitaba una fuente de ingresos que mitigara el impacto de la separación patrimonial, y que Luis Álvaro Cabra Castañeda estaba en capacidad económica de sufragar una cuota mensual. Esta obligación fue reconocida por el Juzgado Primero Promiscuo Municipal de Chía que, luego del incumplimiento del alimentante, ordenó que la cuota se pagara mensualmente de la pensión percibida por el deudor.

4.2. De lo expuesto en los antecedentes se puede observar que luego de la muerte de Luis Álvaro Cabra Castañeda el ISS suspendió los efectos de la obligación alimentaria, argumentando que la misma había desaparecido con el fallecimiento y que la pensión se sustituyó en cabeza de una persona que no tenía obligaciones alimentarias con la actora. La primera pregunta que surge entonces es si ¿la obligación alimentaria siempre se extingue con la muerte del alimentante? La Corte Constitucional ha dicho que no, siempre y cuando se mantengan las condiciones que dieron origen a la obligación.

(…) De igual forma, en la sentencia T-506 de 2011,[25] al estudiar el caso de una persona que se le suspendió el pago de alimentos a cargo de una pensión bajo el entendido de que el afiliado alimentante había fallecido, la Corte dijo que:

"[…] la muerte del alimentado será siempre causal de extinción del derecho de alimentos, porque el término máximo de duración de dicha obligación es la vida del mismo, pues los alimentos no se trasmiten por causa de muerte. || Situación diferente a la anterior, se presenta cuando quien fallece es el alimentante, o lo que es lo mismo, el deudor de los alimentos, pues en este caso no siempre se extingue la obligación, ya que, si subsiste el alimentario y su necesidad, éste último podrá reclamarlos a los herederos del deudor, aunque concretando su pretensión sobre los bienes dejados por el alimentante, siempre y cuando no opere la confusión, como modo de extinguir las obligaciones."

4.3. A la luz de estas providencias puede afirmarse que la obligación alimentaria no siempre desaparece con la muerte del alimentante, en tanto permanezcan las condiciones de necesidad que le dieron origen. Esta situación no sólo está fundamentada en el hecho de que la jurisprudencia constitucional lo ha sostenido, sino en que la normatividad que regula la materia dispone expresamente que "[l]os alimentos que se deben por ley, se entienden concedidos para toda la vida del alimentario, continuando las circunstancias que legitimaron la demanda".

Es más, haciendo una interpretación sistemática de la norma que regula la duración de la obligación alimentaria con aquellas que reglamentan la sucesión, puede inferirse que la obligación de dar alimentos trasciende a la muerte del alimentante, en tanto lo que se deba por concepto de los mismos se deducen de la masa sucesoral. Concretamente, el artículo 1016 del Código Civil dispone que en todo caso "(…) se deducirán del acervo o masa de bienes que el difunto ha dejado (…): 4°) Las asignaciones alimenticias forzosas."; y el artículo 1227 del mismo cuerpo normativo prescribe que "[l]os alimentos que el difunto ha debido por ley a ciertas personas, gravan la masa hereditaria, menos cuando el testador haya impuesto esa obligación a uno o más partícipes de la sucesión". El ordenamiento civil se ocupó de la suerte de las personas legitimadas para recibir alimentos frente al hecho de que la persona que se los proveía falleciera, en tanto existía una probabilidad alta de que la situación de vulnerabilidad permaneciera en el tiempo, o inclusive se agravara con el paso del mismo.

4.4. De conformidad con los precedentes citados y las normas que rigen el tema, para la Sala la obligación alimentaria de la cual es beneficiaria Rubby Stella Perea Velásquez no se extinguió con la muerte de Luis Álvaro Cabra Castañeda, toda vez que permanecen las circunstancias de necesidad que le dieron origen.

(…) Hoy en día la Sala no encuentra motivo alguno para pensar que el estado de necesidad que dio origen a la obligación alimentaria ha disminuido, muy por el contrario, puede afirmar inclusive que las circunstancias han empeorado para la accionante, en el sentido de que ahora se encuentra en un estado de necesidad calificado por la enfermedad que padece y su condición de persona de la tercera edad.

El actuar del ISS no sólo llevó a que se extinguiera de hecho una obligación vigente, sino que interfirió de manera grave en los derechos fundamentales al mínimo vital y la salud de la accionante. Y es que a partir de los postulados constitucionales no puede avalarse la cesación de pagos de la cuota alimentaria en cuestión, porque intempestivamente dejó en el desamparo económico a una persona de la tercera edad que necesitaba dichos recursos para procurarse una vida digna.

(...) 5.1. El ISS vulneró el derecho al mínimo vital de Rubby Stella Perea Velásquez al negarle el pago de la cuota alimentaria a cargo de la pensión de su ex – esposo fallecido, pues a pesar de que la persona en quien se sustituyó la pensión no tiene relación de parentesco con ella, se pudo constatar que (i) la obligación de cancelar la cuota no se extinguió con la muerte del afiliado; (ii) el ISS está obligado a cumplir la orden judicial de pagar alimentos a cargo de la pensión en cuestión; y (iii) no se vulnera el mínimo vital de Gladys Salazar Cáceres al deducir de la pensión de sobrevivientes que le fue reconocida, la cuota alimentaria de la accionante, sino que, por el contrario, se desarrolla una finalidad constitucional válida, como lo es materializar el principio de solidaridad.(...)

2.2 Cesación de la sociedad conyugal

De conformidad a lo previsto en el artículo 160 del Código Civil, una vez ejecutoriada la sentencia que decreta el divorcio, queda disuelta la sociedad conyugal, procediendo en consecuencia, a la respectiva liquidación.[334]

De conformidad a lo previsto en el numeral 1° del artículo 1820 del Código Civil, la sociedad conyugal se disuelve a consecuencia de la disolución del matrimonio, razón por la cual una vez fenecido en virtud del divorcio, se debe proceder a la liquidación, bien sea de forma amistosa y/o mutuo acuerdo, o por vía contenciosa.

2.3 Cesación de las donaciones

A consecuencia de la disolución del vínculo por las causales vinculadas al divorcio sanción, el cónyuge que no haya dado lugar a la materialización de la causal respectiva, le asiste el legítimo derecho de revocar las donaciones que a consecuencia de la celebración del matrimonio hubiera hecho el cónyuge culpable del divorcio. Es por ello, que se configuran revocables las donaciones señaladas en el artículo 1842 del Código Civil:

---

[334] Cit. JORGE ANTONIO CASTILLO RUGELES, *Derecho de Familia*, p. 322: "la sociedad conyugal es de naturaleza accesoria a las nupcias, por lo que le sigue la suerte que corra el negocio jurídico principal que en este caso lo es el matrimonio. Es por esto por lo que siempre que se disuelve el matrimonio indefectiblemente se disolverá la sociedad de bienes entre los cónyuges, pero no al contrario. El matrimonio puede subsistir sin la sociedad conyugal, pero la sociedad conyugal no puede perdurar sin un matrimonio que le sirva de soporte."

> Las donaciones que un esposo hace a otro antes de celebrarse el matrimonio y en consideración a él, y las donaciones que un tercero hace a cualquiera de los esposos antes o después de celebrarse el matrimonio, y en consideración a él, se llaman en general donaciones por causa de matrimonio.

Tal y como lo dispone el artículo 162 del Código Civil:[335]

> En los casos de las causales 1a, 2a, 3a, 4a, 5a, y 7a del artículo 154 de este Código, el cónyuge inocente podrá revocar las donaciones que por causa de matrimonio hubiere hecho al cónyuge culpable, sin que este pueda invocar derechos o concesiones estipulados exclusivamente en su favor en capitulaciones matrimoniales.

Sobre el mencionado artículo, sostiene Medina Pabón,[336] lo siguiente:

> El artículo citado hace la relación de los divorcios que tienen un cónyuge culpable y, salvo la eventual discusión sobre la culpabilidad real del cónyuge alcohólico o drogadicto, los demás son claramente atribuibles al cónyuge. Aunque las sentencias que eliminaron la caducidad de la acción de divorcio (Sents. C-985/10 y C-660/00 Cort. Const.), no tocaron ese tema de la revocación de las donaciones, es de suponer que sigue el mismo régimen de las "indemnizaciones" o los alimentos del culpable inocente y en consecuencia si la causal se invoca después de los plazos establecidos en el artículo 156 del Código civil, no se podrán revocar las donaciones propter nuptiae.

2.4 Cesación del mutuo derecho hereditario

De conformidad a lo previsto en los artículos 1046 y 1047 del Código Civil colombiano, al cónyuge supérstite le corresponde el derecho a heredar, razón por la cual, al momento de producirse el fallecimiento del ex cónyuge el otro no participa en la sucesión.

Es por ello, que se desprende de lo estatuido en el artículo 11 de la Ley 25 de 1992, al establecer: El artículo 160 del Código Civil, modificado por la Ley Primera de 1976, quedará así: "Ejecutoriada la sentencia que decreta el divorcio, queda disuelto el vínculo en el matrimonio civil y cesan los efectos civiles del matrimonio religioso, así mismo, se disuelve la sociedad conyugal, pero subsisten los deberes y derechos de las partes respecto de los hijos comunes y, según el caso, los derechos y deberes alimentarios de los cónyuges entre sí".

En este mismo sentido, el parágrafo del artículo 12 de la Ley 1° de 1976, establece:

---

[335] Modificado por el artículo 12 de la Ley 1ª de 1976
[336] Cit. Juan Enrique Medina Pabón, *Derecho Civil Derecho de Familia*, p. 309

Ninguno de los divorciados tendrá derecho a invocar la calidad de cónyuge sobreviviente para heredar abintestato en la sucesión del otro, ni a reclamar porción conyugal.

Sobre este particular apunta Azula Camacho,[337] sostiene lo siguiente:

> El maestro DEVIS ECHANDÍA considera que esta disposición sobra, pues al ejecutoriarse la sentencia que declara el divorcio, los cónyuges pierden esta calidad y, por consiguiente, no subsiste entre ellos ninguna obligación, salvo la de alimentos. Esto, es cierto, pero se justifica la disposición para evitar equívocos a la hora de interpretar las normas correspondientes, pues el Código Civil regulaba el divorcio no vincular y sus normas estaban acordes con esta situación.

3. Desde el punto de vista de la filiación

3.1 Custodia de los hijos y cumplimiento de los deberes

A pesar de que se ha disuelto el matrimonio como consecuencia del divorcio, subsiste la relación paterno-filial, por cuanto la misma está fundada por el parentesco y no en el matrimonio. es por ello, que, una vez declarado el rompimiento del vínculo conyugal, se hace menester la distribución de los derechos y obligaciones concernientes a los hijos habidos durante el matrimonio.

Como lo habíamos señalado con anterioridad, en relación al contenido de sentencia de divorcio, el artículo 389 del Código General del Proceso, expone que la misma dispondrá:

1. A quién corresponde el cuidado de los hijos.
2. La proporción en que los cónyuges deben contribuir a los gastos de crianza, educación y establecimiento de los hijos comunes, de acuerdo con lo dispuesto en los incisos segundo y tercero del artículo 257 del Código Civil.
3. El monto de la pensión alimentaria que uno de los cónyuges deba al otro, si fuere el caso.
4. A quién corresponde la patria potestad sobre los hijos no emancipados, cuando la causa del divorcio determine suspensión o pérdida de la misma, o si los hijos deben quedar bajo guarda.

Sobre este particular, cabe destacar la sentencia dictada por la Sala de Casación Civil de la Corte Suprema de Justicia de Colombia,[338] de fecha 12 de febrero de 1988, donde se estableció, lo siguiente:

> En el caso de divorcio por mutuo acuerdo, el cual se ventila de acuerdo con lo dispuesto en el numeral 10 del artículo 577 del Código General del Proceso, se tramitará ante el

---

[337] Cit. Jaime Azula Camacho, *Manual de Derecho Procesal*, pp. 221 y 222
[338] Cit. María Cristina Escudero Alzate, *Procedimiento de Familia y del Menor*, pp. 400, 401 y 402

procedimiento de jurisdicción voluntaria. En este sentido, los cónyuges desavenidos, deberán explanar en el escrito respectivo, su formal consentimiento de disolver el vínculo matrimonial, así como el establecimiento de las obligaciones alimentarias concernientes a ellos y a sus hijos comunes, la residencia de los cónyuges, el cuidado personal de los hijos y su régimen de visitas, así como el estado en que quedará la sociedad conyugal.

En relación al divorcio planteado ante Notario, de conformidad a lo previsto en el artículo 34 de la Ley 962 de 2005, el divorcio y la cesación de los efectos civiles ante notario, producirán los mismos efectos que el decretado judicialmente, y en el caso de que existan menores de edad, intervendrá el Defensor de Familia, a quien se le notificará del acuerdo al que han llegado los cónyuges con el objeto de que rinda su concepto en lo que tiene que ver con la protección de los hijos menores de edad.

Ahora bien, sin perjuicio de lo que disponga el juez, con referencia a la custodia y al ejercicio de la patria potestad de los hijos habidos durante la vigencia del matrimonio, se reglarán por las disposiciones contenidas en los Títulos XII y XIV del Código Civil.

En Colombia, en lo atinente a los deberes de los padres para con sus hijos; en primer lugar, encontramos que la Constitución Política expresamente señala en su artículo 42, lo siguiente: "Los hijos habidos en el matrimonio o fuera de él, adoptados o procreados naturalmente o con asistencia científica, tienen iguales derechos y deberes."

En este sentido, es importante destacar, que de conformidad a lo dispuesto en el artículo 1° de la Ley 29 de 1982[339], los hijos son legítimos, bien sea producto de una relación extramatrimonial y por concepto de adopción, por lo tanto, tendrán iguales derechos y obligaciones.

En relación al deber de cuidado personal de los hijos, por mandato de la Constitución Política, en su artículo 44, se establece: "Son derechos fundamentales de los niños: la vida, la integridad física, la salud y la seguridad social, la alimentación equilibrada, su nombre y nacionalidad, tener una familia y no ser separados de ella, el cuidado y amor, la educación y la cultura, la recreación y la libre expresión de su opinión. Serán

---

[339] Publicada en el Diario Oficial No. 35.961, de fecha 09 de marzo de 1982

protegidos contra toda forma de abandono, violencia física o moral, secuestro, venta, abuso sexual, explotación laboral o económica y trabajos riesgosos. Gozarán también de los demás derechos consagrados en la Constitución, en las leyes y en los tratados internacionales ratificados por Colombia. La familia, la sociedad y el Estado tienen la obligación de asistir y proteger al niño para garantizar su desarrollo armónico e integral y el ejercicio pleno de sus derechos. Cualquier persona puede exigir de la autoridad competente su cumplimiento y la sanción de los infractores. Los derechos de los niños prevalecen sobre los derechos de los demás."

En ese mismo sentido, el Código Civil colombiano, en su artículo 253, dispone: "Toca de consumo a los padres, o al padre sobreviviente, el cuidado personal de la crianza y educación de los hijos legítimos.

El Código de la Infancia y la Adolescencia,[340] en su artículo 23, establece:

Los niños, las niñas y los adolescentes tienen derecho a que sus padres en forma permanente y solidaria asuman directa y oportunamente su custodia para su desarrollo integral. La obligación de cuidado personal se extiende además a quienes convivan con ellos en los ámbitos familiar, social o institucional, o a sus representantes legales.

En relación al derecho de visitas o la comunicación, el Código Civil colombiano, a los fines de preservar el derecho – deber de mantener el contacto y las visitas necesarias entre los progenitores y sus hijos, establece en su artículo 256, lo siguiente:

Al padre o madre de cuyo cuidado personal se sacaren los hijos, no por eso se prohibirá visitarlos con la frecuencia y libertad que el juez juzgare convenientes.

En este sentido, la Corte Constitucional de Colombia,[341] con ponencia del Magistrado Ciro Angarita Barón, de fecha 18 de septiembre de 1992, Sentencia N° T-523, señaló:

Dentro de la concepción individualista, la unidad de familia aparece como el equilibrio entre la libertad de los cónyuges y las exigencias concretas de dicha unidad, en función de los intereses individuales de sus miembros. Supone, pues, una paulatina privatización de las relaciones familiares dentro de la cual se valora la libertad de aquellos tanto dentro de la convivencia como en el ejercicio del derecho a la separación, cuando la primera no esté ya respaldada por la perduración del consentimiento. En una concepción solidarista, por el

---

[340] Ley 1098 de 2006, publicada en el Diario Oficial N° 46.446, de fecha 8 de noviembre de 2006
[341] Disponible en: http://www.corteconstitucional.gov.co/relatoria/1992/T-523-92.htm

contrario, se reconoce que la privatización no puede llevarse hasta el punto de perjudicar a los sujetos más débiles o a la sociedad civil o perjudicar la estabilidad de la familia como núcleo fundamental de la sociedad y la suerte misma de los niños, los cuales son titulares privilegiados de un interés jurídico superior. Una de cuyas manifestaciones es, hoy precisamente, el derecho constitucional prevalente a tener una familia y no ser separado de ella. (...)

Por su naturaleza y finalidad la visita es un derecho familiar del cual son titulares conjuntos tanto los padres como los hijos y cuyo ejercicio ha de estar enderezado a cultivar el afecto, la unidad y solidez de las relaciones familiares. Esta Corte no puede menos que recordar a los jueces su inmensa responsabilidad y cuidado cuando aprueben un régimen de visitas: de él depende en muy alto grado la recuperación y fortalecimiento de la unidad familiar o su desaparición total, en desmedro de los intereses de la prole, la institución misma y la sociedad civil. (...)

El derecho de igualdad de la peticionaria resulta vulnerado por cuanto el régimen de visitas no se compadece con su condición de titular conjunta de la potestad parental de sus hijos menores y la frecuencia y condiciones de las visitas, -agravadas por la distancia que media entre su hogar y el actual domicilio de su dos menores- impiden en alto grado que la madre biológica pueda tener un control efectivo sobre la educación de su prole y colaborar eficazmente a su desarrollo emocional.

En relación a las obligaciones alimentarias, los progenitores tienen el insoslayable deber de dispensar los alimentos necesarios para la subsistencia básica. Tal y como lo señala Torrado:[342]

> en el caso de los hijos, corresponden al compromiso de suministrar alimentos congruos, entendidos como aquellos a los que tiene derecho una persona para vivir modestamente, pero de un modo conforme con su posición social.
>
> Estos gastos de crianza, educación y establecimiento de los hijos, cuando los padres viven en estado de separación de bienes, deben ser cubiertos por los padres en proporción a sus facultades.

En este mismo sentido, el Decreto 2820 de 1974[343], en su artículo 19, establece:

---

[342] Cit. HELÍ ABEL TORRADO, *Matrimonio y Divorcio*, p. 343
[343] Publicado en el Diario Oficial N° 34.249, de fecha 04 de febrero de 1975

El inciso Segundo del Artículo 257 del Código Civil quedará así: Si el marido y mujer vivieren bajo estado de separación de bienes deben contribuir a dichos gastos en proporción a sus facultades.

Otro importante deber, lo constituye la exclusión de toda forma de violencia física o moral, en la corrección y sanción de los hijos, en la corrección de los hijos. De conformidad con lo dispuesto en el artículo 21 del Decreto 2820 de 1974:

El artículo 262 del Código Civil quedará así: Los padres o la persona encargada del cuidado personal de los hijos, tendrán la facultad de vigilar su conducta, corregirlos y sancionarlos moderadamente.

Siguiendo el criterio de Torrado,[344] esa última expresión:

"sancionarlos moderadamente" fue declarada exequible por la Corte Constitucional, mediante sentencia C-371, del 25 de agosto de 1994, pero esa Corporación aclaró que "de las sanciones que apliquen a los padres y las personas encargadas del cuidado personal de los hijos estará excluida toda forma de violencia física o moral de conformidad con lo dispuesto por los artículos 12, 42 y 44 de la Constitución Política.

En relación al deber de una intervención adecuada y oportuna en la dirección de la educación y formación moral e intelectual de los hijos, elementos indispensables en la formación integral de todo ciudadano, dispone el inciso quinto del artículo 68 de la Constitución Política de Colombia, lo siguiente: "Los padres de familia tendrán derecho de escoger el tipo de educación para sus hijos menores."

En este sentido, establece el artículo 4° del Decreto 772 de 1975[345], lo siguiente:

El artículo 264 del Código Civil quedará así:

Los padres, de común acuerdo, dirigirán la educación de sus hijos menores y su formación moral e intelectual, del modo que crean más conveniente para éstos; asimismo, colaborarán conjuntamente en su crianza, sustentación y establecimiento.

En los anteriores términos se sustituye el artículo 23 del Decreto 2820 de 1974.

Siguiendo las enseñanzas de Torrado,[346] encontramos que:

No pueden dejar de mencionarse, en relación con el grave e injustificado incumplimiento de los deberes para con los hijos, las manifestaciones de violencia al interior de las familias

---

[344] Cit. HELÍ ABEL TORRADO, *Matrimonio y Divorcio*, p. 343
[345] Publicado en el Diario Oficial N° 34.324, de fecha 27 de mayo 1975
[346] Cit. HELÍ ABEL TORRADO, *Matrimonio y Divorcio*, p. 345

colombianas, en las que frecuentemente se involucra a los hijos, reglamentada por primera vez a través de la Ley 294 de 1996, "Por la cual se desarrolla el artículo 42 de la Constitución Política y se dictan normas para prevenir, remediar y sancionar la violencia intrafamiliar". Esta Ley parte del reconocimiento constitucional de la familia como institución básica de la sociedad, y considera destructiva de su armonía y unidad toda forma de violencia. Dentro de esa perspectiva, sanciona a toda persona que, en el contexto de una familia, sea víctima de daño físico o psíquico, amenaza, agravio, ofensa o cualquier otra forma de agresión por parte de otro miembro del grupo familiar.

En desarrollo de estos preceptos, pensamos que cualquier manifestación de violencia intrafamiliar que afecta o comprometa directa o indirectamente al cónyuge y a los hijos, se armoniza en un todo con el mandato del artículo 154 del Código Civil, en lo que se refiere al grave e injustificado incumplimiento de los deberes de esposo (a) y padre (madre).

CAPÍTULO VII
EFECTOS DEL DIVORCIO EN VENEZUELA

Sumario: 1. Desde el punto de vista substancial. 1.1. Disolución del matrimonio. 1.2. Extinción de deberes y derechos de los cónyuges. 1.3. Recuperación de la habilidad matrimonial. 1.4. Apellido de la mujer. 1.5. Nacionalidad de los cónyuges. 2. Desde el punto de vista patrimonial 2.1. Pensión alimentaria o de manutención. 2.2. Cesación de la comunidad de gananciales. 2.3. Cesación del mutuo derecho hereditario. 3. Desde el punto de vista de la filiación. 3.1. Presunción de paternidad. 3.2. Patria Potestad. 3.3. Responsabilidad de Crianza. 3.4. Obligación de manutención. 3.5. Régimen de convivencia familiar. 4. Desde el punto de vista familiar. 4.1. Impedimentos matrimoniales. 4.2. Institución del hogar

1. Desde el punto de vista substancial

1.1 Disolución del matrimonio

La disolución del matrimonio es la conclusión lógica y natural que desencadena el juicio de divorcio. Tal y como lo sostiene Wills Rivera:[347]

> El efecto fundamental de la sentencia de divorcio, que pudiésemos calificar de primario pues de él dependen todos los demás, es precisamente la disolución del vínculo matrimonial. De ordinario las sentencias de divorcio no se limitan a declarar con lugar la acción interpuesta, sino que hacen mención expresa que el matrimonio ha quedado disuelto. En razón de que el divorcio es de carácter vincular, tan pronto la sentencia haya adquirido firmeza y ejecutoriedad, lo excónyuges pueden contraer nuevo matrimonio.

1.2 Extinción de deberes y derechos de los cónyuges

Uno de los efectos más importantes del divorcio es lo referente a la cesantía de los deberes y derechos de los cónyuges, comprendidos en los artículos 137, 139, 140 y 140-A del Código Civil.

En primer lugar, cesa el derecho – deber de convivencia, donde se establecía la obligación de los cónyuges de vivir juntos, y como consecuencia de ello, la cohabitación y el débito conyugal. El primero de ellos referente en la obligación de llevar vida en común, en una misma residencia, el segundo, comporta el deber-derecho de sostener entre los cónyuges relaciones sexuales. Siguiendo el criterio de Wills Rivera:[348]

> La expresión usada por el legislador venezolano para referirse al deber de convivencia ha sido "vivir juntos" y en este orden ha dispuesto que los esposos fijarán su domicilio conyugal, el cual define como el lugar donde el marido y la mujer hayan establecido de mutuo acuerdo su residencia, cuyo cambio no podrá hacerse si ambos cónyuges no están de

---

[347] LOURDES WILLS RIVERA, Efectos de la separación de cuerpos y el divorcio, *Revista de Derecho Familiar "Pater Familias"*, Facultad de Derecho y Coordinación del Postgrado en Derecho UNAM, México, Año 2, Número 3, Julio – diciembre 2014, p. 246.
[348] Ibid., pp. 246 y 247.

acuerdo en realizarlo. Sin embargo, disuelto el vínculo matrimonial, el domicilio conyugal determina la competencia del Tribunal que habrá de conocer de la partición y liquidación de la comunidad de bienes, si la hubiere.

Otros deberes que se extinguen a consecuencia de la sentencia de divorcio, lo son los deberes – deber de fidelidad, asistencia y socorro. El primero de ellos se refiere a la obligación de los cónyuges de no realizar y/o efectuar relaciones sexuales fuera del matrimonio, es decir, con terceras personas, también este derecho-deber comprende la consideración y respeto que deben profesarse los cónyuges a lo largo de la vida matrimonial.

El deber de asistencia, el mismo impone la obligación ética de dispensarse recíprocamente los cónyuges, de todos los cuidados necesarios, tanto físicos como morales, en épocas normales o en momentos de desgracia o de enfermedad.

El deber de socorro reviste la obligación de contribuir en la medida de los recursos de cada cónyuge, al cuidado y mantenimiento del hogar común y a las cargas y demás gastos que genera el matrimonio.

1.3 Recuperación de la habilidad matrimonial

Una vez disuelto el vínculo conyugal mediante sentencia definitivamente firme de divorcio, lo ex cónyuges se encuentran nuevamente habilitados para contraer matrimonio. Aquí no cabe suponer la recuperación de la habilidad nupcial sin que se hubiere operado, previamente, la extinción del vínculo matrimonial; en otros términos, el restablecimiento de la aptitud para contraer nuevo matrimonio es una consecuencia de la disolución del vínculo.[349]

De conformidad a lo dispuesto en el artículo 186 del Código Civil "(...) Las partes podrán contraer nuevo matrimonio, observándose lo dispuesto en el artículo 57."

Cabe destacar, que el artículo 57 del Código Civil establecía que la mujer divorciada no podía contraer válidamente nuevas nupcias sino después de diez meses contados a partir de la anulación o disolución del anterior matrimonio, con la excepción del caso de que antes de dicho lapso se evidencie mediante análisis médico que no está embarazada.

Ante esa norma, la Defensoría del Pueblo procedió a solicitar ante la Sala Constitucional del Tribunal Supremo de Justicia, la nulidad del artículo 57 del Código Civil, al considerar que el referido artículo lesiona el derecho a la igualdad y no discriminación previsto en el artículo 21 de la Constitución de la República Bolivariana de Venezuela, estableciendo diferenciación entre el hombre y la mujer, fundamentado en la necesidad de evitar posibles confusiones o conflictos de paternidad, por cuanto si la mujer contrae nuevo matrimonio inmediatamente o poco después de anulado o disuelto un vínculo anterior y luego da a luz un hijo puede resultar dificultoso atribuir la paternidad.

---

[349] Cit. CARLOS A. LAGOMARSINO R y JORGE A. URIARTE, *Separación Personal y Divorcio*, p. 483.

Ante la solicitud interpuesta por la Defensoría del Pueblo, algunas instituciones, entre ellas la Procuraduría General de la República, defendieron la legalidad del artículo 57 del Código Civil, alegando que "no puede tildarse de inconstitucional, toda vez que trata de proteger los cimientos de la misma, cuidando de la institución que fundamentalmente fue concebida para fortalecer la sociedad que conforma un Estado, como lo es la familia, es en razón de los Pactos internacionales, que se establece el deber del Estado de proteger dicha institución, mal se puede decir entonces que tal normativa protectora y garantista de los derechos familiares de los que podrían venir al mundo una vez extinto el vínculo matrimonial, es de carácter discriminatoria o atenta contra los principios constitucionales que resguardan el derecho de las personas a ser tratados como iguales, a tener certeza de sus orígenes y ser criado en el seno familiar."

La Sala Constitucional del Tribunal Supremo de Justicia, fijo posición al respecto, y en sentencia[350] dictada en fecha 16 de julio de 2013, con ponencia de la Magistrada Luisa Estela Morales Lamuño, Expediente N° 10-0238, declaró la nulidad del artículo 57 del Código Civil, estableciendo:

> que la diferenciación anotada en el artículo 57 del Código Civil se funda en motivos arbitrarios que no atiende a la equiparación entre ambos cónyuges en franco menoscabo de los artículos 21 y 77 de la Carta Magna, ni al protectorado de la familia, el cual se encuentra plenamente garantizado sin que ello implique un menoscabo en el núcleo esencial de los derechos de la madre por su sola condición biológica". También agrega en su sentencia que "la mujer no tiene ningún impedimento legal para la celebración de nuevas nupcias con posterioridad a la anulación o disolución del matrimonio anterior."
>
> Por ende, no se pueden establecer "condicionamientos diferenciados en función del género y a la igualdad entre los cónyuges", sino se debe ser "congruente con los principios y derechos constitucionales establecidos en el Texto Fundamental".

1.4 Apellido de la mujer

Una vez consumado el divorcio, la mujer que optó por utilizar el apellido[351] del marido, pierde ese derecho, y sólo excepcionalmente podrá hacer uso del apellido del ex cónyuge si éste presta su consentimiento.

---

[350] Disponible en: http://historico.tsj.gob.ve/decisiones/scon/Julio/953-16713-2013-10-0238.html
[351] Cit. JUAN JOSÉ BOCARANDA E., *Guía Informática de Derecho de Familia*, pp. 397 y 398: "Por argumento a contrario, la mujer no puede seguir usando el apellido del ex-marido, cuando el matrimonio se ha disuelto por divorcio, (…) No obstante, esta prohibición de seguir usando el apellido del ex-marido, carece de sanción, más aún cuando en ocasiones se justifica el uso, por ejemplo, cuando forma parte del nombre artístico, cultural o profesional con el que la mujer es conocida. Además, ningún apellido es patrimonio privado y exclusivo de alguien, por lo que la disposición legal resulta absurda."

Tal y como lo sostiene Vidal Taquini,[352] la mujer puede tener efectivamente interés en conservar el apellido, en razón del ejercicio de su industria, comercio o profesión fuese conocida por aquél. En este sentido, la anotación marginal de la sentencia de divorcio en el libro de registro correspondiente, hace innecesario que la mujer manifieste que cesa en el uso del apellido, ante la pérdida de ese derecho.

Por último, es importante señalar que el artículo 137 del Código Civil autoriza a la viuda a seguir utilizando el apellido de su cónyuge, ese derecho subsistirá siempre y cuando no contraiga nuevas nupcias.

1.5 Nacionalidad de los cónyuges

El ordinal 3° del artículo 33 de la Constitución Nacional, establece que son venezolanos por naturalización, los extranjeros que contraigan matrimonio con venezolanos desde que declaren su voluntad de serlo, transcurridos por lo menos cinco años a partir de la fecha de la celebración del matrimonio.

Ahora bien, una vez disuelto el vínculo conyugal mediante sentencia definitivamente firme de divorcio, el ex cónyuge que ha acogido la nacionalidad venezolana, no pierde dicha ciudadanía; es por ello, que, de conformidad con la legislación venezolana, el divorcio en nuestro país no constituye causa de extinción ni de revocatoria de la nacionalidad para el ex cónyuge que se ha acogido a este privilegio otorgado por la Carta Magna.

2. Desde el punto de vista patrimonial

2.1 Pensión alimentaria o de manutención

Tal y como lo habíamos señalado anteriormente, durante la vigencia del matrimonio existe entre los cónyuges el derecho-deber de socorro, pero una vez declarado el divorcio, ese derecho de proveer y recibir alimentos cesa para los ex cónyuges.

Sin embargo, el legislador consideró oportuno y pertinente establecer dos excepciones, previstas en los artículos 185 y 195 del Código Civil, las cuales son:

1. En el caso de la casual 7° de divorcio prevista en el artículo 185 del Código Civil, por causas de perturbaciones psiquiátricas graves que imposibilitan la vida en común, el juez no decretará el divorcio sin antes procurar la manutención y tratamiento médico del enfermo, tal y como lo analizamos en presente trabajo, en el punto correspondiente a esa causal.
2. De conformidad a lo dispuesto en el artículo 195 del Código Civil, cuando el divorcio ha sido declarado de acuerdo con las causales previstas en los ordinales 1°, 2°, 3°, 4°, 5° y 6° del artículo 185 del Código Civil, el tribunal de la causa, podrá al declararlo, conceder pensión alimentaria al cónyuge que no haya dado causa al juicio, cuando éste por incapacidad física u otro impedimento similar, se

---

[352] Cit. CARLOS H. VIDAL TAQUINI, *Matrimonio Civil*, p. 601.

encuentra imposibilitado para trabajar y carece de otros medios para sufragar sus necesidades.

Cabe destacar, que dicha obligación subsistirá siempre y cuando dure la incapacidad o el impedimento y cesará con la muerte del obligado, del beneficiario, o si éste último contrae nuevo matrimonio. En este mismo sentido, compartimos el criterio de Wills Rivera[353] quien señala que "dado que existe la misma ratio legis, también debe extinguirse cuando el cónyuge beneficiario de la pensión inscribe una unión estable de hecho ante el Registrador Civil."

Como lo destaca acertadamente Bocaranda,[354] se trata de favorecer desde el punto de vista alimentario, a manera de justa compensación, al cónyuge inocente. Por ende, es una obligación no necesaria, en virtud de que descansa en el poder de arbitrio del juez, quien está debidamente facultado para imponerla según las circunstancias. En este sentido, el juzgado competente, debe conjugar en la respectiva sentencia, los siguientes requisitos, que son de naturaleza legal, física y económica:

a. Legal: Es indispensable que el divorcio se encuentre fundado en las causales previstas en los ordinales 1°, 2°, 3°, 4°, 5° y 6° del artículo 185 del Código Civil.
b. Físico: Es menester que el cónyuge que no haya dado causa al divorcio, padezca y/o adolezca de incapacidad física o de impedimento o de impedimento similar que lo imposibilite para trabajar.
c. Económico: Es necesario que el cónyuge inocente no tenga los recursos económicos suficientes para sufragar sus necesidades.

2.2 Cesación de la comunidad de gananciales

Por imperio de la disolución[355] del vínculo conyugal cesa el régimen de comunidad de gananciales sin excepción; y por disposición expresa de la ley se deberá proceder a su respectiva liquidación, tal y como lo dispone el artículo 186 del Código Civil, que establece:

> Ejecutoriada la sentencia que declaró el divorcio, queda disuelto el matrimonio, y cesará la comunidad entre los cónyuges y se procederá a liquidarla (...)

Siguiendo las enseñanzas de Wills Rivera,[356] esa imposición resulta absolutamente lógica, en virtud de que nuestra legislación prohíbe la constitución de toda sociedad a título universal[357] y consagra una sola excepción cuando se trata de convención entre

---

[353] Cit. LOURDES WILLS RIVERA, Efectos de la separación de cuerpos y el divorcio, p. 249.
[354] Cit. JUAN JOSÉ BOCARANDA E., Guía Informática de Derecho de Familia, pp. 740 y 741.
[355] Cit. FRANCISCO LÓPEZ HERRERA, Derecho de Familia, p. 288: "disuelto el vínculo necesariamente tiene que extinguirse y desaparecer el régimen de los bienes, sea cual haya sido éste. No se trata de un efecto del divorcio que es dado a los cónyuges impedir o atenuar -como sucede con la separación de cuerpos- sino que se impone de derecho."
[356] Cit. LOURDES WILLS RIVERA, Efectos de la separación de cuerpos y el divorcio, p. 260.
[357] Artículo 1650 del Código Civil: "Se prohíbe toda sociedad a título universal, sea de bienes presentes y venideros o de unos u otros. Se prohíbe asimismo toda sociedad de ganancias a título universal, excepto entre cónyuges. Pueden, con todo, ponerse en sociedad cuantos bienes se quieran, especificados."

cónyuges y en tal sentido, los faculta para optar por una sociedad universal de ganancias llamada a mantenerse durante la vigencia del vínculo.

En este sentido, el juzgador al declarar disuelto el vínculo matrimonial mediante la sentencia respectiva, no tiene que declarar extinguida la comunidad de gananciales, en virtud de que ésta se extingue automáticamente, de pleno derecho. Es por ello que, el artículo 173 del Código Civil establece:

> la comunidad de los bienes en el matrimonio se extingue por el hecho de disolverse éste (…)

La jurisprudencia patria se ha pronunciado sobre el particular, en virtud de ello, destacamos dos decisiones judiciales:

a. "(…) el vínculo conyugal queda disuelto una vez que hay sentencia definitivamente firme que declare con lugar la acción de divorcio, sin que sea necesario que se produzca ese efecto en el auto de ejecución de la sentencia. De consiguiente, si en el juicio de divorcio había ya una sentencia definitivamente firme, el vínculo conyugal que los unía estaba indudablemente disuelto, al tenor del artículo 184 del Código Civil y consecuencialmente disuelta también la comunidad de bienes que existía entre ellos, conforme a lo dispuesto en el artículo 173 ejusdem."[358]

b. Conforme a lo pautado por el artículo 173 del Código Civil, la comunidad de los bienes en el matrimonio se extingue ope legis por el hecho de disolverse éste o cuando se lo declare nulo. Tal norma implica que en el caso de disolución del vínculo matrimonial y sin que se haya acordado por los ex cónyuges, u ordenarse por el tribunal, la partición de la comunidad conyugal, ésta continúa vigente hasta que se produzca alguno de los supuestos anteriores de la liquidación o partición, como una comunidad ordinaria, en cuyo caso, con su parte en la comunidad y no con los gananciales del otro cónyuge."[359]

En este sentido, conforme a la ley, la disolución del matrimonio por sentencia definitivamente firme de divorcio, extingue la comunidad conyugal, ésta es sustituida, ipso facto, por una comunidad ordinaria sobre todos los bienes que pertenecieron a la comunidad conyugal, y los ex cónyuges quedan como copropietarios de esos bienes comunes en la misma proporción que les correspondían anteriormente y consiguientemente y por accesión de las utilidades, rentas e intereses que éstos produzcan, mientras no se realice la liquidación y división de la comunidad conyugal, bien por vía amistosa o contenciosa.

---

[358] Corte Suprema de Justicia, sentencia de fecha 11/10/1966, Jurisprudencia Ramírez & Garay, Tomo XV, pp. 508 y 509.
[359] Corte Superior Segunda en lo Civil y Mercantil de la Circunscripción Judicial del Distrito Federal y Estado Miranda, sentencia de fecha 26/06/1992, Jurisprudencia de los Tribunales de la República, N° 6, 1992, p. 183.

2.3 Cesación del mutuo derecho hereditario

Otro efecto que genera el divorcio, es la cesación de la vocación hereditaria recíproca, por cuanto la misma emerge del vínculo matrimonial, por lo cual, al ser éste disuelto, desaparece por completo el derecho hereditario. Tal y como lo sostiene atinadamente Vidal Taquini:[360] "La solución de la ley, en cuanto no existe llamamiento a suceder por imperio de ella, resulta irreprochable. Esta falta de vocación sucesoria de los cónyuges divorciados es un efecto indiscutible del divorcio."

Los artículos 1046 y 1047 del Código Civil, expresamente disponen, que la herencia recae en el cónyuge supérstite, razón por la cual, al fallecer uno de los ex cónyuges, el otro queda excluido de la respectiva sucesión. En este sentido, de conformidad a lo previsto en el artículo 162 del Código Civil:

> Ninguno de los divorciados tendrá derecho a invocar la calidad de cónyuge sobreviviente para heredar abintestato en la sucesión del otro, ni a reclamar porción conyugal.

3. Desde el punto de vista de la filiación

3.1 Presunción de paternidad

La presunción de paternidad, se encuentra reconocida por el artículo 201 del Código Civil, mediante la cual se establece: "El marido se tiene como padre del hijo nacido durante el matrimonio o dentro de los trescientos (300) días siguientes a su disolución o anulación (…)". Dicha norma recoge la máxima romana contenida en el Digesto *"pater ist quem nuptiae demostrant"*, conforme al cual se tiene como padre al marido de la mujer que ha tenido un hijo procreado bajo la vigencia del matrimonio. [361]

Esa presunción de paternidad, sólo se puede materializar con la previa demostración de la maternidad y del matrimonio. La presunción de paternidad matrimonial es admitida como una necesidad, destinada a garantizar la paz familiar y social, pero tiene un fundamento muy claro y preciso, como lo es la imposición de la ley a los esposos de las obligaciones establecidas en el artículo 137 del Código Civil, como lo son la de cohabitación, y en consecuencia, la consumación del débito conyugal, y la obligación de guardarse fidelidad, lo que significa que uno y otro deben abstenerse de todo contacto sexual que no sea cónyuge[362]. Partiendo del principio de que los esposos cohabitan y se guardan fidelidad, el legislador presupone que el hijo de la mujer casada lo es también de su marido, cualquiera sea la realidad de los hechos; y para desvirtuarlo, será necesario demostrar lo contrario.[363]

---

[360] Cit. Carlos H. Vidal Taquini, *Matrimonio Civil*, p. 603.
[361] Ramón Alfredo Aguilar Camero, *La Filiación Paterna. Consideraciones sobre el nuevo régimen legal y su fundamento constitucional*, Caracas, Universidad Central de Venezuela, 2013, p. 35.
[362] Cit. Francisco López Herrera, *Derecho de Familia*, p. 342.
[363] Cit. Raúl Sojo Bianco y Milagros Hernández de Sojo Bianco, p. 247.

En este sentido, cabe destacar la posición asumida por Wills Rivera[364], que sobre este punto ha sostenido:

> cuando se ha declarado el divorcio con fundamento en la separación de hecho de los esposos por más de cinco (5) años, se permite el reconocimiento voluntario por un tercero, del hijo concebido durante el matrimonio cuya disolución se ha pronunciado, siempre que el período de su concepción coincida con el tiempo de separación de los cónyuges que ha sido tomado en consideración por el Juez al declarar el divorcio. desde luego, se trata de autorizar un reconocimiento que se realiza cuando el matrimonio ya no existe, pero se refiere a un hijo concebido o nacido durante su vigencia, lo cual, -en una interpretación estricta de las normas vigentes- habría requerido del ejercicio previo por el marido de una acción de desconocimiento que fuese declarada con lugar. En nuestro criterio, ello no significa propiamente una suspensión de la presunción de paternidad matrimonial, pues el reconocimiento solo procede a la disolución del matrimonio, pero comporta una flexibilización de sus efectos en atención a la realidad de los hechos, que sería deseable en los casos de separación decretada judicialmente.

3.2 Patria Potestad

La patria potestad es un régimen de protección y representación, regulado por la ley, con la finalidad de proteger los intereses del menor, que tiene por objeto el cuidado, desarrollo y educación integral de los hijos (artículo 347 de la Ley Orgánica para la Protección de Niños, Niñas y Adolescentes). Los padres que ejercen la patria potestad sustituyen la actividad del menor de edad en todos los negocios jurídicos de éste salvo aquellos casos especiales para los cuales la ley le confiere capacidad al niño o adolescente.[365]

El ejercicio de la patria potestad corresponde de manera conjunta a ambos progenitores, cuya filiación deba estar debidamente establecida mediante la inscripción del nacimiento en el Registro del Estado Civil.

Ahora bien, una vez disuelto el vínculo matrimonial por sentencia definitivamente firme de divorcio emanada de los Tribunales de Protección de Niños, Niñas y Adolescentes, en principio, no afectaría el ejercicio de la patria potestad, la cual de continuaría siendo ejercida conjuntamente por ambos padres. No obstante, por disposición expresa de la ley, si el divorcio se encuentra fundado en las causales previstas en los ordinales 4° (El conato de uno de los cónyuges para corromper o prostituir al otro cónyuge, o a sus hijos, así como la connivencia en su corrupción o prostitución) y 6° (La

---

[364] Cit. LOURDES WILLS RIVERA, *Efectos de la separación de cuerpos y el divorcio*, pp. 251 y 252.
[365] Cit. FRANCISCO HUNG VAILLANT, *Derecho Civil I*, p. 242.

adicción alcohólica u otras formas graves de fármaco dependencia que hagan imposible la vida en común) del Código Civil, el cónyuge culpable es severamente sancionado con la extinción[366] de la patria potestad, tal y como lo analizamos en el presente trabajo, en el capítulo referido a las causales señaladas.

3.3 Responsabilidad de Crianza

De conformidad con el artículo 358 de la Ley Orgánica para la Protección de Niños, Niñas y Adolescentes, la responsabilidad de crianza comprende:

> el deber y derecho compartido, igual e irrenunciable del padre y de la madre de amar, criar, formar, educar, custodiar, vigilar, mantener y asistir material, moral y afectivamente a sus hijos e hijas, así como la facultad de aplicar correctivos adecuados que no vulneren su dignidad, derechos, garantías o desarrollo integral. En consecuencia, se prohíbe cualquier tipo de correcciones físicos, de violencia psicológica o de trato humillante en perjuicio de los niños, niñas y adolescentes.

Prevé también la Ley Orgánica para la Protección de Niños, Niñas y Adolescentes, en su artículo 359:

> El padre y la madre que ejerzan la Patria Potestad tienen el deber compartido, igual e irrenunciable de ejercer la Responsabilidad de Crianza de sus hijos e hijas, y son responsables civil, administrativa y penalmente por su inadecuado cumplimiento. En caso de divorcio, separación de cuerpos, nulidad de matrimonio o de residencias separadas, todos los contenidos de la Responsabilidad de Crianza seguirán siendo ejercida conjuntamente por el padre y la madre.

En el caso de divorcio, la responsabilidad de crianza no se ve afectada, sigue siendo ejercida por ambos progenitores, a excepción del relativo a la custodia del menor, la cual por común acuerdo y de manera voluntaria, ambos cónyuges pueden decidir quién de ellos ejercerá la custodia; de conformidad con lo establecido en el artículo 360 de la Ley Orgánica para la Protección de Niños, Niñas y Adolescentes, el juez tiene la facultad de pronunciarse sobre ellas al dictar las medidas cautelares al inicio o durante el proceso de divorcio. En este sentido, el juzgador decidirá quién ejercerá la custodia del niño o adolescente, teniendo preferencia la madre si el menor tiene siete años o menos, salvo que su interés superior aconseje que sea con el padre.

---

[366] Cit. LOURDES WILLS RIVERA, *Efectos de la separación de cuerpos y el divorcio*, pp. 256 y 257: "Luego cuando el legislador de 2007 impone como pronunciamiento accesorio en determinadas causales, la extinción de la patria potestad al cónyuge que incurrió en los supuestos allí previstos, a nuestro entender, se consagra claramente de forma más severa, una consecuencia jurídica, que constituye una reminiscencia de la tesis del divorcio por culpa o divorcio sanción, que tradicionalmente había caracterizado la legislación familiar y que ya se consideraba excluida del ordenamiento jurídico patrio."

3.4 Obligación de manutención

La obligación de manutención es un efecto de la filiación y corresponde al padre y a la madre respecto a los hijos menores de edad y es entendida como el deber que tienen los progenitores de suministrarle a sus hijos, todos los medios necesarios para su subsistencia y desarrollo biológico, físico, psicológico, emocional y espiritual de forma progresiva, como sujetos plenos de derechos en constante crecimiento y evolución. Dicha obligación de manutención se encuentra consagrada constitucionalmente en el artículo 77 de la Constitución de la República Bolivariana de Venezuela de la siguiente forma:

> El padre y la madre tienen el deber compartido e irrenunciable de criar, formar, educar, mantener y asistir a sus hijos o hijas... La ley establecerá las medidas necesarias y adecuadas para garantizar la efectividad de la obligación alimentaria.

Dispone la Ley Orgánica para la Protección de Niños, Niñas y Adolescentes, en el artículo 365, lo siguiente:

> La obligación de manutención comprende todo lo relativo al sustento, vestido, habitación, educación cultural, asistencia y atención médica, medicinas, recreación y deportes, requeridos por el niño, niña y por el adolescente.

En materia de menores, el espectro manutención es sumamente amplio, ya que abarca también lo relativo a la educación, vestido, salud, necesidades espirituales y materiales, actividades complementarias y todas aquellas que permitan el desarrollo integral de niños, niñas y adolescentes. Esta materia es de orden público, porque la sociedad y el Estado se encuentran interesados en que los deudores alimenticios los proporcionen en la oportunidad y en la cuantía necesaria.

Al disolverse el vínculo matrimonial como consecuencia del divorcio, el Tribunal de Protección de Niños, Niñas y Adolescentes, deberá fijarle al padre no custodio la obligación de manutención correspondiente, monto el cual pudo haber surgido de común acuerdo entre los cónyuges en el procedimiento no contencioso o en el contencioso en la celebración de la audiencia única de conciliación; de no serlo así, el Tribunal deberá fijar un monto de obligación de manutención acorde a las necesidades del menor de edad y a la capacidad económica del obligado alimentario, que en este caso será el progenitor no custodio.

Cabe destacar, que el monto alimentario puede ser modificado, porque al tratarse de una fijación de una obligación de manutención, establecida mediante sentencia de divorcio, existe la excepción de que la sentencia dictada por el órgano jurisdiccional, con el transcurso del tiempo, por causa prevista en la Ley, o cuando hayan cambiado las situaciones fácticas, pueda ser modificada, ya que estaríamos en presencia de la cosa juzgada material (modificable a través de la apertura de nuevo juicio sobre el mismo tema fundado en la alteración del estado de cosas que se tuvo presente al decidir); lo que quiere decir, que las sentencias o convenimientos no tienen un valor absoluto; y en consecuencia, se puede promover la solicitud de revisión de esa sentencia o convenimiento, no se revisaría lo relativo al divorcio, sino solamente lo atinente a la obligación manutención, bien sea por aumento o disminución de la misma.

3.5 Régimen de convivencia familiar

El interés superior del niño se encuentra estrechamente vinculado a la necesidad de que padres e hijos mantengan contacto permanente y una adecuada comunicación. Motivo por el cual nuestra legislación ha sido suficientemente clara y contundente en relación al derecho-deber que tienen los padres y los hijos.

Siendo el derecho de la convivencia familiar, uno de los atributos de la patria potestad, por lo cual su ejercicio tiene plena vigencia respecto a ambos progenitores, a pesar de la sentencia de divorcio, debe subsistir para el progenitor no custodio el derecho a la frecuentación de su hijo (antes régimen de visitas), además de mantener la posibilidad de acceder a la orientación y corrección en aquellos aspectos de su educación, condiciones morales y psíquicas que así lo requieran; por cuanto el niño requiere para su formación integral, la compañía, el cariño y la comprensión del progenitor no custodio.

Ya es sabido y suficientemente difundidas por la jurisprudencia[367] y doctrina nacional las bondades que representa para todo niño, niña y adolescente el contacto permanente y frecuente con sus progenitores, aun cuando estos se encuentran divorciados. No se trata solamente del derecho de la condición de padre o madre no conviviente de relacionarme con su hijo, sino que adicionalmente, el infante requiere cultivar y establecer una efectiva convivencia familiar con su progenitor y con el resto de su familia, para lograr una sólida y equilibrada estructuración de su desarrollo integral.

Es por este razón, que la Convención sobre los Derechos del Niño, la Constitución de la República Bolivariana de Venezuela y la legislación especial en materia de infancia y adolescencia, es clara y precisa en cuanto a la convicción de que hijos deben relacionarse con su progenitor; así se encuentra previsto en los artículos 76 de la Constitución Nacional de la República Bolivariana de Venezuela, 9.3 de la Convención de los Derechos del Niño, y 8, 10, 27, 385, 386, 387, 389 y 456 de la Ley Orgánica para la Protección de Niños, Niñas y Adolescentes.

---

[367] Sala Constitucional del Tribunal Supremo de Justicia, sentencia de fecha 15/11/2011, Magistrada ponente Carmen Zuleta de Merchán, Expediente N° 10-1104, N° 1707, disponible en: http://historico.tsj.gob.ve/decisiones/scon/noviembre/1707-151111-2011-10-1104.HTML: "Luego, las res-ponsabilidades y obligaciones de los padres con los hijos, están en un plano de igualdad, sin predominio de uno sobre otro. Pero cuando los padres se separan, y cesa la vida en común, la legislación crea medidas, siempre teniendo en cuenta el interés superior del menor, fundadas en razones biológicas, sociológicas, culturales, afectivas, etc.; que marcan el paso en la distribución de los derechos y deberes de los padres, pero que atienden a una justificada desigualdad en el trato que la ley da a los padres, debido a que cada uno habita en casas distintas, y al hecho real que los hijos del matrimonio o de la unión, pasan a habitar con uno de los cónyuges, lo que se traduce en una nueva realidad para los hijos que necesariamente coloca a los padres en situaciones concretas diferentes, conforme a quien habite o deba vivir con el menor.
Por otra parte, observa la Sala que el hecho que la madre ejerza la custodia de los hijos, no significa que deba ejercerla a su arbitrio, antes bien, se requiere que el niño, niña o adolescente participe de una sana y conveniente relación con su padre, en el que éste se involucre en su crianza, vigilancia, orientación y educación, ya que el principio del artículo 360 de la Ley Orgánica para la Protección de Niños, Niñas y del Adolescentes, no puede contradecir la obligación que impone el artículo 76 constitucional."

4. Desde el punto de vista familiar

4.1 Impedimentos matrimoniales

A pesar de haberse disuelto la unión matrimonial mediante sentencia definitivamente firme de divorcio, por mandato del artículo del artículo 40 del Código Civil, el vínculo de afinidad[368] existente entre los cónyuges y los parientes consanguíneos del otro no queda extinguida con la disolución del matrimonio, aunque no existan hijos.

Tampoco está permitido el matrimonio entre cuñados, cuando el vínculo matrimonial que produjo la afinidad entre ellos se disolvió por divorcio, tal y como lo dispone el artículo 53 del Código Civil. De acuerdo al criterio de Sojo Bianco y Hernández de Sojo:[369]

> únicamente surge el impedimento por afinidad cuando el matrimonio que dio origen al parentesco, se disuelve por divorcio; en tal caso, el legislador desea evitar que la causa u ocasión directa de ese divorcio pueda haber sido el deseo de uno de los cónyuges de contraer matrimonio con algún hermano o alguna hermana del otro, lo cual sería inmoral.

4.2 Institución del hogar

Siguiendo las enseñanzas del Maestro Kummerow[370] el hogar constituye un caso típico de patrimonio separado, investido de los caracteres del derecho real inmobiliario y excluido absolutamente del patrimonio del beneficiario y de la prenda común de sus acreedores.

De conformidad a lo dispuesto en los artículos 635 y 634 del Código Civil, el hogar puede ser una casa en poblado o fuera de él, o una casa con tierras de labor o cría, siempre y cuando la misma esté destinada a vivienda principal de la familia, y una persona, no puede constituir sino un hogar, que es el suyo, y en el caso de constituir otros, éstos se regirán por las disposiciones sobre donaciones.

Ahora bien, tal y como los dispone el artículo 642 del Código Civil, en el caso de divorcio, conservará el derecho al hogar a quien se le atribuya la custodia de los hijos, si no tuvieren hijos, el hogar quedará extinguido, sin embargo, si hubieren descendientes y el hogar hubiese sido constituido también a favor de ellos, les corresponderá el derecho al hogar, y por último, si se trata de sentencia que declara la conversión en divorcio de una separación de cuerpos por mutuo consentimiento, los esposos pueden acordar la

---

[368] Cit. Francisco López Herrera, *Derecho de Familia*, p. 73: "Si bien es preciso que se celebre el matrimonio para que nazca el parentesco por afinidad entre cada cónyuge y los consanguíneos del otro, la desaparición de ese vínculo matrimonial no determina la extinción de tal afinidad, independientemente de que en dicho matrimonio se hubiere o no procreados hijos. Ejemplo: el ex-esposo continúa siendo afín (cuñado) de los hermanos de su ex-mujer, cuando el matrimonio queda disuelto por la muerte de dicha cónyuge o por divorcio."
[369] Cit. Raúl Sojo Bianco y Milagros Hernández de Sojo Bianco, p. 107.
[370] Gert Kummerow, *Compendio de Bienes y Derechos Reales Derecho Civil II*, Caracas 1992, Paredes Editores, p. 466.

relativo a la atribución del hogar, pero si esto no es posible, el juzgador podrá atribuirlo a uno de los cónyuges o lo declarará extinguido en atención a las circunstancia.

REFERENCIAS

Aguilar Camero, Ramón Alfredo (2013). La Filiación Paterna. Consideraciones sobre el nuevo régimen legal y su fundamento constitucional, Universidad Central de Venezuela, Caracas.

Albaladejo; Manuel (1996). Curso de Derecho Civil IV Derecho de Familia, José María Bosch Editor S.A, Barcelona, España.

Anuel Morales, Ciclo. (2001). Los principios procesales en el procedimiento contencioso en asuntos de familia y patrimoniales. Ponencia presentada en las Segundas Jornadas sobre la Ley Orgánica para la Protección del Niño y del Adolescente, Universidad Católica Andrés Bello. Caracas.

Azula Camacho, Jaime (2016). Manual de Derecho Procesal, Editorial Temis, Bogotá.

Barrios, Haydée (2005) "El Código Civil Francés de 1804 y el Derecho de Familia", El Código Civil venezolano en los inicios del siglo XXI, En conmemoración del bicentenario del Código Civil francés de 1804, Academia de Ciencias Políticas y Sociales, Caracas, 2005

Bello Tabares, Humberto Enrique III (2006). Tratado de Derecho Probatorio, Tomo III, Livrosca, Caracas.

_____. y Jiménez Ramos, Dorgi (2004), Teoría General del Proceso, Tomo I, Livrosca, Caracas.

_____. (2010). La Casación Civil Propuestas para un recurso eficaz y constitucional, Ediciones Paredes, Caracas.

Belluscio, Augusto César (1981). Derecho de Familia, Tomo III, Ediciones Depalma, Buenos Aires.

_____. (1991). Divorcio, Enciclopedia de Derecho de Familia, Editorial Universidad, Tomo I, Buenos Aires.

Bocaranda Espinoza, José. (1994). Guía Informática Derecho de Familia, Tipografía Principios, Tomo I, Caracas.

_____. (2001). La comunidad concubinaria ante la Constitución Venezolana de 1999 El Amparo constitucional declarativo, Ediciones Principios – Vigencia, Caracas.

Cabrera Romero, Jesús Eduardo (1997). Contradicción y Control de la Prueba Legal y Libre, Tomo I, Editorial Jurídica Alva, Caracas.

Carrillo Artiles, Carlos Luis (2004). El adulterio como causal de desvinculación matrimonial en Venezuela. Inmersión crítica al erróneo tratamiento jurisprudencial y doctrinal, Temas de Derecho Civil, Libro Homenaje a Andrés Aguilar Mawdsley, Tribunal Suprema de Justicia, Colección Libros Homenaje N° 14, pp. 327-352, Caracas.

_____. (2004). El abandono voluntario como causal de desvinculación matrimonial en Venezuela. Inmersión crítica a cierta visión doctrinal, Studia Iuris Civiles, Libro

Homenaje a Gert F. Kummerow Aigster, Tribunal Suprema de Justicia, Colección Libros Homenaje N° 16, pp. 121-131, Caracas.

Castán Tobeñas, José. (1954). Derecho Civil Español, Común y Foral, Tomo V, Volumen Primero, Instituto Editorial Reus, Madrid.

Castillo Rugeles, Jorge Antonio (2004). Derecho de Familia, Editorial Leyer, Segunda Edición, Bogotá.

Código Civil de Venezuela (artículos 184 al 185-A) (1998), Ediciones de la Biblioteca de la Universidad Central de Venezuela, Colección de Ciencias Jurídicas y Políticas XXII, Caracas.

Daza Coronado, Sandra Milena (2015). Derecho de Familia, Bogotá, Universidad Católica de Colombia, Bogotá.

D'Jesús, Antonio M. (1991). Lecciones de Derecho de Familia, Paredes Editores, Caracas.

Domínguez Guillén, María Candelaria (2014). Manual de Derecho de Familia, Ediciones Paredes, Caracas.

_____. (2010). "Notas sobre la responsabilidad civil en algunas instituciones del derecho de familia", Revista de Derecho 32, Tribunal Supremo de Justicia, pp. 33-72, Caracas.

_____. (2012). La Convivencia Familiar (Antiguo derecho de visitas), Ediciones Paredes, Caracas.

_____. y Riquezes Contreras, Oscar (2013). Algunas consideraciones sobre el adulterio como causal de divorcio (especial referencia a los antecedentes históricos), En: Revista Venezolana de Legislación y Jurisprudencia, N° 2, pp. 271-302, Caracas.

De Freitas de Gouveia, Edilia (2004) "Comentarios sobre el procedimiento de interdicción". Temas de Derecho Civil: Libro homenaje a Andrés Aguilar Mawdsley, Tribunal Supremo de Justicia, Caracas.

_____ (2013). "La Autonomía de la Voluntad en el Derecho de la Persona Natural", Revista Venezolana de Legislación y Jurisprudencia, N° 1, pp. 37-181, Caracas.

De Ibarrola, Antonio (1984). Derecho de Familia, Editorial Porrúa, México.

De Ruggiero, Roberto (1944) Instituciones de Derecho Civil, Tomo II, Volumen 2°, Editorial Reus, Madrid.

Di Miele Milano, Rosalba (2006). El divorcio del siglo XIX venezolano: tradición y liberalismo; Fundación para la Cultura Urbana, Caracas.

Delmas-Marty, Mireille y Labrusse-Riou, Catherine (1987). Matrimonio y Divorcio, Editorial Temis, Bogotá.

Díaz López, Gladis y Guzmán Navarro, Rafael. (1980). Invalidez Social del Divorcio, Pontificia Universidad Javeriana, Facultad de Ciencias Jurídicas y Socioeconómicas, Bogotá.

Duque Sánchez, José Román (1981). Procedimientos Especiales Contenciosos, Universidad Católica Andrés Bello; Manuales de Derecho, Editorial Sucre, Caracas.

Escudero Alzate, María Cristina (2016). Procedimiento de Familia y del Menor, UniAcademia Leyer, Bogotá

Espinoza Melet, Manuel (2014). "La transformación del artículo 185 A del Código Civil", Revista Venezolana de Legislación y Jurisprudencia, N°4, pp. 233-250, Caracas.

_____. (2016). "El divorcio fundamentado en la causal de interdicción por causa de perturbaciones psiquiátricas graves que imposibiliten la vida en común", Revista Venezolana de Legislación y Jurisprudencia, N° 6, pp. 65-81, Caracas.

_____. (2020). La acción merodeclarativa y su importancia en materia de concubinato, Editorial Ibáñez, Bogotá.

_____. (2020). Estudios sobre el divorcio, Editorial Hammurabi, Santiago de Chile

_____. (2024). Derecho de Familia, publicación independiente, Estados Unidos.

Fierro-Méndez, Heliodoro. (1993). El Divorcio Vínculos y Efectos del Matrimonio Religioso, Ediciones Jurídicas Gustavo Ibáñez C. LTDA., Bogotá.

Forero Silva, Jorge (2018). Medidas cautelares en el Código General del Proceso, Editorial Temis, Bogotá.

García Sarmiento, Eduardo (1999). Elementos de Derecho de Familia, Editorial Facultad de Derecho, Bogotá.

Grisanti Aveledo de Luigi, Isabel (2013). Lecciones de Derecho de Familia, Vadell Hermanos Editores, Valencia.

Grimaldi de Caldera, Elvira y Bilbao de Romer, Graciela: "El enfermo mental en nuestro ordenamiento jurídico", En: http://servicio.bc.uc. edu.ve/derecho/ revista/52/52-3.pdf

Gómez Galán, Piedad. (1985). El Matrimonio, Pontificia Universidad Javeriana, Facultad de Ciencias Jurídicas y Socioeconómicas, Bogotá.

Henríquez La Roche, Ricardo (1998). Código de Procedimiento Civil, Centro de Estudios Jurídicos del Estado Zulia, Maracaibo.

_____. (2005). Instituciones de Derecho Procesal, Ediciones Liber, Caracas.

Henríquez Larrazábal, Luisa Andreina (2011). Fidelidad Conyugal Respuestas del Derecho, Luis Felipe Capriles Editor, Caracas

IX Jornadas de la Ley Orgánica para la Protección del Niño y del Adolescente: La Reforma (2008), Universidad Católica Andrés Bello, Caracas.

Lafont Pianetta, Pedro (2010). Derecho de Familia, Tomo I, Librería Ediciones del Profesional LTDA, Bogotá.

Lagomarsino – Uriarte (1991). Separación Personal y Divorcio, Editorial Universidad, Buenos Aires.

Lehmann, Heinrich (1953). Derecho de Familia, Volumen IV, Editorial Revista de Derecho Privado, Madrid.

López, Beatriz (2007). Las Medidas Preventivas, Derecho de la Infancia y la Adolescencia, Tribunal Supremo de Justicia, Serie Eventos N° 24, Caracas.

López Herrera, Francisco. (2011). Derecho de Familia, Universidad Católica Andrés Bello, Caracas.

Longo F, Paolo. (2003). Seis propuestas para la mejor aplicación del procedimiento contencioso en asuntos de familia y patrimoniales, Ponencia presentada en las Terceras Jornadas sobre la Ley Orgánica para la Protección del Niño y del Adolescente, Universidad Católica Andrés Bello. Caracas.

_____. (2005). Un nuevo Procedimiento para la LOPNA. Aproximación al Procedimiento Ordinario, Ponencia presentada en las Sextas Jornadas sobre la Ley Orgánica para la Protección del Niño y del Adolescente, Universidad Católica Andrés Bello. Caracas.

Marcano Salazar, Luis Manuel (2019). Historia del Derecho Historia de las civilizaciones antiguas, modernas y contemporáneas, Tercera Edición, Grupo Editorial Ibáñez, Bogotá.

Marín Echeverría, Antonio Ramón (1996). La confesión judicial y su valor en los juicios de divorcio, Anuario de la Facultad de Ciencias Jurídicas y Políticas de la Universidad de Los Andes N° 19, Mérida.

Martin Tortabú, Miguel Ángel (2010). El derecho de Jóvenes en Venezuela y su protección Judicial, Vadell hermanos Editores, Caracas.

Mazeaud, Henry y Jean (1959). Lecciones de Derecho Civil, Parte Primera, Volumen IV, Ediciones Jurídicas Europa-América, Buenos Aires.

Mazuera Arias, Rina (2009). La separación conyugal en Derecho venezolano y español, Librería y Galería Sin Límite, San Cristóbal, Venezuela.

Medina Pabón, Juan Enrique (2018). Derecho Civil Derecho de Familia, Quinta Edición, Editorial Universidad del Rosario, Bogotá.

Mendoza, José Rafael (1999). El Derecho de Familia visto por un Juez, 5° Edición, Tipografía Litografía Horizonte, Barquisimeto.

Mizrahi, Mauricio L. (2006) Familia, matrimonio y divorcio, Editorial Astrea, Buenos Aires.

Monroy Cabra, Marco Gerardo (2012). Derecho de Familia, Infancia y Adolescencia, Décima Cuarta Edición, Librería Ediciones del Profesional LTDA, Bogotá.

Morales Acacio, Acacio (2007). Divorcio en la legislación colombiana, Segunda Edición, Ediciones Doctrina y Ley LTDA, Bogotá.

Parra Benítez, Jorge (2008). Derecho de Familia, Editorial Temis, Bogotá.

_____. (2017). Derecho de Familia, Editorial Temis, Bogotá.

Quintero, Inés y Pellicer, Luis (2004): Matrimonio, Familia y género en la sociedad venezolana, La Familia en Iberoamérica 1550-1980, Edición del Convenio Andrés Bello, Bogotá.

Perera Planas, Nerio (1972). Causas de Divorcio, Ediciones Magón, Caracas.

Petit, Eugene (1990). Tratado Elemental de Derecho Romano, Mobil-Libros, Caracas

Peñaranda Q. Héctor R., Derecho de Familia (2013), Universidad del Zulia, Apuntes de LUZ, Maracaibo.

Planiol, Marcelo y Ripert Jorge. (1939). Tratado Práctico de Derecho Civil, Tomo Segundo, La Familia, Editorial Cultural, La Habana.

Pineda León, Pedro (1961). Lecciones Elementales de Derecho Procesal Civil, Tomos II – IV, Primera Edición, Talleres Tipográficos Icharopena, España.

Ponce, Marianela (1999). De la soltería a la viudez. La condición jurídica de la mujer en la Provincia de Venezuela en razón de su estado civil, Academia Venezolana de la Historia, Caracas.

Ramos, César. (2008). Derecho Romano I, Universidad Central de Venezuela, Facultad de Ciencias Jurídicas y Políticas, Caracas.

Requena Bandres, Helio Antonio. (2001). El divorcio con base en el artículo 185-A del Código Civil, y los derechos de los niños, niñas y adolescentes. Ponencia presentada en las Segundas Jornadas sobre la Ley Orgánica para la Protección del Niño y del Adolescente, Universidad Católica Andrés Bello. Caracas.

Rodríguez, Luis Alberto. (2003). Comentarios al Código Civil Venezolano, Divorcio, Livrosca, Caracas.

Ruíz Manotas, Paola (2020). La construcción del divorcio en Colombia desde las normas jurídicas a partir del siglo XIX. Diferencias de género e influencia política y religiosa, Revista de Derecho Privado, núm. 39, pp. 109-139, Bogotá.

Sánchez Noguera, Abdón. (2001). Manual de Procedimientos Especiales Contenciosos, Ediciones Paredes, Caracas.

Sanojo, Luis (1954). Exposición del Código de Procedimiento Civil venezolano con su texto, Editorial Oriente, Bogotá.

_____. (1971). Instituciones de Derecho Civil Venezolano, Tomo Primero, Ediciones Alonso, Madrid.

Sojo Bianco, Raúl (2001). Apuntes de Derecho de Familia y Sucesiones, Décima Cuarta Edición, Mobil-Libros, Caracas.

Sojo Bianco, Raúl y Hernández de Sojo Bianco, Milagros (2008). El derecho de alimentos u obligación de manutención en la legislación venezolana, Mobil-Libros, Caracas.

_____. (2015). Apuntes de Derecho de Familia y Sucesiones, Décima Sexta Edición, Ediciones Paredes, Caracas.

Solé, Jacques (1989). Historia y mito de la Revolución Francesa, Veintiuno Editores, México.

Stilerman, Marta y De León María Teresa (1994). Divorcio Casuales Objetivas, Editorial Universidad, Buenos Aires.

Stolk, Carlos Eduardo (1936). El Divorcio. Su fundamento y Causales. Tesis de Grado, Litografía y Tipografía El Comercio, Caracas.

Suárez Franco, Roberto (1998). Derecho de Familia, Tomo I, Editorial Temis, Bogotá.

Torrado, Helí Abel (2015). Matrimonio y Divorcio, Universidad Sergio Arboleda, Serie Textos, Bogotá.

Torres-Rivero, Arturo Luis. (1984). Mis comentarios y reparos a la reforma del Código Civil en 1982, volúmenes I y II, Imprenta Universitaria, Universidad Central de Venezuela, Caracas.

Tudares de González, Trina. (1989). Familia, Derecho y Cambio Social, Talleres Gráficos de la Universidad del Zulia, Maracaibo.

Uriarte, Jorge Alcides. (1991). Adulterio, Enciclopedia de Derecho de Familia, Tomo I, Editorial Universidad, Buenos Aires.

Valenti, José. (1970). Las injurias graves como causal de Divorcio, Ediciones Depalma, Buenos Aires.

Varela Cáceres, Edison Lucio (2016) "La última sentencia de divorcio de la Sala Constitucional (comentarios a la sentencia N° 693 de fecha 02 de junio de 2015)", Revista Venezolana de Legislación y Jurisprudencia, N° 6, pp. 225-259, Caracas.

Vargas Arteaga, Patricia y Salas Ávila, Natalia Patricia (2023). *Divorcio unilateral en Colombia*, Editorial Ibañez, Bogotá.

Venegas, Mónica (2005). Divorcio y Modernidad La ruptura de parejas en Venezuela, Facultad de Ciencias Económicas y Sociales, Universidad Central de Venezuela, Fondo Editorial Tropykos, Caracas.

Vidal Taquini, Carlos H. (1991) Matrimonio Civil, Editorial Astrea, Buenos Aires.

Wills Rivera, Lourdes. (2001). La Guarda del Hijo sometido a Patria Potestad, Editorial Torino, Caracas.

_____. (2010). Estudio Analítico La Patria Potestad en la LOPNNA, Facultad de Ciencias Jurídicas y Políticas, Universidad Central de Venezuela, Serie Trabajos de Ascenso, N° 14, Caracas.

_____. (2014). "Efectos de la separación de cuerpos y el divorcio", Revista de Derecho Familiar "Pater Familias", Facultad de Derecho y Coordinación del Postgrado en Derecho UNAM, México, Año 2, Número 3, Julio – diciembre 2014.

www.ingramcontent.com/pod-product-compliance
Lightning Source LLC
Chambersburg PA
CBHW031615210526
45464CB00004B/1588